データサイエンス入門 | Introduction to Data Science

北川源四郎／竹村彰通 編
Genshiro Kitagawa／Akimichi Takemura

赤穂昭太郎／今泉允聡／内田誠一／清　智也／
Shotaro Akaho　Masaaki Imaizumi　Seiichi Uchida　Tomonari Sei

高野　渉／辻　真吾／原　尚幸／久野遼平／
Wataru Takano　Shingo Tsuji　Hisayuki Hara　Ryohei Hisano

松原　仁／宮地充子／森畑明昌／宿久　洋 著
Hitoshi Matsubara　Atsuko Miyaji　Akimasa Morihata　Hiroshi Yadohisa

応用基礎としての
データサイエンス

AI × データ活用の実践

講談社

JN042577

巻　頭　言

　情報通信技術や計測技術の急激な発展により，データが溢れるように遍在するビッグデータの時代となりました．人々はスマートフォンにより常時ネットワークに接続し，地図情報や交通機関の情報などの必要な情報を瞬時に受けとることができるようになりました．同時に人々の行動の履歴がネットワーク上に記録されています．このように人々の行動のデータが直接得られるようになったことから，さまざまな新しいサービスが生まれています．携帯電話の通信方式も現状の 4G からその 100倍以上高速とされる 5G へと数年内に進化することが確実視されており，データの時代はさらに進んでいきます．このような中で，データを処理・分析し，データから有益な情報をとり出す方法論であるデータサイエンスの重要性が広く認識されるようになりました．

　しかしながら，米国や中国と比較して，日本ではデータサイエンスを担う人材であるデータサイエンティストの育成が非常に遅れています．アマゾンやグーグルなどの米国のインターネット企業の存在感は非常に大きく，またアリババやテンセントなどの中国の企業も急速に成長を遂げています．これらの企業はデータ分析を事業の核としており，多くのデータサイエンティストを採用しています．これらの巨大企業に限らず，社会のあらゆる場面でデータが得られるようになったことから，データサイエンスの知識はほとんどの分野で必要とされています．データサイエンス分野の遅れを取り戻すべく，日本でも文系・理系を問わず多くの学生がデータサイエンスを学ぶことが望まれます．文部科学省も「数理及びデータサイエンスに係る教育強化拠点」6 大学（北海道大学，東京大学，滋賀大学，京都大学，大阪大学，九州大学）を選定し，拠点校は「数理・データサイエンス教育強化拠点コンソーシアム」を設立して，全国の大学に向けたデータサイエンス教育の指針や教育コンテンツの作成を行っています．本シリーズは，コンソーシアムのカリキュラム分科会が作成したデータサイエンスに関するスキルセットに準拠した標準的な教科書シリーズを目指して編集されました．またコンソーシアムの教材分科会委員の先生方には各巻の原稿を読んでいただき，貴重なコメントをいただきました．

　データサイエンスは，従来の統計学とデータサイエンスに必要な情報学の二つの分野を基礎としますが，データサイエンスの教育のためには，データという共通点からこれらの二つの分野を融合的に扱うことが必要です．この点で本シリーズは，こ

れまでの統計学やコンピュータ科学の個々の教科書とは性格を異にしており，ビッグデータの時代にふさわしい内容を提供します．本シリーズが全国の大学で活用されることを期待いたします．

2019 年 4 月

編集委員長　竹村彰通
（滋賀大学データサイエンス学部学部長，教授）

まえがき

　本シリーズの発刊以来，データサイエンスの分野の重要性はますます強く認識されるようになりました．特に最近では，AI（人工知能）の技術進歩が著しく，スマートフォンの機能がさらに高度化するなど，私たちの生活にも影響を与えるようになっています．このような中で政府は数理・データサイエンス・AI分野の人材育成戦略を打ち出し，これに呼応して，大学におけるこの分野の教育の推進の中心を担っている数理・データサイエンス教育強化拠点コンソーシアムでは，2020年4月にリテラシーレベルのモデルカリキュラムを公表し，続く2021年3月には「数理・データサイエンス・AI（応用基礎レベル）モデルカリキュラム　〜AI×データ活用の実践〜」を公表しました．なお2022年4月よりコンソーシアムは数理・データサイエンス・AI教育強化拠点コンソーシアムへと拡大改組されました．

　本書は，コンソーシアムの応用基礎レベルのモデルカリキュラムに準拠し，そこに含まれる基礎的な事項をすべてカバーする標準的な教科書として企画されました．それぞれの事項について，日本を代表する研究者に執筆していただきました．また多くの実際的な事例の紹介や豊富な図解で，大変読みやすい教科書になっています．

　本書はリテラシーレベルの入門書である『教養としてのデータサイエンス』に続く教科書であり，大学の専門課程においてAIを用いてそれぞれの分野のデータを活用しようとする学生にとって有用なものとなっています．本書によって，多くの大学生がデジタル社会のパスポートといえるデータサイエンス・AIの手法を身につけ，それぞれの専門分野に活かしていただくことを期待します．

2022年12月

北　川　源四郎
竹　村　彰　通

目　次

第1章　データサイエンス基礎

第 2 章　データエンジニアリング基礎

第 **3** 章 AI 基礎

データサイエンス基礎

データサイエンスは自然科学のみならず，社会科学や
人文科学まで幅広い分野で応用されている．また，デー
タサイエンスを用いたコミュニケーションも一般的になっ
ており，共通言語としての役割を果たしている．現代に
おいて，データサイエンスは社会発展のための基盤的知
識といっても過言ではない．本章では，データサイエン
スの応用に際して必要となる最も基盤的な内容について
とり上げる．まず，データ駆動型社会について概観し，
データ分析の進め方について説明する．次に，1変数や
2変数データの記述や可視化に関する主な手法を学び，
さらに，データ分析のより高度な手法について学ぶ．最
後に，本章を理解するうえで必要となる数学基礎につい
てまとめる．

{ 1.1 }
データ駆動型社会と
データ分析の進め方

 キーワード データ駆動型社会，Society 5.0，データサイエンス活用事例（仮説検証，知識発見，原因究明，判断支援，計画策定，活動代替など），データを活用した新しいビジネスモデル，データ分析の進め方，仮説検証サイクル，ランダム化比較試験

➤ 1.1.1 データ駆動型社会と Society 5.0

目的 1.1.1 データサイエンスを学ぶことの意義とは何だろうか．ここでは，社会で起きている変化に焦点を当ててデータサイエンスを学ぶ動機を説明する．

　身の回りのことだけではなく社会のことや環境，果ては宇宙のことまで，現代社会では ICT（情報通信技術）の進歩とともにさまざまな活動がデジタルデータとして記録されるようになってきている．こうした技術革新とともに集められるようになった大規模なデータのことをビッグデータと呼び，多種多様な活用が試みられている．たとえばスマートフォンに搭載されている GPS（global positioning system）からは人や自動車の移動履歴を記録できる．そして，それらのデータを分析しルート案内などに活用することで混雑の解消に役立てることができる．スマートフォンの検索履歴は単にユーザーの検索履歴を記録するだけではなく，Google トレンドのように社会が何に関心を持っているかという流行の分析に役立てることもできる．農家では，ドローンを用いて空から農薬を散布すると同時に上空から写真を撮影し，その画像データから生育状況を分析することもできる．このように業種によらずさまざまな**データを活用した新しいビジネスモデル**が現代社会では試みられている．

　ビッグデータを有効活用しビジネスや個人の意思決定に役立てる社会を**データ駆動型社会**と呼ぶ．データ駆動型社会は未来社会の基本となる発想である．日本政府も注目しており，2016 年度から 2020 年度を対象とする第 5 期科学技術基本計画で

はデータ駆動型社会を標榜する **Society 5.0** という言葉を新たに提唱した．Society 5.0 は 2021 年度から 2025 年度を対象にした第 6 期科学技術基本計画においても引き続き未来社会の方向性を指し示す重要なキーワードとして扱われており，第 6 期科学技術基本計画では「Society 5.0 を現実のものとする」ことが目標に掲げられている．

　科学技術基本計画によると Society 5.0 とは「サイバー空間とフィジカル空間を高度に融合させたシステムにより，経済発展と社会的課題の解決を両立する人間中心の社会」のことである．ここでいうサイバー空間とはインターネット空間などの仮想空間のことを指す．フィジカル空間とは自動車が走る公道や工場の機械など我々が生活する実体空間のことである．サイバー空間とフィジカル空間を高度に融合させた世界では，たとえば観光しているときにスマートフォンの仮想アシスタントサービスに名物料理を聞くだけでいくつか候補を出してもらえ，行き先を決めた後は自動運転車が目的地まで連れて行ってくれるようになるかもしれない．さらにその際に自動運転車は周囲の自動車から集められた情報を有効活用することで渋滞や道路状況が悪い道を回避できるようになっているかもしれない．このようにさまざまな機器がインターネットに接続されている状況を **IoT**（Internet of Things，モノのインターネット）と呼ぶ．IoT を用いた他の例としてはダンプトラックなどの建設機械はすでにインターネット上でつながれており常時監視されるようになっている．そうすることで高価な建設機械の盗難を防ぐとともに建設機械の故障の予兆をいち早く発見するなどメンテナンスにも役立っている．このようにデータサイエンスのみならず AI 技術や IoT 技術を活用して社会を変革することが Society 5.0 の狙いである．こうした試みは特に少子高齢社会が進む日本において今後ますます重要になっていく．

Memo　**Society 5.0 までの道のり**

　Society 5.0 にいたるまでの人類の歴史を簡単に振り返る（図 1.1.1）．Society 1.0 とは 1 万年前ごろまでの狩猟採集社会のことである．この頃の人類は自然と共生する狩猟採集生活を余儀なくされていた．Society 2.0 は定住革命以降の農耕社会のことを指す．農業やかんがい技術を覚えた結果，生産性も上昇した．次の Society 3.0 に移行する際に生じた出来事が 18 世紀の産業革命である．工場による大量生産がはじまったのがこの時期である．Soceity 4.0 とは 1990 年代以降の情報社会のことである．

パソコンの登場は一般社会にコンピュータを普及させる大きなきっかけになった．現代は動画配信サイトやソーシャルネットワーキングサービス（SNS）などさまざまなウェブサイトが盛況になり，企業もインターネットを活用しマーケティングを行うことが当たり前になっている．ビッグデータと呼ばれるような大規模データが生まれ分析需要が増えたのもこの時期である．その先にある未来がこれからの Society 5.0 である．

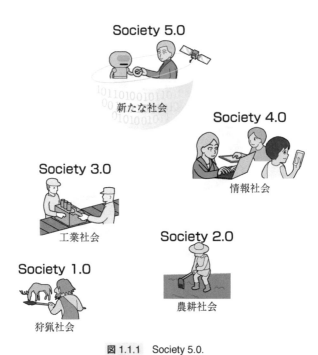

図 1.1.1 Society 5.0.

（内閣府資料 https://www8.cao.go.jp/cstp/society5_0/を参考に作成）

　もちろんこうした変革を日本全土で急に行うことは難しい．自動運転車を公道で走行させるためには住民の了解や法的な制度整備が必要である．ドローン技術に関しても同様である．ドローン技術は自動宅配サービスなどいろいろ利用法が考えられるが，住民の許可なくドローン技術を用いることは事故やプライバシーの侵害につながる可能性もある．

　そのため日本では Society 5.0 の先行的な実現例を作る試みとしてスマートシティ

事業が進められている．スマートシティ事業を加速させるために 2018 年 8 月には
スマートシティ官民連携プラットフォームが設立され，2020 年 5 月に「国家戦略
特別区域法の一部を改正する法律（スーパーシティ法）」が国会で可決された．スー
パーシティ法とは官民連携で世界最先端の日本型スーパーシティを実現するために
制定された法律である．このように日本社会においても Society 5.0 の実現に向け
てさまざまな試みが行われている．

- 現代社会では，データを活用した新しいビジネスモデルが試みられて
  いる．
- Society 5.0 とは，データ駆動型社会を標榜するこれからの社会のことで
  ある．
- Society 5.0 の実現に向けてさまざまな政策が日本では実施されている．

➤ 1.1.2　データサイエンスをとりまく現状

目 的
1.1.2　データサイエンスをとりまく現状について，主に米国の例を用いて説明す
る．データを通じて変化を読みとることを目的とする．

データサイエンスをとりまく現状を紹介する．最初に Google トレンドを用い流

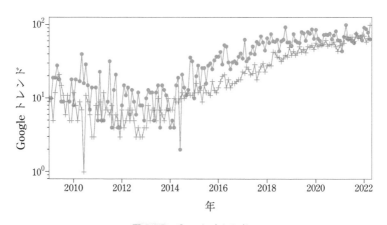

図 1.1.2　Google トレンド.

行の推移を確認する．図 1.1.2 は 2009 年 1 月から執筆時点までにおける "data science"（世界総計）とデータサイエンス（日本）の検索回数のトレンドの推移である．成長している様子を見やすくするために縦軸は対数スケールに変換している．対数スケールに変換した図において直線的に上昇している部分は同じ成長率で伸びていく時期に対応する．青い丸は世界における "data science" という言葉の検索回数の推移を規格化したものを表している．またオレンジ色の＋字は日本における「データサイエンス」という言葉の推移を表している．両方とも規格化された後の数値であるため両者の間で量を比較できないが，日本も世界も 2012 年ごろから検索回数が成長していることがわかる．世界における "data science" という言葉の流行は 2020 年当たりからは安定しているが，それに対して日本はまだ成長途上のようである．

　それではデータサイエンティストの雇用はどれくらい進んでいるのだろうか．日本のデータは取得することが難しいので，ここでは米国の雇用統計（U.S. Bureau of Labor Statistics Occupational Employment and Wage Statistics）を活用する．図 1.1.3，1.1.4 は 2019 年から 2021 年までの ICT（情報通信技術）系の職種の中から米国における総雇用者数と平均賃金の一部を抜粋したものである．図 1.1.3 からデータサイエンティストの雇用者数の増加が最も高いことがわかる．図 1.1.4 にあるとおり年収に関しては情報系研究者の平均年収の上昇傾向が顕著であるが，そ

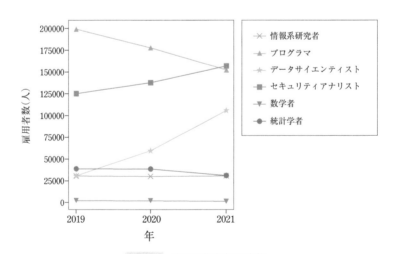

図 1.1.3　米国の職種別雇用者数.

(U.S. Bureau of Labor Statistics, Occupational Employment and Wage Statistics より作成)

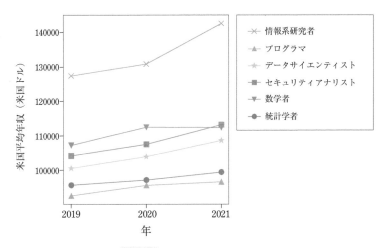

図 1.1.4　米国の職種平均年収額.

（U.S. Bureau of Labor Statistics, Occupational Employment and Wage Statistics より作成）

れと同じようにデータサイエンティストとセキュリティ系の平均年収も上昇傾向にある.

　Society 5.0 を現実のものとするには数学，アルゴリズム，統計学，機械学習などの理論の知識，ハードウェア技術，ソフトウェア技術，セキュリティ技術などの技術の知識も重要だが，実社会において価値を見出し実現する能力も重要である.そのためデータから重要な課題を発見し価値を創出するデータサイエンティストがSociety 5.0 を実現する原動力となると考えられる.今後は社会で価値を創出できるデータサイエンティストがますます重要になってくる.

Memo Society 5.0 までの世界 GDP

　図 1.1.5 は西暦 1 年から現在にいたるまでの世界の GDP（国内総生産）の時系列データである.GDP は経済の規模を表す指標であり，ここでは世界の経済の豊かさを表す指標である.Google トレンドの時系列データ同様にここでも縦軸は対数スケールで描画している.図 1.1.5 からわかるとおり 1000 年から 1800 年まである傾きをもって直線的に上昇していたが，それに対して Society 3.0（1800 年）以降は対数目盛りで見ても増加の傾きがだんだん急になっていることがわかる.この先の人類の豊かさの成長がどうなるかは Society 5.0 次第である.

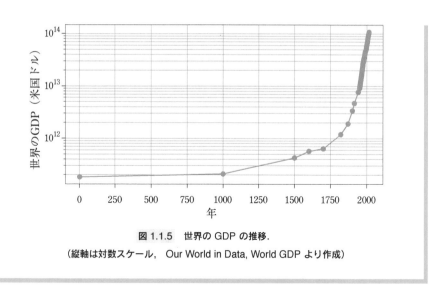

図 1.1.5 世界の GDP の推移.
（縦軸は対数スケール， Our World in Data, World GDP より作成）

まとめ
1.1.2
- 米国においては，プログラマの雇用数が減っている反面，データサイエンスやセキュリティ分野の雇用が増えている．
- データサイエンティストの賃金は上昇傾向にある．
- ICT の進歩を支える研究者の賃金も上昇傾向にある．

➤ 1.1.3 データ分析の進め方

目 的
1.1.3
具体例をもってデータ分析の進め方を解説する．データ分析の進め方の基本である仮説検証，知識発見，原因究明，判断支援，計画策定，活動代替がどのようなステップかを理解し，仮説検証サイクルを理解することを目的とする．

本項では**データを活用した新しいビジネスモデル**の 1 つである動画配信サービスに注目しデータ分析の進め方を紹介する．動画配信サービスではさまざまなデータを収集できる．どの動画をどれだけ視聴したかを示す視聴履歴だけではない．何を検索したか，どういう動画に「いいねボタン」を押したかという情報も記録されサービス向上に役立てられている．こうしたデータを分析して得た知見は配信者側

にフィードバックされると同時に，プラットフォーム提供側からすればどういう動画をおすすめに表示するかなどの意思決定にも役立てることができる．本項では動画配信サービスにおけるデータサイエンスの活用を**仮説検証**，**知識発見**，**原因究明**，**判断支援**，**計画策定**，**活動代替**に分けて説明する．

a　仮説検証

　仮説検証とは，その名のとおり仮説を立てて検証することである．動画配信サービスでは，たとえばオリンピックなどの大型イベントの前はスポーツを話題にしている動画の視聴率が伸びるという仮説を持ったとする．この仮説が当たっているのであれば，あわせて**ターゲッティング広告**（targeted advertising）を出すことで動画配信サービスの売上が伸びるかもしれない．これは直感的には当たっていそうだが，本当に自身がかかわっている動画配信サービスにおいて仮説どおりのことが観察されるかどうかはわからない．ひょっとするとスポーツにまったく関心のない視聴者層によって支えられている動画配信サービスなのかもしれない．そうであれば広告収入を上げるという話も夢物語になる．先入観をなるべく除いて確かなデータに基づいて客観的な現実認識を得ることはデータサイエンスの重要な役割の1つである．また，「スポーツを話題にしている動画の視聴率が伸びる」などの定性的な分析だけでなく「実際どれくらい伸びるか」など定量的な分析も広告の費用対効果を判断する上できわめて重要である．これは，統計学や機械学習の手法を活用することで上手に推定できる．

b　知識発見

　知識発見とは，データの中から経験則や意思決定に役立つ洞察を見つけ出す作業のことである．社会に関するデータからは，自然科学のように普遍的に成立する法則を見つけることは抽象的なレベルでないと難しいことが多い．しかし有用な洞察やちょっとした経験則を見つけることができないわけではない．たとえばクラスタリングの手法を用いることで，視聴履歴から視聴者をいくつかのグループに分けることができる．これは単に10代の男性が視聴しているというデモグラフィック属性（年齢・性別など）による分析を超えて，ゲーム好きな視聴者がよく視聴している動画一覧や海外のサッカークラブが好きな視聴者がよく視聴する動画一覧を見つけることができるかもしれない．そして，これらの情報を用いてターゲッティング

広告の効果を上げることもできるかもしれない．他にもたとえば COVID-19 流行期にはさまざまな誤解を含む動画が配信されていたかもしれない．それらの情報がどのように拡散されたかを分析することで，デマなどのフェイクニュースがどのように拡散していくかについて新たな知見が得られるかもしれない．このようにデータから知識を見つけ出す作業が知識発見である．

▶ c 原因究明

原因究明とは，知識発見の一種と見ることもできるが，データの中の一部や全体がなぜそうなっているのか，あるいは何か変化や異常があったときにそのもととなる事象を解明する作業のことである．動画配信サービスでは，たとえば急激にサービスに対する人気が増したとする．これは新しいタイプの動画が配信され，それが人気を博すことで新しい視聴者層がサービスを利用するようになった結果なのかもしれない．あるいは単に広告の効果として，今まで動画配信サービスを利用したことがなかった人が視聴するようになったことが原因かもしれない．逆に登録者数が減ったとすると，低評価が増えたから減少するのか，それともそもそも視聴されなくなって減少するのかなど，因果関係を整理することも原因究明の一種である．原因究明については，因果推論などの統計学や機械学習の技術が非常に役立つ．たとえば企業などのサービスプロバイダーであれば事後的に集められたデータを分析する方法ではなく，ランダムに選んだ一部の人に少しだけ異なる仕様の動画配信サービスを提供し，それと残りの視聴者の傾向と比較することで，視聴回数や「いいね」などの満足度につながるか，効果が何であるかを検証できる．これは因果関係を整理する上では非常に強力な手法であり，**ランダム化比較試験**と呼ぶ．

▶ d 判断支援

判断支援とは，仮説検証，知識発見，原因究明を通じて得た知見を用いて意思決定を支援することである．動画配信サービスであれば，視聴者の視聴パターンをクラスタリングした結果を用いることで，新しく配信される動画に対して高評価しそうな視聴者の一覧を算出できることがある．この視聴者のリストに対してターゲティング広告を出したほうが単にデモグラフィック属性（年齢・性別など）で大雑把に視聴者を分けて広告を出すよりも効果があるかもしれない．他にも配信者側に対しても判断支援を行うことはできる．各動画がどれくらいの新規登録者を生み出し

たのか，低評価を押した人は動画のどの時点で視聴するのをやめたかなどのパターンの分析結果を見やすく提供するだけでも視聴者に求められている動画の検討がしやすくなる．このように単にデータを分析するのではなく人々の意思決定につなぐことはデータサイエンスの重要な役割である．

● e 計画策定

計画策定は判断支援と似ているが，中長期の計画を策定する点が異なる．動画配信サービスならば新規視聴者層獲得を目指し，キャンペーンを行う状況が例として挙げられる．そもそも誰に対してキャンペーンを行うのか，何か特殊なイベントを開催するのか，配信者側にキャンペーンの趣旨に沿った動画を上げてもらうようにお願いするのか，それともプラットフォーム提供側で作成するのかなど中期的な視点を持った計画を策定する作業を計画策定と呼ぶ．昨今，動画配信サービスが注力しているオリジナル動画を自社で作成する場合は，何千万とある動画の中から現代のニーズをデータ分析で抽出して動画作成するときのヒントにすることも考えられる．また，配信者側に対する報酬額の決定や推薦のアルゴリズム開発なども中長期的な視点が必要であるため，計画策定に分類される．どちらの場合においても判断支援と同様に仮説検証，知識発見，原因究明を通して獲得した知見が役立つ．

● f 活動代替

活動代替とは，それまで人間が行ってきた作業をロボットなどに代替させることを指す．このときのロボットは必ずしも機械のロボットである必要はない．動画配信サービスのみならず企業の各種サービスに関する問合せには昨今チャットボットの活用が進んでいる．その他の活動代替の例としては，そこそこ精度よく予測できる統計モデルや機械学習モデルを作るだけならいちいち研究開発をする必要はなくなっている．特に近年では自動機械学習（AutoML）を活用する企業も多く，単純な作業であれば分析もある程度自動化できる．このように機械的にできる作業に関しては極力コンピュータに任せ，全体のデザインを意識する必要がある作業に人間が従事するなど，活動代替を上手に使うことでスピード感をもって仕事を進めることができるようになる．

Memo チャットボットのコールセンターでの活用

　企業や業種にもよるが，わざわざ人間が対応しなければいけない問合せは意外に少ないものである．それよりもありきたりな問合せで電話回線が埋まってしまい本当に重要な問合せに答えられないことのほうが企業としては問題になる．そこで注目されているのがチャットボット（chat bot）である（図 1.1.6）．チャットボットとは自動会話プログラムのことであり，チャットはテキストでの短いやりとりのことを指し，ボットはロボットのことである．チャットボットは顧客からの問合せ内容を音声認識と自然言語処理によってコンピュータに認識させ，それが定型的な問合せであればあらかじめ用意していた回答を表示するようにプログラミングされている．もし適切に回答できないと判断した場合はコールセンターにつながるようになっていることが多い．また，チャットボットは基本的に 24 時間体制で運営できることも利点である．企業によってはチャットボットの導入により大幅な経費削減につながった事例もある．

図 1.1.6　チャットボット.

Memo AutoML はデータサイエンティストを駆逐するか？

AutoML（automated machine learning）とは，その名のとおり自動で機械学習やデータ分析を実行するプログラムのことである．これは予測モデルの作成で利用することもあれば1次分析時に使用することもある．ここでは予測問題に絞って解説する．仮にGoogleトレンドのように時系列データが手元にあったとしよう．このときに今後の動向を予測したいとする．こうした問題は企業では頻発する問題である．たとえば商品やサービスの需要を先読みができれば，企業にとって有用であることは納得できるだろう．企業でデータサイエンス業務に当たるときは自ら新規性のある予測モデルを作ることはまずない．既存のモデルの中から，あるいはその組合せから必ずしも最もパフォーマンスを発揮するモデル（データサイエンス業界では "state of the art" とよく呼ぶ）を選び出す必要もなく，妥当な予測精度が出るモデルであればビジネス上は十分なことも多い．そのときに毎回，数多くある統計モデルや機械学習モデルを自らコードとして書くのではなく，データのフォーマットさえあわせれば，後は妥当なモデルを機械が構築してくれるようになればそれに越したことはない．これを実現してくれる技術が AutoML である．AutoML はデータサイエンティストの職を奪うというより簡単な作業はコンピュータにやらせ，たとえば「なぜそもそも予測モデルを作るのか」，「それを企業の業務の中でどう使うのか」，「どういうデータを追加すれば予測精度が上がるか」などの全体のデザインを意識する必要がある作業に人間が従事できるようになる．もちろん，そもそも AutoML が何をやっているか，どのように動いているのかを理解していなければ AutoML を使いこなすことはできず，また，予測結果も正しく解釈できない．そのため基礎からきちんとデータサイエンスを勉強することは必須だが，技術の進歩とともに働き方も少しずつ変化していくことを意識することも大事である．

g 仮説検証サイクル

データ分析を一度やるだけですべてがわかることは珍しい．この点はいわゆる科学研究の進め方と同じである．仮説を立て，それに基づいて実験計画を立てたり理論を構築したりして，それに正当性があるかを検証し，間違えていたら修正し，あっていたらその仮説が成立することがどういう演繹的帰結や価値をもたらすかに考えをめぐらせ，また新たな仮説を生み出していくというものである．動画配信サービス

の例で仮説検証サイクルを説明する．前述のように動画配信サービスでオリンピックなどの大型イベントの前はスポーツを話題にしている動画の視聴率が伸びるという仮説を立てたとする．この仮説を定量的に実証しているうちにスポーツを主に視聴している視聴者層の年齢分布が思いのほか高く偏っていることに気がついたとする（知識発見）．この原因を究明すべく動画の配信者側を分析したところ配信者層自体の年齢層も高く偏っていることが判明した．そこで動画配信サービス会社は新たな視聴者層を獲得するために若い配信者がスポーツ系の動画を配信し盛り上げるキャンペーンを企画立案したとする．そうすると今度はそうしたキャンペーンがどれくらい効果があるか，過去のデータを用いることである程度推定できないかと新たなデータ分析の需要が生まれる．こうして**仮説検証サイクル**を回すようにデータ分析を進めていく．

　こうした仮説検証サイクルは経営学でよくいわれる Plan（計画），Do（実行），Check（評価），Action（対策）のサイクル（PDCA サイクル）と同じである（図1.1.7）．往々にして実際のデータを分析すると自分が思ったとおりになっていないことは多い．また，一度集めた情報から得た知見をベースに，もっと詳細な知見がほしいときもある．たとえば全国から集めたアンケート情報をもとに全般的に企業は事業承継に問題意識を抱えていることがわかったとする．しかし，企業といっても地域や産業が異なれば状況は違うことがある．このときに地域と産業別にアンケート情報の結果を分割して再集計することを**クロス集計**と呼ぶが，クロス集計をする

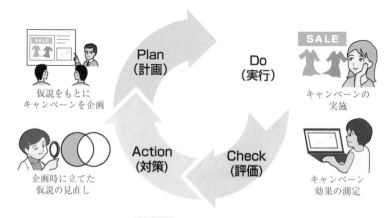

図 1.1.7　PDCA サイクル．

と往々にしてサンプル数が極端に少なくなることが多い．そのため再度アンケートを実施する必要性が出てくるかもしれない．

　仮説検証サイクルを一度回せばよいのではなく，失敗も含め何度も回すことが重要になる．最後のステップである Action（対策）に関しては単に新しいデータを取得し分析対象に含めるというちょっとした改善のステップも含まれるが，もっと大局的な発想の転換も含まれる．その際に大事なのは 1 人ですべてを考えるのではなくチームメンバーやビジネスサイドに精通している担当者なども含めチームワークで情報を集め，全体感をもって意思決定することである．

> **Memo** コネクテッドカー
>
> 　コネクテッドカーとは IoT の例として紹介した建設機械と同じように，自動車を常時ネットワークに接続することで自動車の状態を把握する機能が搭載された自動車のことである（図 1.1.8）．自動車から集められるデータの利用法は多岐にわたる．運転手がどのような運転をしているかは保険料の算定にも役立てることができる．道路がすべりやすくなっているなどの情報も車両情報から集めることができ，天候が悪いときに臨時でルート案内を変更するようなシステムを作ることも可能である．カーナビを通してどの観光スポットにどういった経路で行くかの情報が集まれば，単に観光スポットをおすすめするのみならず，混雑を解消するために観光スポットをめぐる順番を人によって変えることもできるかもしれない．事故が生じた際も常時ネットワークに接続していれば状況をただちに把握し迅速に対処できるかもしれない．こうした利点があるため自動車業界では各社こぞってコネクテッドカーの可能性を模索している．

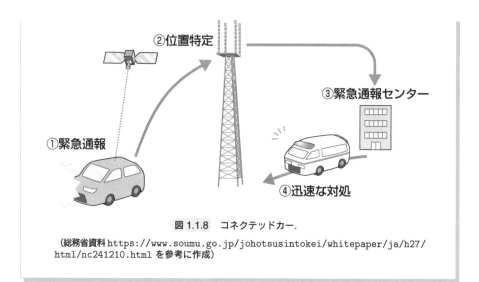

図 1.1.8 コネクテッドカー.

(総務省資料 https://www.soumu.go.jp/johotsusintokei/whitepaper/ja/h27/html/nc241210.html を参考に作成)

まとめ
1.1.3

● データ分析の進め方は，仮説検証，知識発見，原因究明，判断支援，計画策定，活動代替などに分かれる.

● 仮説検証サイクルを何度も回すことによって，データ分析の質を高めていく.

➤ 1.1 節　練習問題

1.1.1 現代社会は次のうちどれに当たるか. 適切なものを 1 つ選べ.

① Society 2.0
② Society 3.0
③ Society 4.0
④ Society 5.0

1.1.2 データサイエンスの仮説検証サイクルに含まれないステップはどれか. 次の中から適切なものを 1 つ選べ.

① 原因究明

② 判断支援

③ 知識発見

④ 自然演繹

1.1.3 データサイエンスに必要不可欠な能力をすべて選べ.

① 数学の知識

② ハードウェアの知識

③ 統計学や機械学習の知識

④ ビジネスを理解しデータから価値を見出す能力

⑤ 先入観を駆使し物事を即断する能力

1.1.4 AutoML にできないことをすべて選べ.

① 与えられたデータとモデルの集合をベースに日夜問わず予測精度の高いモデルを探索すること.

② データ分析の結果から新たなビジネスモデルを考案すること.

③ 予測モデルが企業の業務とどうかかわるかを考えること.

④ ビジネスの目的を踏まえ新たなデータを交渉し取得すること.

1.1.5 日本政府が Society 5.0 を実現するために実施している政策に当てはまるものをすべて選べ.

① 国家戦略特別区域法の一部を改正する法律(スーパーシティ法)の施行

② 個人情報保護法改正

③ スマートシティ官民連携プラットフォームの設立

④ データサイエンス教育の拡充

$$\{ \ 1.2 \ \}$$

データの記述

 キーワード データの分類・特徴，代表値，散らばりの指標，標準得点，標準化，共分散，相関係数，群データ，群平均，相関比，分割表（クロス集計表），連関係数，分割表データの要約

　本節では，データを適切な方法で要約し記述するための指標を定義し，それらの性質について説明する．まず，種々のデータについて説明し，さまざまな観点からデータを特徴づける．次に，1変数データの要約と2変数データの要約について説明する．

➤ 1.2.1　種々のデータ

目的 1.2.1 変数の数や尺度などのさまざまな観点からデータの特徴を理解する．また，与えられたデータの特徴を適切に把握できる．

❯ a データの分類

　対象 i のある属性 x について観測された数値または記号を**データ**（data）と呼び x_i で記す．このとき，属性 x を**変数**（variable）と呼ぶ．数値で与えられるデータについて，連続的な値をとるデータを**連続データ**（continuous data）と呼び，離散的な値をとるデータを**離散データ**（discrete data）と呼ぶ．また，1つの変数のみからなるデータを**1変数データ**（univariate data）と呼び，2つの変数の組からなるデータを**2変数データ**（bivariate data），複数の変数の組からなるデータを**多変数データ**（multivariate data）と呼ぶ．

　データは**尺度水準**（level of measurement）と呼ばれる性質により，以下の4つの尺度に分類される．

1. 名義尺度

   対象の観測値が（順序関係の意味のない）数値または記号の集合によって表されるとき，対象は**名義尺度**（nominal scale）で観測されているといい，そのデータを名義尺度データと呼ぶ．名義尺度データにおいては，等値関係しか意味がなく，数値で表現されていても，その大小関係には意味がない．

2. 順序尺度

   対象の観測値が順序関係の意味のある数値または記号の集合で表されるとき，対象は**順序尺度**（ordinal scale）で観測されているといい，そのデータを順序尺度データと呼ぶ．

3. 間隔尺度

   対象の観測値が順序関係に加えて，差（間隔）が意味のある数値の集合で表されるとき，対象は**間隔尺度**（interval scale）で観測されているといい，そのデータを間隔尺度データと呼ぶ．間隔尺度データにおいては，原点のとり方には任意性がある．

4. 比率（比例）尺度

   対象の観測値が順序関係，差（間隔）に加えて原点が定まる数値の集合で表されるとき，対象は**比率尺度**（ratio scale）で観測されているといい，そのデータを比率尺度データと呼ぶ．比率尺度データにおいては，原点は固定される．比率尺度は比例尺度と呼ばれることもある．

Memo 摂氏温度，華氏温度，ケルビン温度

温度の単位である摂氏温度（°C），華氏温度（°F）は間隔尺度である．これらの温度において，差には意味があるが，比には意味がない．つまり，「例年より 5°C 高い」は意味をなし，「例年の 2 倍の気温である」は意味をなさない．また，原点は固定されない．実際，セルシウスは水が氷る温度を 100°C とし，沸騰する温度を 0°C としていたが，この定義だと温度が上がると数値が小さくなるということで使いにくく，現状の定義となった．厳密にいえば，現在は水の三重点と呼ばれる一意に定まる状態に基づき定義されている．華氏による定義については諸説あるが，暮らしの中での温度に負の数が出ないように作ったとされている．華氏温度と摂氏温度には，°F ＝°C × 1.8 ＋ 32 という関係がある．

一方，ケルビン温度（K）は比率尺度である．ケルビン温度は熱による分子運動が完

全になくなる温度を原点として定義される．具体的には水の三重点温度を 273.16K と
して定義されていたが，近年，ボルツマン定数に基づくより厳密な定義に改定された．

　名義尺度データは最も低い尺度水準を持つデータと位置づけられ，比率尺度デー
タは最も高い尺度水準を持つデータと位置づけられる．これは，高い尺度水準を持
つデータは変換することにより，低い尺度水準を持つデータとしてとり扱うことが
可能となるからである．なお，データをどの尺度水準に位置づけるかは最終的には
分析意図および利用する分析手法に依存して，分析者によって判断される．たとえ
ば，「良い」「普通」「悪い」という選択肢には，順序を入れることが可能であるが，
必ずしも入れる必要はなく，名義尺度として扱ってもよい．
　名義尺度データや順序尺度データは，**質的データ**（qualitative data）と呼ばれる．
また，間隔尺度データや比率尺度データは，**量的データ**（quantitative data）また
は**数値データ**（numerical data）と呼ばれる．さらに，量的データは量を計測した**計
量データ**（measured data）と数を計測した**計数データ**（count data）に区分される．

▶ b さまざまな特徴を持つデータ

　変数の数や尺度以外にもデータはさまざまな形で特徴づけられる．ここに，いく
つか代表的なものを紹介する．
　ある時点において，複数の対象に対して，複数の変数を測定したデータを**横断面
データ**（cross sectional data）といい，**クロスセクショナルデータ**とも呼ばれる．ま
た，特定の変数に対して，経時的に観測され時間変化に着目するデータを**時系列デー
タ**（time series data）という．
　複数の対象に対して，時間・条件を変えて測定したデータを**経時データ**（longi-
tudinal data）という．また，共通の要因を持つ集団に対する観測値を追跡調査した
データを**コホートデータ**（cohort data）という．
　経時データは医学，経済学などさまざまな分野で用いられ，経済学分野では**パ
ネルデータ**（panel data）と呼ばれ，医学分野では**繰り返し測定データ**（repeated
measurement data）と呼ばれている．

例 1.2.1　　　表 1.2.1 は横断面データと時系列データを表している．横断面デー
タの例は，2019 年という特定の時点における各都道府県を対象とし
た人口，出生数などの複数の変数からなるデータである．一方，時
系列データの例は，1995 年から 2019 年まで，経時的に調査された
東京都の総人口のデータである．

表 1.2.1　横断面データと時系列データの例.

地域	総人口[人]	総人口(男)[人]	総人口(女)[人]	出生数[人]	出生数(男)[人]	出生数(女)[人]	調査年	総人口[人]
北海道	5,250,000	2,472,000	2,778,000	31,020	15,988	15,032	2019 年度	13,921,000
青森県	1,246,000	585,000	661,000	7,170	3,682	3,488	2018 年度	13,822,000
岩手県	1,227,000	592,000	635,000	6,974	3,582	3,392	2017 年度	13,724,000
宮城県	2,306,000	1,127,000	1,179,000	14,947	7,745	7,202	2016 年度	13,624,000
秋田県	966,000	454,000	512,000	4,696	2,403	2,293	2015 年度	13,515,271
山形県	1,078,000	520,000	558,000	6,401	3,284	3,117	2014 年度	13,399,000
福島県	1,846,000	914,000	931,000	11,552	5,793	5,759	2013 年度	13,307,000
⋮	⋮	⋮	⋮	⋮	⋮		⋮	⋮
鹿児島県	1,602,000	753,000	849,000	11,977	6,032	5,945	1996 年度	11,808,000
沖縄県	1,453,000	715,000	738,000	14,902	7,661	7,241	1995 年度	11,773,605

(a) 横断面データ　　　　　　　　　　　(b) 時系列データ
(2019 年度の各都道府県の人口，出生数)　　　(1995〜2019 年度まで
　　　　　　　　　　　　　　　　　　　　　　の東京都の総人口)

まとめ 1.2.1　データは，変数の数，連続・離散，尺度などで特徴づけられる．
尺度には，名義尺度，順序尺度，間隔尺度，比率尺度の 4 つがある．
横断面データ，時系列データ，経時データ，コホートデータなどさまざ
まな特徴を持つデータがある．

➤ 1.2.2　基本統計量

目的 1.2.2　さまざまな基本統計量の性質を理解し，データからの情報抽出に利用で
きる．

変数 x に関する n 個のデータ $x_i\ (i = 1, 2, \ldots, n)$ が与えられているとき，これらのデータの特性を代表的に表す値を**代表値**（representative value）あるいは**要約統計量**（summary statistic）と呼ぶ．代表値にはさまざまなものがあるが，ここでは代表的なものを紹介する．

▶ a 代表値

データの中心を表す値として，**算術平均**（arithmetic mean, average）$\bar{x}_A$，**幾何平均**（geometric mean）$\bar{x}_G$，**調和平均**（harmonic mean）$\bar{x}_H$ が以下で定義される．算術平均を単に平均（値）と呼ぶことが多い．

$$\bar{x}_A = \frac{1}{n}\sum_{i=1}^{n} x_i, \quad \bar{x}_G = \left(\prod_{i=1}^{n} x_i\right)^{1/n}\ (x_i > 0),$$

$$\bar{x}_H = \frac{1}{\dfrac{1}{n}\sum_{i=1}^{n}\dfrac{1}{x_i}}\quad (x_i > 0)$$

例 1.2.2 幾何平均は比率や割合で変化するものの平均を求める際に用いられる．たとえば，ある製品の販売増加が過去 3 年で 9%，-20%，20% と変化したとき，幾何平均は $\sqrt[3]{1.09 \cdot 0.80 \cdot 1.20} \fallingdotseq 1.015$ となり，平均の変化率は約 1.5% となる．

調和平均が用いられる典型的な状況は，速度の平均である．行きが 40km/h，帰りが 60km/h のときの平均速度は，$2/(1/40+1/60) = 48$km/h となる．

Memo 平均の性質と平均間の関係

算術平均，幾何平均，調和平均はそれぞれ，$\sum_{i=1}^{n}(x_i - a)^2$，$\sum_{i=1}^{n}(\log x_i - \log a)^2$，$\sum_{i=1}^{n}(1/x_i - 1/a)^2$ を最小化する a であることが知られている．

データ $x_i\ (>0)\ (i = 1, 2, \ldots, n)$ が与えられているとき，算術平均，幾何平均，調和平均は以下の関係を満たす．

$$\bar{x}_H \leq \bar{x}_G \leq \bar{x}_A$$

等号成立は, $x_i = c \ (i = 1, 2, \ldots, n)$, すなわち, すべてのデータが等しいときである.

これは, (値が正である) どのようなデータに対しても, 3 つの平均の間に一定の大小関係が存在することを示している.

データ $x_i \ (i = 1, 2, \ldots, n)$ を大きさの順に並べ替え,

$$x_{(1)} \le x_{(2)} \le \cdots \le x_{(n)}$$

を満たす $x_{(i)} \ (i = 1, 2, \ldots, n)$ を**順序統計量** (order statistic) と呼ぶ. 各 $x_{(j)} \ (j = 1, 2, \ldots, n)$ はいずれかの x_i と一致する.

順序統計量を用いて, 以下の最大値, 最小値, 中央値が定義される.

データ $x_i \ (i = 1, 2, \ldots, n)$ の中で最も小さな値をとるものを**最小値** (minimum) と呼び, 最も大きな値をとるものを**最大値** (maximum) と呼ぶ.

最小値, 最大値をそれぞれ, $x_{\min}$, $x_{\max}$ と記す. 順序統計量を用いれば,

$$x_{\min} = x_{(1)}, \qquad x_{\max} = x_{(n)}$$

と表すことができる.

データ $x_i \ (i = 1, 2, \ldots, n)$ を大きさの順に並べたときの「中央」の値を**中央値** (median) と呼び, x_{me} と記す. 中央値はデータの個数が偶数の場合と奇数の場合に分けて以下のように定義される.

$$x_{\mathrm{me}} = \begin{cases} x_{\left(\frac{n+1}{2}\right)} & (n: \text{奇数}) \\[2ex] \dfrac{x_{\left(\frac{n}{2}\right)} + x_{\left(\frac{n}{2}+1\right)}}{2} & (n: \text{偶数}) \end{cases}$$

データの中に**外れ値** (outlier) と呼ばれるとびぬけて大きな (小さな) 値がある場合は, 中央値のほうが平均値よりもデータの中心の指標として適している.

データ $x_i \ (i = 1, 2, \ldots, n)$ が与えられているとき, データが最も多くとる値を**最頻値** (mode) と呼び, x_{mo} で表す.

> **Memo** 中央値，最頻値の性質とそれらの関係
>
> 中央値は $\sum_{i=1}^{n} |x_i - a|$ を最小化する a であり，最頻値は $\sum_{i=1}^{n} I(|x_i - a| > 0)$ を最小化する a であることが知られている．ここで，$I(論理式)$ は定義関数であり，論理式が真のとき1となり，論理式が偽のとき0となる．
>
> ここで，平均値 $\bar{x}_A$，中央値 x_{me}，最頻値 x_{mo} の関係について簡単に述べておく．これら3つの値は，何らかの意味でデータの「中心」を表す値であるが，データの分布が**単峰性**（unimodal）を満たすとき，すなわち，峰が1つであるときはこれらの値の間に大小関係が成り立つ．
>
> 単峰性が仮定され，データがある値を中心に対称であれば，これら3つの値は，
>
> $$\bar{x}_A = x_{\mathrm{me}} = x_{\mathrm{mo}}$$
>
> となり一致する．ところが，データの中に極端に大きい値が存在する場合は，
>
> $$x_{\mathrm{mo}} \leq x_{\mathrm{me}} < \bar{x}_A$$
>
> という関係が成り立つ．逆に，データの中に極端に小さい値が存在する場合は，
>
> $$\bar{x}_A \leq x_{\mathrm{me}} < x_{\mathrm{mo}}$$
>
> という関係が成り立つ．データの峰が複数ある**多峰性**（multimodal）の場合は，必ずしも上述の関係が成り立つわけではないことを注意しておく．

図 1.2.1 はデータの分布の「偏り」と「中心」に関する代表値の位置関係を表している．この図からもわかるように，平均値 $\bar{x}_A$ は中央値 x_{me} と比べて極端な値の影響を受けやすい．

データをおおむね4分の1に区切った位置にあるデータの値を四分位数と呼び，以下のように定義する．

データ x_i $(i = 1, 2,\ldots, n)$ が与えられているとき，**第1四分位数**（first quartile）$Q_x(1/4)$ および**第3四分位数**（third quartile）$Q_x(3/4)$ は，順序統計量 $x_{(i)}$ $(i = 1, 2,\ldots, n)$ を用いて，それぞれ，以下で定義される．ここで，m は2以上の自然数である．なお，**第2四分位数**（second quartile）$Q_x(2/4)$ は中央値である．

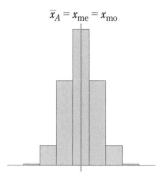

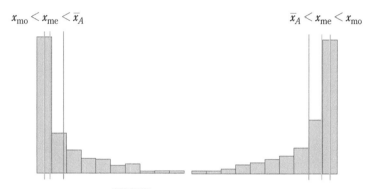

図 1.2.1 データの分布と代表値.

$$Q_x(1/4) = \begin{cases} \left(x_{\left(\frac{n}{4}\right)} + x_{\left(\frac{n+4}{4}\right)}\right)/2 & (n = 4m) \\ x_{\left(\frac{n+1}{4}\right)} & (n = 4m - 1) \\ x_{\left(\frac{n+2}{4}\right)} & (n = 4m - 2) \\ \left(x_{\left(\frac{n-1}{4}\right)} + x_{\left(\frac{n+3}{4}\right)}\right)/2 & (n = 4m - 3) \end{cases}$$

$$Q_x(3/4) = \begin{cases} \left(x_{\left(\frac{3n}{4}\right)} + x_{\left(\frac{3n+4}{4}\right)}\right)/2 & (n = 4m) \\ x_{\left(\frac{3n+3}{4}\right)} & (n = 4m - 1) \\ x_{\left(\frac{3n+2}{4}\right)} & (n = 4m - 2) \\ \left(x_{\left(\frac{3n+1}{4}\right)} + x_{\left(\frac{3n+5}{4}\right)}\right)/2 & (n = 4m - 3) \end{cases}$$

中央値はデータの個数が偶数か奇数かで場合分けされて定義される. 四分位数は,

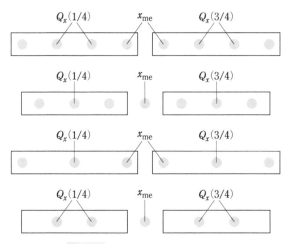

図 1.2.2 データの個数と四分位数.

データの個数の偶奇に加えて，中央値をはさんで（中央値を含まず）大きいほう（小さいほう）のデータ（図 1.2.2 の四角で囲んだ部分）の個数の偶奇によって場合分けされて定義される．定義の場合分けの上から順番に，それらは，全体が偶数・半分が偶数，全体が奇数・半分が奇数，全体が偶数・半分が奇数，全体が奇数・半分が偶数の場合となっている．

　図 1.2.2 は，データの個数が 5 個から 8 個の場合，つまり，$(m = 2)$ の場合の中央値，四分位数の考え方を表している．

　なお，四分位数の定義は複数あることに注意しておく．ここでは，その中でも簡便に計算できるものを挙げている．表計算ソフトや統計パッケージソフトでは異なる定義になっていることもあるので注意が必要である．

　データの特徴を，最小値，第 1 四分位点，中央値，第 3 四分位点，最大値の 5 つの数値でとらえることを **5 数要約**（five-number summary）と呼ぶ．5 数要約は，データを概観する際によく用いられる．1.3 節で紹介する箱ひげ図は，この 5 数を視覚的に表示したものである．

Memo 中心性の指標と尺度水準

　これまで述べてきたように，データの中心性の指標にはさまざまなものがある．ここで注意しておきたいのは，データの尺度水準によって利用可能な演算が異なってお

り，そのため利用可能な指標も異なるということである．具体的には以下のとおりである．

名義尺度： 最頻値
順序尺度： 中央値
間隔尺度： 算術平均
比率尺度： 幾何平均，調和平均

なお，より低位の尺度データで利用可能なものは高位の尺度データでも利用可能である．

　特に注意が必要なのは間隔尺度と比率尺度の区別である．比率尺度ではデータの四則演算のうち加法，減法，乗法，除法のいずれもが利用可能であるが，間隔尺度では加法，減法のみが利用可能である．

▶ b 散らばりの指標

　ここではデータの散らばり具合に関するさまざまな指標について述べる．まずは，データの**偏差**（deviation）$x_i - \bar{x}$ $(i = 1, 2, \ldots, n)$ に着目したいくつかの指標を紹介する．

　データ x_i $(i = 1, 2, \ldots, n)$ が与えられているとき，以下で定義される s_x^2 を**分散**（variance）と呼ぶ．

$$s_x^2 = \frac{1}{n} \sum_{i=1}^{n} (x_i - \bar{x})^2$$

分散の正の平方根 $\sqrt{s_x^2}$ を**標準偏差**（standard deviation）と呼び s_x で記す．

　また，以下で定義される u_x^2 を**不偏分散**（unbiased variance）と呼ぶ．

$$u_x^2 = \frac{1}{n-1} \sum_{i=1}^{n} (x_i - \bar{x})^2$$

不偏分散の正の平方根 $\sqrt{u_x^2}$ を**不偏標準偏差**（unbiased standard deviation）と呼び u_x で記す．

　偏差の絶対値を用いた**平均偏差**（mean deviation）が以下で定義される．

$$\mathrm{MD}_x = \frac{1}{n} \sum_{i=1}^{n} |x_i - \bar{x}|$$

分散は偏差の 2 乗の平均であり，平均偏差は偏差の絶対値の平均である．これらはいずれも，平均からのデータの散らばりを平均化した指標である．不偏分散と分散の違いは，偏差の 2 乗和をデータ数 n で割るか $n-1$ で割るかである．不偏分散には理論的によい性質があり，推測統計では多用される．

Memo 分散の性質

データ x_i $(i = 1, 2, \ldots, n)$ が与えられているとき，分散 s_x^2 について以下が成り立つ．

$$s_x^2 = \frac{1}{n} \sum_{i=1}^{n} x_i^2 - \bar{x}^2 = \frac{1}{2n^2} \sum_{i=1}^{n} \sum_{j=1}^{n} (x_i - x_j)^2$$

上式の第 1 式は「データの 2 乗の平均から平均の 2 乗を引いたものと分散が一致する」ことを示しており，第 2 式は「データのすべての対の差の 2 乗和の平均の 1/2 と分散が一致する」ことを示している．

次に，順序統計量 $x_{(i)}$ $(i = 1, 2, \ldots, n)$ を用いた散らばりの指標をいくつか紹介する．

データ x_i $(i = 1, 2, \ldots, n)$ が与えられているとき，以下で定義される Range_x を**範囲**（range）と呼ぶ．

$$\mathrm{Range}_x = x_{(n)} - x_{(1)}$$

また，第 1 四分位数 $Q_x(1/4)$ および第 3 四分位数 $Q_x(3/4)$ を用いて，以下で定義される IQR_x, QD_x をそれぞれ，**四分位範囲**（inter quartile range），**四分位偏差**（quartile deviation）と呼ぶ．

$$\mathrm{IQR}_x = Q_x(3/4) - Q_x(1/4), \quad \mathrm{QD}_x = \frac{1}{2}(Q_x(3/4) - Q_x(1/4))$$

さらに，以下で定義される q_x を**スチューデント化された範囲**（Studentized range）と呼ぶ．

$$q_x = \frac{x_{(n)} - x_{(1)}}{s_x}$$

範囲はすべてのデータが含まれる幅を表し，四分位範囲はデータの中央 50% が含

まれる幅を表している．四分位偏差は四分位範囲を 2 で割ったもので，中央値から
第 1，第 3 四分位数の散らばりを表しており，スチューデント化された範囲は，範
囲を標準偏差で基準化したものである．

　次に，データの平均値に対する相対的な散らばりの大きさを表す指標である変動
係数を定義する．たとえば，2 群の散らばりを比較する場合，平均が著しく異なっ
ていれば，それに比例して標準偏差も異なるため，標準偏差どうしをそのまま比較
することは意味がない．そこで，平均で補正することにより，比較可能な無名数に
変換したものが変動係数である．

　データ x_i $(i = 1, 2, \ldots, n)$ が与えられているとき，以下で定義される CV_x
を**変動係数**（coefficient of variation）と呼ぶ．

$$\mathrm{CV}_x = \frac{s_x}{\bar{x}}$$

なお，変動係数が意味を持つのはデータの尺度水準が比率尺度の場合のみである．
なぜなら，比率尺度データでは，標準偏差と平均値が比例するので，データの相似
変換に対して，変動係数が一定の値をとるが，間隔尺度データでは標準偏差と平均
値が比例関係にないので変動係数が平均値と反比例するからである．

> **例 1.2.3**　ある集団の男性の体重が，平均 70kg，標準偏差 20kg であり，女
> 性の体重が，平均 55kg，標準偏差 18kg であるとする．このとき，
> 分散あるいは標準偏差で見れば，男性のほうが散らばりが大きいが，
> 変動係数で見れば，男性 0.29，女性 0.33 となって，女性のほうが
> 散らばりが大きくなる．これは，男性と女性で体重の平均に違いが
> あり，それを考慮に入れると女性のほうが散らばりが大きいという
> 判断になることを示している．

　最後に，名義尺度データに対する散らばりの尺度として，**質的変動指標**（Index of
Qualitative Variation）を以下で定義し，IQV_x と記す．

$$\mathrm{IQV}_x = \frac{K\left(1 - \sum_{k=1}^{K} p_k^2\right)}{K - 1}$$

ここで，K は名義尺度データのカテゴリの数であり，p_k $(k = 1, 2, \ldots, K)$ はカ
テゴリ k の割合であり，$0 \le p_k \le 1$，$\sum_{k=1}^{K} p_k = 1$ を満たす．

　IQV_x は $0 \le \mathrm{IQV}_x \le 1$ を満たす．すべてのデータが 1 つのカテゴリに属する

とき 0 となり，まったく散らばっていない状態を表す．逆に，データが各カテゴリに均等に属しているとき 1 となり，最も散らばっている状態を表す．

Memo 散らばりの指標と尺度水準

　データの中心性の指標と同様に，散らばりの指標もさまざまなものがあり，データの尺度水準によって利用可能な指標が異なる．具体的には以下のとおりである．

名義尺度： 質的変動指標
順序尺度： 範囲，四分位範囲
間隔尺度： 分散，標準偏差，平均偏差
比率尺度： スチューデント化された範囲，変動係数

なお，より低位の尺度データで利用可能なものは高位の尺度データでも利用可能である．

　ここで，質的変動指標は多数提案されているが，その 1 つが本書で紹介している IQV_x である．

● c 1 変数データの変換と結合

　ここでは，データに変数変換を施したときやデータを結合したときに今までに定義した指標がどのように変化するのかを説明する．

　データ $x_i \, (i = 1, 2, \ldots, n)$ が与えられているとき，$y_i = cx_i + d \, (c \neq 0)$ なる線形変換を考える．このとき，平均，分散，不偏分散に関して以下が成り立つ．

$$\bar{y} = c\bar{x} + d, \quad s_y^2 = c^2 s_x^2, \quad u_y^2 = c^2 u_x^2$$

　平均については，データに施した線形変換を元のデータの平均に施すことにより導かれる．分散と不偏分散については，定数の足し引きに影響を受けず，定数倍の変換に対して，(定数)^2 倍に変換される．

　特によく用いられる変数変換に以下で定義される標準得点がある．データ $x_i \, (i = 1, 2, \ldots, n)$ が与えられているとき，

$$z_i = \frac{x_i - \bar{x}}{s_x}$$

を**標準得点** (standard score) と呼ぶ．また，x_i を z_i に変換することを**標準化** (standardization) と呼ぶ．なお，標準得点をさらに線形変換した $10z_i + 50$ が**偏差値** (adjusted standard deviation score) である．

Memo 標準得点の性質

データ x_i $(i = 1, 2, \ldots, n)$ を標準化した z_i について，以下が成り立つ．

$$\sum_{i=1}^{n} z_i = 0, \quad \sum_{i=1}^{n} z_i^2 = n$$

このことは，どのようなデータであっても，その標準得点の平均が 0 であり，分散が 1 であることを表している．また，標準得点の 3 乗の平均は元のデータの**歪度** (skewness) と呼ばれ，データ分布の形状の対称性の尺度である．さらに，標準得点の 4 乗の平均は元のデータの**尖度** (kurtosis) と呼ばれ，データ分布の形状の鋭さの尺度である．歪度が正のとき，データは右に裾を引き，負のとき左に裾を引く．また，尖度が大きくなればなるほどデータの分布は尖ったものになる．

次に，データを結合したときの平均，分散について述べる．

n 個のデータ x_i $(i = 1, 2, \ldots, n)$ と m 個のデータ y_j $(j = 1, 2, \ldots, m)$ について，それぞれの平均および分散を $\bar{x}$, $\bar{y}$ および s_x^2, s_y^2 で表し，これらをあわせたときの平均，分散を $\bar{z}$, s_z^2 で表す．このとき，以下の関係が成り立つ．

$$\bar{z} = \frac{n\bar{x} + m\bar{y}}{n + m}, \quad s_z^2 = \frac{ns_x^2 + ms_y^2}{n + m} + \frac{nm}{(m + n)^2}(\bar{x} - \bar{y})^2$$

これは，2 つのデータを結合させたときの平均と分散が元のデータの平均と分散を用いて表されることを示している．平均の場合は，元の平均の重みつきの和となり，分散の場合は，元の分散の重みつきの和に平均間の距離の 2 乗に重みをつけたものを加えたものになっている．

- 代表値や散らばりの指標にはさまざまなものがあり，目的に応じて使い分けられる．
- 代表値や散らばりの指標は，データの尺度水準によって利用可能なものが異なる．
- データの結合や変換による指標の変化はそれぞれの指標の特徴を表す．

➤ 1.2.3 量的 × 量的データの要約

> **目的 1.2.3** 量的変数と量的変数の組のデータの関係の特徴量として，共分散，相関係数の性質を理解し，適切に活用できる．

⊙ a 共分散と相関係数

これまで，1変数のデータについて，さまざまな指標を定義し，その性質について述べた．ここでは，ともに量的な2変数の組のデータの指標について説明する．

量的な2変数データ (x_i, y_i) $(i = 1, 2, \ldots, n)$ が与えられているとき，以下で定義される s_{xy} を変数 x と変数 y の**共分散**（covariance）と呼ぶ．

$$s_{xy} = \frac{1}{n} \sum_{i=1}^{n} (x_i - \bar{x})(y_i - \bar{y})$$

共分散に関連して，データ (x_i, y_i) が $x_i > \bar{x}$, $y_i > \bar{y}$ または $x_i < \bar{x}$, $y_i < \bar{y}$ を満たせば，$(x_i - \bar{x})(y_i - \bar{y}) > 0$ となり，逆に，$x_i > \bar{x}$, $y_i < \bar{y}$ または $x_i < \bar{x}$, $y_i > \bar{y}$ を満たせば，$(x_i - \bar{x})(y_i - \bar{y}) < 0$ となる．これは，$x = \bar{x}$, $y = \bar{y}$ をそれぞれ x 軸，y 軸とする座標平面にデータを付置したとき，第1象限または第3象限に入るデータが多いほど共分散は正の大きな値をとり，第2象限または第4象限に入るデータが多いほど共分散は負の大きな値をとることを表している（図1.2.3）．

> **Memo** 共分散の性質
>
> 2変数データ (x_i, y_i) $(i = 1, 2, \ldots, n)$ が与えられているとき，変数 x と変数 y の共分散について，以下が成り立つ．
>
> $$s_{xy} = \frac{1}{n} \sum_{i=1}^{n} x_i y_i - \bar{x}\bar{y}$$
>
> 共分散は，2つのデータの積の平均から平均の積を引いたものである．また，同じ変数どうしの共分散は分散と一致する．

定義からも明らかなように $-\infty < s_{xy} < \infty$ なので，共分散の値の解釈は困難である．そこで，共分散から単位の影響をなくし，-1 から1の範囲をとるように

· 右上(第１象限)と左下(第３象限)
　にデータが集まる

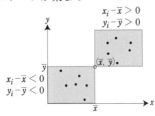

· 左上(第２象限)と右下(第４象限)
　にデータが集まる

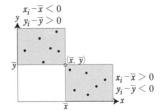

平均の点よりも右上, 左下に多い

$\longrightarrow$ 共分散が正の値をとる

$$(x_i - \overline{x})(y_i - \overline{y}) > 0$$

平均の点よりも左上, 右下に多い

$\longrightarrow$ 共分散が負の値をとる

$$(x_i - \overline{x})(y_i - \overline{y}) < 0$$

図 1.2.3　データの分布と共分散.

補正したものが, 以下で定義される相関係数である.

2変数データ (x_i, y_i) $(i = 1, 2, \ldots, n)$ が与えられているとき, 以下で定義される r_{xy} を変数 x と変数 y の**相関係数** (correlation coefficient)と呼ぶ.

$$r_{xy} = \frac{s_{xy}}{\sqrt{s_x^2 s_y^2}}$$

ここで定義した相関係数はデータの相関係数であるが, 確率変数[1] の相関係数と区別する意味で, **標本相関係数** (sample correlation coefficient)と呼ぶこともある. また, **ピアソンの積率相関係数** (Pearson's product-moment correlation coefficient)と呼ばれることもある.

Memo　相関係数の性質

2変数データ (x_i, y_i) $(i = 1, 2, \ldots, n)$ が与えられているとき, 変数 x と変数 y の相関係数 r_{xy} について, 以下が成り立つ.

1. $-1 \leq r_{xy} \leq 1$
2. $r_{xy} = 1$ または $r_{xy} = -1$
   $\iff$ データ (x_i, y_i) $(i = 1, 2, \ldots, n)$ が一直線上にある.

ここで, $\iff$ は必要十分条件を表している.

---

[1] 詳しくは 1.5 節 (130 ページ) を参照.

相関係数は 2 つの変数間の線形関係の強さを表すものである．一方の変数が増加するに従い，他方の変数も増加する傾向にある場合は相関係数は正の値をとる．逆に，一方の変数が増加するに従い，他方の変数が減少する傾向にあるとき相関係数は負の値をとる．相関係数の大小について，客観的な評価は難しい．記述統計では，相関係数の評価について，「相関がある（ない）」や「相関が強い（弱い）」という言葉を用いる．非常におおまかにいえば，$|r_{xy}| > 0.7$ であれば，相関が強いという場合が多い．

ここで強調しておきたいのは，相関の強弱に一般的な基準はないこと，および，相関係数はあくまで線形関係のみを評価しており，その他の関係については評価していないことである．つまり，相関係数の絶対値が小さい，あるいは 0 であるからといって，それらの変数が無関係であるとは限らないということである．

図 1.2.4 は相関係数を -1 から 1 まで変化させたときのデータの散布図の例である．実際のデータにおいて，相関係数が 0 となることはきわめてまれであるが，相

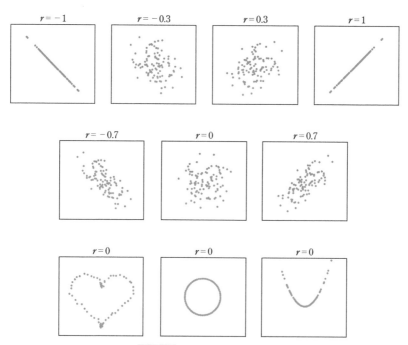

図 1.2.4　相関係数と散布図.

関係数が 0 のときの散布図にはいろいろな状況があることに注意が必要である．このことからも，2 つの変数間の関係を把握する際には，相関係数のみから判断するのではなく散布図と併用して行うことが重要である．

▶ b 2変数データの変換と結合

2 変数データ $(x_i,\ y_i)\ (i=1,\ 2,\ldots,\ n)$ が与えられているとき，

$$u_i = ax_i + b, \quad v_i = cy_i + d \quad (a,\ b,\ c,\ d \in \mathbb{R})$$

なる線形変換を考える．このとき，以下が成り立つ．

$$s_{uv} = acs_{xy}, \quad r_{uv} = \begin{cases} r_{xy} & (ac > 0) \\ -r_{xy} & (ac < 0) \end{cases}$$

特に，$a = \pm 1/s_x$，$c = \pm 1/s_y$(複合同順) のとき，つまり，u, v がそれぞれ x, y の標準化得点のとき，$s_{uv} = r_{xy}$ となる．

線形変換を施したとき，共分散は元のデータを実数倍する定数の積倍になる．相関係数については，絶対値は変わらず，符号は元のデータにかけられる定数の符号の組合せによって決定される．

2 組の 2 変数データ $(x_i,\ y_i)\,(i=1,\ 2,\ldots,\ n)$，$(z_j,\ w_j)\,(j=1,\ 2,\ldots,\ m)$ が与えられているとき，それらを 1 つに結合したデータを $(\alpha_k,\ \beta_k)\,(k=1,\ 2,\ldots,\ n+m)$ とする．さらに，変数 x, y, z, w, α, β の平均をそれぞれ $\bar{x}$, $\bar{y}$, $\bar{z}$, $\bar{w}$, $\bar{\alpha}$, $\bar{\beta}$ とし，x と y, z と w, α と β の共分散をそれぞれ，s_{xy}, s_{zw}, $s_{\alpha\beta}$ で表す．このとき，以下が成り立つ．

$$s_{\alpha\beta} = \frac{ns_{xy} + ms_{zw}}{n+m} + \frac{nm}{(n+m)^2}(\bar{x} - \bar{z})(\bar{y} - \bar{w})$$

データを結合した際の平均や分散についてはすでに述べたとおりであるが，共分散についても分散と同様に導出できる．なお，相関係数については，このように陽に表される関係はない．

共分散・相関係数は 2 つの変数の間の線形性の指標である．
共分散はあらゆる値をとりうるが，相関係数は－ 1 から 1 までの値をとる．

- 相関係数はあくまで線形性の指標であり，2 次などのその他の関係については把握できない．

➤ 1.2.4 質的 × 量的データの要約

目的 1.2.4 質的変数と量的変数の組のデータの関係の特徴量として，相関比の性質を理解し，適切に活用できる．

ここでは，質的変数と量的変数の組のデータが与えられたとき，それらの変数間の相関関係を測ることを考える．表 1.2.2 のように，ℓ カテゴリの質的変数 x と量的変数 y の組のデータが与えられているとき，カテゴリを群と考え，群ごとに量的変数 y のデータが分けられている状況（表 1.2.3）を考える．

表 1.2.2 量質混在 2 変数データ．

	質的変数 x	量的変数 y
1	x_1	y_{11}
$\vdots$	$\vdots$	$\vdots$
n_1	x_1	$y_{n_1 1}$
$n_1 + 1$	x_2	y_{12}
$\vdots$	$\vdots$	$\vdots$
$n_1 + n_2$	x_2	$y_{n_2 2}$
$\vdots$	$\vdots$	$\vdots$
$\sum_{j=1}^{\ell-1} n_j + 1$	x_ℓ	$y_{1\ell}$
$\vdots$	$\vdots$	$\vdots$
$\sum_{j=1}^{\ell-1} n_j + n_\ell$	x_ℓ	$y_{n_\ell \ell}$

表 1.2.3 ℓ 群のデータ．

	質的変数 x			
	x_1	x_2	$\cdots$	x_ℓ
量的変数 y	y_{11}	y_{12}	$\cdots$	$y_{1\ell}$
	y_{21}	y_{22}		$y_{2\ell}$
	$\vdots$	$\vdots$	$\ddots$	$\vdots$
			$\cdots$	$y_{n_\ell \ell}$
	$y_{n_1 1}$			
		$y_{n_2 2}$		
平均	$\bar{y}_1$	$\bar{y}_2$	$\cdots$	$\bar{y}_\ell$

$x_j\ (j = 1,\ 2,\ldots,\ \ell)$ を質的変数とし，$y_{ij}\ (i = 1,\ 2,\ldots,\ n_j;\ j = 1, 2,\ldots, \ell)$ を群 j に属する i 番目のデータとする．このようなデータを**群データ**（group data）と呼ぶ．このとき，**群平均**（group mean）$\bar{y}_j$ およびすべてのデータの**総平均**（total mean）$\bar{y}$ は，それぞれ以下で表される．

$$\bar{y}_j = \frac{1}{n_j} \sum_{i=1}^{n_j} y_{ij} \ (j = 1, 2, \ldots, \ell), \quad \bar{y} = \frac{1}{n} \sum_{j=1}^{\ell} \sum_{i=1}^{n_j} y_{ij}$$

ただし, $n = \sum_{j=1}^{\ell} n_j$ である. これらの平均を用いて, **全分散** (total variance) s_y^2, **群内分散** (within variance) w_y^2 と**群間分散** (between variance) b_y^2 が以下で定義される.

$$s_y^2 = \frac{1}{n} \sum_{j=1}^{\ell} \sum_{i=1}^{n_j} (y_{ij} - \bar{y})^2,$$

$$w_y^2 = \frac{1}{n} \sum_{j=1}^{\ell} \sum_{i=1}^{n_j} (y_{ij} - \bar{y}_j)^2, \quad b_y^2 = \frac{1}{n} \sum_{j=1}^{\ell} \sum_{i=1}^{n_j} (\bar{y}_j - \bar{y})^2$$

Memo 総平均，群平均の関係と全分散の分解

　質的変数 x, 量的変数 y について，量質混在データ（群データ）（表 1.2.2）が与えられているとする．このとき，総平均 $\bar{y}$ と群平均 $\bar{y}_j$ $(j = 1, 2, \ldots, \ell)$ について以下が成り立つ.

$$\bar{y} = \frac{1}{n} \sum_{j=1}^{\ell} n_j \bar{y}_j$$

これは，群平均を群に属する対象の個数で重みづけした平均が総平均となることを示している.

　また，全分散 s_y^2, 群内分散 w_y^2, 群間分散 b_y^2 について以下が成り立つ.

$$s_y^2 = w_y^2 + b_y^2$$

これは，量的変数が群に分けられているとき，全分散が群内分散と群間分散の和で表されることを示している.

　全分散を一定としたとき，群内分散と群間分散は一方が大きくなれば他方が小さくなるという関係にある．群内分散が小さいとき，それぞれの群に属する対象が群の中で集中しており，各群どうしは散らばっている．一方，群間分散が小さいとき，各群どうしで集中しており，各群に属する対象は散らばっている.

　群内分散 w_y^2, 群間分散 b_y^2 は以下のように表すこともできる.

$$w_y^2 = \frac{1}{n} \sum_{j=1}^{\ell} n_j s_{y_j}^2, \quad b_y^2 = \frac{1}{n} \sum_{j=1}^{\ell} n_j (\bar{y}_j - \bar{y})^2$$

ここで，$s_{y_j}^2$ $(j = 1, 2, \ldots, \ell)$ は各群の分散である．

このことにより，総平均と群平均の関係や全分散の分解は，データを結合したときの平均や分散と各群の平均や分散との関係と考えることができ，その意味で前述の2つのデータを結合したときの結果の一般化となっている．

全分散の中で群間分散が相対的に大きいということは，量的変数が質的変数に大きく影響を受けていると考えることができ，逆に，群間分散が相対的に小さいということは，その影響が小さいと考えることができる．この考え方に基づいて，質的変数と量的変数の関係の強さを表す指標である相関比が以下で定義される．

質的変数 x，量的変数 y について，量質混在データ（表 1.2.2）が与えられているとき，

$$\eta_{xy}^2 = 1 - \frac{w_y^2}{s_y^2} = \frac{b_y^2}{s_y^2}$$

を y に対する x の**相関比**（correlation ratio）と呼ぶ．

Memo 相関比の性質

質的変数 x，量的変数 y について，量質混在データ（表 1.2.2）が与えられているとき，相関比について以下が成り立つ．

1. $0 \leq \eta_{xy}^2 \leq 1$
2. $\eta_{xy}^2 = 0 \iff \bar{y}_j = \bar{y}$ $(j = 1, 2, \ldots, \ell)$
3. $\eta_{xy}^2 = 1 \iff y_{ij} = \bar{y}_j$ $(i = 1, 2, \ldots, n_j; \, j = 1, 2, \ldots, \ell)$

相関比は質的変数 x と量的変数 y の関係の指標であり，関係がない，すなわち，x の変化に y が影響を受けないとき 0 となり，関係が強いほど 1 に近づく．

相関比は 0 以上 1 以下の値をとり，相関比が 0 であるとき，各群の平均がすべて一致し，相関比が 1 であるとき，各群におけるすべてのデータが群平均と一致する．なお，すべてのデータが同じ値をとるとき，相関比は定義されない．

まとめ 1.2.4
- 相関比は 0 から 1 までの値をとる．
- 相関比は 2 つの変数に関係がないときに 0 をとり，関係が強いほど 1 に近づく．

➤ 1.2.5 質的 × 質的データの要約

> **目 的**
> **1.2.5**
> 質的変数と質的変数の組のデータの関係についてのさまざまな特徴量の性質を理解し，適切に活用できる．

◉ a 分割表

ここでは，ともに質的な 2 つの変数の組のデータが与えられているときの集計と要約について述べる．

N 個の対象に関して n カテゴリの値 x_i $(i = 1,\ 2, \ldots,\ n)$ のいずれかをとる変数 x と m カテゴリの値 y_j $(j = 1,\ 2, \ldots,\ m)$ のいずれかをとる変数 y の組のデータが与えられているとする（表 1.2.4）．このとき，N 個のデータの中で，$x = x_i$, $y = y_j$ となる対象の個数（度数）を f_{ij} で表し，表 1.2.5 の形でまとめたものを**分割表**（contingency table）あるいは**クロス集計表**（cross tabulation）と呼ぶ．ここで，$f_{i\cdot}$, $f_{\cdot j}$, $f_{\cdot\cdot}$ は以下で定義される行和，列和および総和である．

$$f_{i\cdot} = \sum_{j=1}^{m} f_{ij}\ (i = 1,\ 2, \ldots,\ n), \quad f_{\cdot j} = \sum_{i=1}^{n} f_{ij}\ (j = 1,\ 2, \ldots,\ m),$$

$$f_{\cdot\cdot} = \sum_{i=1}^{n} \sum_{j=1}^{m} f_{ij} = \sum_{i=1}^{n} f_{i\cdot} = \sum_{j=1}^{m} f_{\cdot j} = N$$

分割表を用いて質的な 2 次元データを集計する場合，表中の値として用いられるのは，度数 f_{ij} の場合もあるが，比率 p_{ij}（あるいは，パーセンテージ $p_{ij} \times 100\%$）の場合もある．

表 1.2.4　質的な 2 変数データ．

	質的変数 x	質的変数 y
1	$x_1 \sim x_n$ のいずれか	$y_1 \sim y_m$ のいずれか
2	$x_1 \sim x_n$ のいずれか	$y_1 \sim y_m$ のいずれか
⋮	⋮	⋮
N	$x_1 \sim x_n$ のいずれか	$y_1 \sim y_m$ のいずれか

表 1.2.5　$n \times m$ 分割表．

変数 x	変数 y				
	y_1	y_2	$\cdots$	y_m	
x_1	f_{11}	f_{12}	$\cdots$	f_{1m}	$f_{1\cdot}$
x_2	f_{21}	f_{22}	$\cdots$	f_{2m}	$f_{2\cdot}$
⋮	⋮	⋮	⋱	⋮	⋮
x_n	f_{n1}	f_{n2}	$\cdots$	f_{nm}	$f_{n\cdot}$
	$f_{\cdot 1}$	$f_{\cdot 2}$	$\cdots$	$f_{\cdot m}$	$f_{\cdot\cdot}(= N)$

> **Memo** 分割表における比率
>
> 分割表で用いられる比率は，何を基準にして考えるかによって異なるので注意が必要である．
>
> 1. データ全体の中での度数 f_{ij} の比率を考える場合は，$p_{ij} = f_{ij}/f_{..}$ を用いる．このとき，$\sum_{i=1}^{n} \sum_{j=1}^{m} p_{ij} = 1$ となる．
> 2. 変数 x_i を固定した中での度数 f_{ij} の比率を考える場合は，$p_{ij} = f_{ij}/f_{i.}$ を用いる．このとき，$\sum_{j=1}^{m} p_{ij} = 1$ $(i = 1, 2, \ldots, n)$ となる．
> 3. 変数 y_j を固定した中での度数 f_{ij} の比率を考える場合は，$p_{ij} = f_{ij}/f_{.j}$ を用いる．このとき，$\sum_{i=1}^{n} p_{ij} = 1$ $(j = 1, 2, \ldots, m)$ となる．

2つの質的変数 x, y について，データが $n \times m$ 分割表（表 1.2.5）の形で与えられているとき，f_{ij} $(i = 1, 2, \ldots, n; j = 1, 2, \ldots, m)$ を**観測度数** (observed frequency) と呼び，$f_{i.}$ $(i = 1, 2, \ldots, n)$, $f_{.j}$ $(j = 1, 2, \ldots, m)$, $f_{..}$ $(= N)$ を**周辺度数** (marginal frequency) と呼ぶ．また，周辺度数を用いて以下で定義される e_{ij} $(i = 1, 2, \ldots, n; j = 1, 2, \ldots, m)$ を**期待度数** (expected frequency) と呼ぶ．

$$e_{ij} = \frac{f_{i.} f_{.j}}{f_{..}} \quad (i = 1, 2, \ldots, n; j = 1, 2, \ldots, m)$$

期待度数は2つの変数が無関係（すなわち，一方の変数の度数が他方の変数の度数に依存しない）場合の度数である．期待度数は周辺度数が固定されたときに，周辺度数に比例するようにデータを配分したときの度数と考えることができる．

> **Memo** 期待度数の性質
>
> 2つの質的変数 x, y について，データが分割表の形で与えられているとする．このとき，期待度数 e_{ij} と観測度数 f_{ij} について，以下の関係が成り立つ．
>
> $$e_{i.} = f_{i.} \ (i = 1, 2, \ldots, n), \ e_{.j} = f_{.j} \ (j = 1, 2, \ldots, m), \ e_{..} = f_{..}$$
>
> $$e_{i1} : e_{i2} : \cdots : e_{im} = f_{.1} : f_{.2} : \cdots : f_{.m} \ (i = 1, 2, \ldots, n)$$
>
> $$e_{1j} : e_{2j} : \cdots : e_{nj} = f_{1.} : f_{2.} : \cdots : f_{n.} \ (j = 1, 2, \ldots, m)$$
>
> 観測度数と期待度数の対応する周辺度数は一致する．また，各行（各列）における

期待度数の比は列和（行和）の比と一致する.

例 1.2.4　　表 1.2.6 と表 1.2.7 に観測度数と期待度数の例を挙げる．上記の Memo でも述べたように，観測度数と期待度数の対応する周辺度数は同じであり，観測度数の周辺度数の割合に比例するように度数を定めたものが期待度数である．期待度数においては，文系と理系の比が男性，女性，全体ですべて同じであり，男性と女性の比が文系，理系，全体ですべて同じになる．

表 1.2.6　観測度数.

	文系	理系	計
男性	50	100	150
女性	120	30	150
計	170	130	300

表 1.2.7　期待度数.

	文系	理系	計
男性	85	65	150
女性	85	65	150
計	170	130	300

▶ b 連関係数

質的変数についても，量的変数における相関係数に対応する尺度として，**連関係数**（association coefficient）と呼ばれるいくつかの尺度が提案されている．ここでは，よく用いられる連関係数を紹介し，その性質について述べる．

まず，カイ 2 乗統計量と呼ばれる 2 つの質的変数間の指標を定義する．

2 つの質的変数 x, y について，データが $n \times m$ 分割表（表 1.2.5）の形で与えられているとき，以下で定義される χ^2_{xy} を**カイ 2 乗統計量**（Chi square statistic）と呼ぶ．

$$\chi^2_{xy} = \sum_{i=1}^{n} \sum_{j=1}^{m} \frac{(f_{ij} - e_{ij})^2}{e_{ij}}$$

カイ 2 乗統計量は (観測度数 − 期待度数)^2/期待度数 の総和をとったものである．カイ 2 乗統計量は以下のように表すこともできる．

$$\chi^2_{xy} = N \left(\sum_{i=1}^{n} \sum_{j=1}^{m} \frac{f_{ij}^2}{f_{i\cdot} f_{\cdot j}} - 1 \right)$$

> **Memo** カイ2乗統計量の性質
>
> 2つの質的変数 x, y について，データが $n \times m$ 分割表（表 1.2.5）の形で与えられているとき，カイ2乗統計量 χ^2_{xy} について，以下が成り立つ．
>
> $$0 \leq \chi^2_{xy} \leq (\ell - 1)N$$
>
> ここで，$\ell = \min(n, m)$ である．
>
> カイ2乗統計量はデータ数や表の大きさに依存しており，無限に大きな値をとりうる．そこで，カイ2乗統計量をデータ数や表の大きさで補正したものが連関係数である．

2つの質的変数 x, y について，データが $n \times m$ 分割表（表 1.2.5）の形で与えられているとき，**クラメールの連関係数**（Cramér's contingency coefficient）V_{xy} は以下で定義される．

$$V_{xy} = \sqrt{\frac{\chi^2_{xy}}{(\ell - 1)N}}$$

ここで，$\ell = \min(n, m)$ である．

> **Memo** クラメールの連関係数の性質
>
> クラメールの連関係数 V_{xy} について，以下が成り立つ．
>
> $$0 \leq V_{xy} \leq 1$$
>
> クラメールの連関係数は，変数間の関連が強いほど 1 に近づき，関連が弱いほど 0 に近づく．

質的変数間の関連の尺度としては，クラメールの連関係数の他にも提案されている．ここでは代表的なものをいくつか定義しておく．

2つの質的変数 x, y について，データが $n \times m$ 分割表（表 1.2.5）の形で与えられているとき，2つの変数の連関を測る**ファイ係数**（ϕ coefficient）ϕ_{xy}，**分割表係**

数（Pearson's contingency coefficient）C_{xy}, **チュプロウの連関係数**（Tshuprow's coefficient）T_{xy} が，それぞれ以下のように定義される．

$$\phi_{xy} = \sqrt{\frac{\chi_{xy}^2}{N}}$$

$$C_{xy} = \sqrt{\frac{\chi_{xy}^2}{N + \chi_{xy}^2}}$$

$$T_{xy} = \sqrt{\frac{\chi_{xy}^2}{N\sqrt{(n-1)(m-1)}}}$$

Memo ファイ係数，分割表係数，チュプロウの連関係数の性質

　ファイ係数 ϕ, 分割表係数 C_{xy}, チュプロウの連関係数 T_{xy} について，以下が成り立つ．

$$0 \le \phi_{xy} \le \sqrt{\ell - 1}$$

$$0 \le C_{xy} \le \sqrt{(\ell - 1)/\ell}$$

$$0 \le T_{xy} \le 1$$

ここで，$\ell = \min(n, m)$ である．

　これらの係数は，2つの変数間の関連がないときに0となり，関連が強いほど大きくなる．チュプロウの連関係数以外は最大値が分割表の大きさに依存するという欠点がある．チュプロウの連関係数は $n = m$ のときクラメールの連関係数と一致する．

---

c 2 × 2 分割表の要約

　特に，表1.2.8の形で与えられる2値の質的変数については，さらに多くの関連性（一致）の指標が提案されている．以下に，いくつか代表的なものを定義しておく．

　2値の質的変数 x, y について，2 × 2分割表データ（表1.2.8）が与えられているとき，変数の関連（一致）の指標が以下で定義される．

$$s_{xy}^{\mathrm{J}} = \frac{a}{a + b + c} \qquad \text{（Jaccard 係数）}$$

$$s_{xy}^{\mathrm{R}} = \frac{a}{a + b + c + d} \qquad \text{（Russel-Rao 係数）}$$

表 1.2.8　2 × 2 分割表.

変数 x	変数 y y_1	y_2	
x_1	a	b	n_1
x_2	c	d	n_2
	n_3	n_4	N

$$s_{xy}^{\mathrm{S}} = \frac{a+d}{a+b+c+d} \qquad （単純一致係数）$$

Memo　一致の指標の性質

　一致の指標について，$0 \leq s_{xy}^{\mathrm{J}}, s_{xy}^{\mathrm{R}}, s_{xy}^{\mathrm{S}} \leq 1$ が成り立ち，それらの値が 1 に近いほど変数間の関連が強く，0 に近いほど関連が弱くなる．これらの係数間の違いは，何をもって一致の度合いと考えるかである．

　x_1 と x_2，y_1 と y_2 に特に制限がなければ単純一致係数を用いることが一般的である．x_1 と y_1 が正例，x_2 と y_2 が負例のような場合で正例のみに興味があるときは，Jaccard 係数や Russel-Rao 係数を用いることもある．これらは，負例が一致していても意味がない（興味がない）場合に用いられる．

例 1.2.5　　表 1.2.9 において，3 つの一致の指標はそれぞれ $s^{\mathrm{J}} = 1/20$，$s^{\mathrm{R}} = 1/10$，$s^{\mathrm{S}} = 11/20$ となる．この例からわかるように，それぞれの値は大きく異なる．もし，x_1，y_1 が正例であり，x_2，y_2 が負例であると考えると，この例のように負例の一致が大きい場合は，一致係数の選択が重要になってくる．

表 1.2.9　分割表の例.

変数 x	変数 y y_1	y_2	
x_1	10	40	50
x_2	50	100	150
	60	140	200

2値の質的変数 x, y について，データが 2×2 分割表（表 1.2.8）の形で与えられ，特に，変数 x が要因（条件）であり，変数 y が結果であるとき，要因に占める結果ありの割合，すなわち $a/(a+b)$, $c/(c+d)$ を**リスク**（risk）と呼ぶ．また，要因における結果どうしの比，すなわち a/b, c/d を**オッズ**（odds）と呼ぶ．このとき，**リスク差**（risk difference）RD，**リスク比**（risk ratio, relative risk）RR，**オッズ比**（odds ratio）OR が，それぞれ以下で定義される．

$$RD = \frac{a}{a+b} - \frac{c}{c+d}$$

$$RR = \frac{a}{a+b} \bigg/ \frac{c}{c+d}$$

$$OR = \frac{a}{b} \bigg/ \frac{c}{d}$$

Memo リスク差，リスク比，オッズ比の性質

リスク差 RD は要因 x_1 における結果 y_1 の割合から要因 x_2 における結果 y_1 の割合を引いたものであり，リスク比 RR はそれらの比である．オッズ比 OR は「x_1 における y_1 と y_2 の比」と「x_2 における y_1 と y_2 の比」の比である．

リスク比は何倍という比較が可能であるが，比の比であるオッズ比はそれが不可能である．オッズ比は 2×2 分割表であれば，あらゆる場合で利用可能であるが，リスク比は使えない場合があるので注意が必要である（例 1.2.6 参照）．

2×2 分割表の期待度数については，RD $=$ RR $=$ OR $= 1$ となる．

例 1.2.6 表 1.2.9 において，変数 x が要因であり，変数 y が結果である場合，RD $= -2/15$, RR $= 3/5$, OR $= 1/2$ となる．これは，リスク 1 とリスク 2 で結果ありへの影響を考えたとき，要因 1 と要因 2 のリスクの差が $-2/15$，比が $3/5$，オッズ比が $1/2$ となり，いずれの指標でも要因 2 のほうが高いと判断される．どの指標が利用できるかは研究のデザインによる．

ここで，結果なしを意味する y_2 を 10 倍してみると，RD $= -20/861$, RR $= 21/41$, OR $= 1/2$ となる．特に変化が顕著なのがリスク差であり，約 1/6 になっており，リスク比も変化している．このように，結果の負例を事後的にいくらでも集められるよ

うな研究においては，リスクに基づくリスク差やリスク比を指標として用いることは適切ではないことがわかる．

> **Memo** 前向き研究と後向き研究
>
> あらかじめ集団を条件で2つに分けておき，それらの集団を追跡してどのような結果になるか調査する**コホート研究**（cohort study）（**前向き研究**（prospective study）とも呼ばれる）の場合は，リスク比，オッズ比とも利用可能である．しかし，ある結果となった集団とそうでない集団に対して，要因の有無を調査する**症例対照研究**（**ケースコントロール研究**，case control study）（**後向き研究**（retrospective study）とも呼ばれる）の場合は，オッズ比は利用可能であるが，リスク比は利用できない．なぜならば，そうでない集団は通常いくらでも増やすことができ，そのことによってオッズ比は変化しないが，リスク比は変わってしまうからである．

2値の質的変数 x, y について，データが 2×2 分割表の形で与えられ，特に，変数 x が真値，変数 y が予測値，x_1, y_1 が正例，x_2, y_2 が負例である状況を考える（表 1.2.10）．このとき，分割表は**混同行列**（confusion matrix）と呼ばれる．また，a は**真陽性**（True Positive, TP），b は**偽陰性**（False Negative, FN），c は**偽陽性**（False Positive, FP），d は**真陰性**（True Negative, TN）と呼ばれる．

表 1.2.10　混同行列.

真値	予測値	
	正例	負例
正例	真陽性 (TP) a	偽陰性 (FN) b
負例	偽陽性 (FP) c	真陰性 (TN) d

このとき，**正解率**（accuracy），**精度**あるいは**適合度**（precision），**感度**あるいは**再現率**（recall），**特異度**（specificity）の4つの指標が，それぞれ以下で定義される．

$$正解率 = \frac{a+d}{a+b+c+d} = \frac{TP+TN}{TP+FN+FP+TN}$$
$$精度 = \frac{a}{a+c} = \frac{TP}{TP+FP}$$

$$\text{再現率} = \frac{a}{a+b} = \frac{\text{TP}}{\text{TP} + \text{FN}}$$

$$\text{特異度} = \frac{d}{c+d} = \frac{\text{TN}}{\text{FP} + \text{TN}}$$

精度と再現率の両方に興味があるとき，精度と再現率の調和平均である F **値** (F measure)が指標として用いられる．

$$F = \frac{2}{\frac{1}{\text{精度}} + \frac{1}{\text{再現率}}} = \frac{2 \times \text{精度} \times \text{再現率}}{\text{精度} + \text{再現率}} = \frac{2\text{TP}}{2\text{TP} + \text{FN} + \text{FP}}$$

正解率は，正例・負例にかかわらず，真値と予測値が一致した割合であり，単純一致係数と一致する．精度は，正例と予測したときにそれがどの程度信頼できるかを表している．再現率は，真値が正例の中での正例の予測率であり，**真陽性率** (true positive rate)とも呼ばれる．特異度は，真値が負例の中での負例の予測率であり，**真陰性率** (true negative rate)とも呼ばれる．同様に，**偽陽性率** (false positive rate) $c/(c+d)$ や**偽陰性率** (false negative rate) $b/(a+b)$ も定義される．

真陽性率，真陰性率，偽陽性率，偽陰性率はすべて真値を分母として考える指標である．まとめると，

$$\text{真陽性率} = \frac{\text{真陽性}}{\text{真値正例}} (= \text{再現率}) \quad \text{真陰性率} = \frac{\text{真陰性}}{\text{真値負例}} (= \text{特異度})$$

$$\text{偽陽性率} = \frac{\text{偽陽性}}{\text{真値負例}} \quad\quad\quad\quad\quad \text{偽陰性率} = \frac{\text{偽陰性}}{\text{真値正例}}$$

となる．一方，予測値を分母として，その中でどれほど的中できているかを測る的中率という考え方もあり，**陽性的中率** (positive predictive value) $a/(a+c)$ （これが精度である）や**陰性的中率** (negative predictive value) $d/(b+d)$ が定義される．つまり，

$$\text{陽性的中率} = \frac{\text{真陽性}}{\text{予測値正例}} (= \text{精度}) \quad\quad\quad \text{陰性的中率} = \frac{\text{真陰性}}{\text{予測値負例}}$$

となる．

このように，分割表の指標にはさまざまな名称がある．これは，これらの指標が多くの分野で用いられており，それぞれの分野の慣習の違いによるものである．

> **Memo** F 値について
>
> 　精度と再現率はトレードオフの関係にある．定義から明らかなように，精度を高めるためには，偽陽性を少なくすればよい．このためには，間違って正例と予測しないように，厳しく正例判定をする必要がある．一方，再現率を高めるためには，偽陰性を少なくすればよい．このためには，間違って負例と予測しないように，厳しく負例判定（つまり，緩く正例判定）をする必要がある．このような関係にあるため，精度を上げれば再現率が下がり，再現率を上げれば精度が下がることになる．そこで，このバランスをとって，両者の調和平均で定義されたのが F 値である．

まとめ 1.2.5
- 2つの質的変数のデータは分割表（クロス集計表）にまとめられる．
- 分割表からは2つの変数に関するさまざまな指標が算出される．
- 2×2分割表からは一般の分割表の指標に加えて独自の指標が算出される．
- 2×2分割表の変数が（要因，結果），（真値，予測値）の場合には，さらに特別な意味づけ可能な特徴量が定義される．

➤ 1.2節　練習問題

1.2.1 データ $x_1, x_2, \ldots, x_5$ の平均は8であり，分散は4である．このデータに新たに $x_6 = 20$ を加えたときの平均と分散について，次の中から正しい組合せを1つ選べ．

　① （平均, 分散) $= (10, 10/3)$
　② （平均, 分散) $= (10, 35/9)$
　③ （平均, 分散) $= (12, 10/3)$
　④ （平均, 分散) $= (12, 35/9)$

1.2.2 あるクラスで n 人の学生がテストを受けたところ，$n-1$ 人は点数が a であり，1人だけ点数が b であった．ただし，$a < b$ である．このとき，点数 b の標準得点を求め，次の中から適切なものを1つ選べ．

① $\sqrt{n-1}$

② $\sqrt{n}$

③ $\dfrac{n-1}{n}$

④ $\dfrac{a-b}{n}$

1.2.3 表 1.3.3（56 ページ参照）のタイタニック号沈没事故データ（死亡・生存×クラス）について，クラスを 1 等とそれ以外に分けたとき，他のクラスの 1 等船客に対する死亡のオッズ比として適切なものを次の中から 1 つ選べ．

① 0.036

② 0.223

③ 4.481

④ 28.060

1.2.4 連関係数に関する記述のうち，次の中から正しい記述を 1 つ選べ．

① 同じデータから算出すると，常に次が成り立つ．
チュプロウの連関係数 ≤ クラメールの連関係数 ≤ ファイ係数

② ファイ係数の最大値は分割表の大きさに依存しない．

③ 連関係数は質的変数と量的変数間の関連の指標である．

④ 分割表係数はファイ係数の特別な場合である．

1.2.5 F 値は混同行列の要素を用いて書き表すことができるが，次の中から適切なものを 1 つ選べ．

① $\dfrac{2\mathrm{FN}}{2\mathrm{FN}+\mathrm{FP}+\mathrm{TP}}$

② $\dfrac{2\mathrm{TP}\cdot\mathrm{FP}}{2\mathrm{TP}\cdot\mathrm{FP}+\mathrm{TP}\cdot\mathrm{TN}+\mathrm{FN}\cdot\mathrm{FP}}$

③ $\dfrac{2\mathrm{TP}}{2\mathrm{TP}+\mathrm{FP}+\mathrm{FN}}$

④ $\dfrac{2\mathrm{TP}\cdot\mathrm{FP}}{2\mathrm{TP}\cdot\mathrm{FP}+\mathrm{TP}\cdot\mathrm{TN}+\mathrm{FP}^2}$

{ 1.3 }

データの可視化

 キーワード 1変数・2変数・多変数データの可視化，不適切な可視化，分析目的の設定，データの収集・加工・分割／統合，データの集計，比較対象の設定，データの特異点・相違性・傾向性・関連性，さまざまなデータ可視化手法，可視化目的に応じた図表化，ビッグデータの可視化，地図上の可視化，地理情報システム（GIS）

　ここでは，データからの情報取得の方法として，データの可視化について述べる．まず，可視化に用いられる基本的なグラフについて説明し，その後，高度な可視化法について紹介する．

➤ 1.3.1　基本的なグラフ

目的 1.3.1　目的に応じて適切なグラフを正しく作成できる．また，グラフから正確に情報を読みとることができる．

　可視化の主な目的は，大きく「比較する」「構成を見る」「分布を見る」「変化を見る」に分けられる．表1.3.1は基本的なグラフを可視化の目的とデータの尺度によって区分したものである．なお，この区分はそれぞれのグラフ単独での目的に基づき行っている．同じグラフを複数個並べての比較は含めていないので注意してほしい．各グラフの目的については，グラフの説明のところで述べる．表中に赤字で書いたものについては，実際にグラフを描画して解説する．

　統計グラフを利用する際に留意すべき点として，データが量的であるか質的であるかや変数の数がある．表1.3.2は，データの尺度と変数の数によって可視化法を区分したものである．赤字の意味は表1.3.1と同様である．

　1変数データを可視化する際，量的であれば分布を見るためのヒストグラムや箱ひげ図を用いる場合が多く，質的であれば構成を見るための円グラフや比較するた

表 1.3.1　データの量質×目的ごとの可視化法.

	比較	構成	分布	変化
量的データ	レーダーチャート		箱ひげ図 ヒストグラム バイオリンプロット 散布図 散布図行列	折れ線グラフ
質的データ	棒グラフ パレート図 積み上げ棒グラフ 層別帯グラフ	円グラフ 帯グラフ	モザイクプロット ヒートマップ	

表 1.3.2　データの量質×変数の数ごとの可視化法.

	1 変数データ	2 変数データ	多変数データ
量的データ	箱ひげ図 ヒストグラム バイオリンプロット 折れ線グラフ	散布図	散布図行列 レーダーチャート
質的データ	棒グラフ パレート図 円グラフ 帯グラフ	積み上げ棒グラフ 層別帯グラフ モザイクプロット ヒートマップ	モザイクプロット行列

めの棒グラフがよく用いられる.

　2 変数データを可視化する際，量的であれば分布を見るための散布図がよく用いられ，質的であれば分布を見るためのモザイクプロットやヒートマップがよく用いられる.

● a 1 変数データの可視化

　データの持つさまざまな情報を棒状の図形で表したものを**棒グラフ**（bar chart）と呼び，円で表したものを**円グラフ**（pie chart）と呼ぶ．棒グラフの場合は対象を横軸あるいは縦軸に配置し，大きさあるいは割合を表す棒を描く．棒の長さ，面積に意味を持たせる場合が多い．円グラフの場合は割合を表現する際に用い，中心か

ら扇状に区切った部分の面積の比（中心角の比）が割合を表す．棒グラフは比較のために用いられ，円グラフは構成を見るために用いられる．

　実際には，棒を複数個組み合わせたり，1つの棒を複数の部分に分けてそれぞれに意味を持たせたり，さまざまな工夫がなされている．特に，区切られた長方形の面積が割合を表す棒グラフを**帯グラフ**（rectangular graph）と呼ぶ．帯グラフの目的は構成を見るためである．

　パレート図（Pareto chart）は度数を表す棒グラフと累積相対度数を表す折れ線グラフを同時に表示するもので，度数は降順に並べ替えて表示する．通常は，左側の縦軸で度数を表し，右側の縦軸で累積相対度数をパーセント表示する．パレート図を用いることにより，比較と構成の把握を同時に行うことができる．

　パレート図は**品質管理**（quality control）の7つ道具の1つであり，多い順に項目を表示し，それらの全体に占める累積比率（あるいは，パーセント）もあわせて表示する．

例 1.3.1　　図 1.3.1 は，有名なタイタニック号沈没事故の死亡者数に関するデータをパレート図で可視化したものである．乗組員，3等，2等，1等の順で死亡者数が多く，乗組員と3等客室の船客で死亡者の75%以上を占めていることが一目瞭然である．

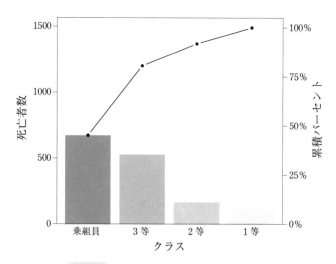

図 1.3.1　パレート図（タイタニックデータ）．

　次に，1変数の量的データの可視化法のうち，特に，データの分布に着目する3
つのグラフを説明する．

　度数分布表を棒グラフで表現したものを**ヒストグラム**（histogram）と呼ぶ．通常
の棒グラフと異なり，棒の配置されている横軸にも意味がある．1つの棒（ビン）が
階級を表し，棒の幅が階級幅，棒の面積が度数を表す．通常，棒の幅は等しく設定
するが，場合によっては異なる幅を用いる場合があるので注意が必要である．

　度数分布表やヒストグラムを作成する際，階級数と階級幅の設定が問題となる．
よりよいデータの表示を与えるためには適切な階級数の設定が必要である．階級数
が少ないと全体像を理解しにくいが，逆に多すぎても全体像を把握しにくい結果と
なる．適切な階級数を示す1つの指標として，**スタージェスの公式**（Sturges' rule）

$$k = \log_2 n + 1$$

が提案されている．ここで，k は階級の数，n は対象の数である．n が与えられた
とき，k が階級数の1つの目安となる．

例 1.3.2　　図 1.3.2 は同じ量的データを階級幅や始点が異なるヒストグラムで
　　　　　　　表現したものである．上の2つのヒストグラムは，始点は同じで階
　　　　　　　級幅が異なる．下の2つのヒストグラムは，階級幅は同じで始点が
　　　　　　　異なる．同じデータでも階級幅や始点が異なれば，まったく違った
　　　　　　　印象を与えることに注意する必要がある．

　データの分布を端的に表すグラフとして**箱ひげ図**（box-whisker plot）がある．デー
タの最小値，第1四分位数，中央値，第3四分位数，最大値の5つの情報（5数要
約）を可視化したものである．通常は，ひげが最小値，最大値を表し，箱の両端が
四分位数を表す．箱の中に中央値を書き込むことが一般的であるが，平均値を追加
して書くこともある．ひげの長さを箱の長さの 1.5 倍とし，ひげの外側データは外
れ値として点で表す場合もある．

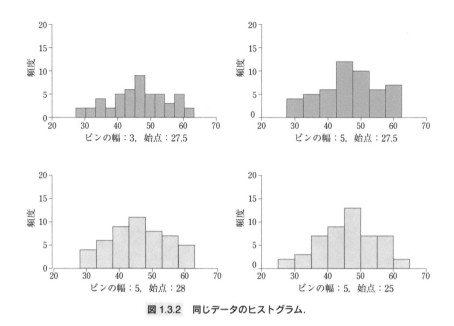

図 1.3.2　同じデータのヒストグラム.

例 1.3.3　　箱ひげ図は，複数のグループについて，同じ変数に関する値の分布を比較するのに有用である．ヒストグラムを複数個並べて表示し，比較することは難しいが，箱ひげ図であれば容易に比較できる．5つの統計量をまとめて比較できることが特徴である．図 1.3.3 の白黒で描かれているものが箱ひげ図である．

　バイオリンプロット（violin plot)は箱ひげ図の両側にデータの分布を推定したグラフを表示したものである．箱ひげ図は5数のみの情報しか持たず，暗に単峰性も仮定されているが，バイオリンプロットではデータの分布の情報も表示でき，多峰性でも問題なく表現が可能である．

例 1.3.4　　図 1.3.3 は，フィッシャーのアヤメのデータで，3種類のアヤメの花弁の幅の分布をバイオリンプロットで表したものである．箱ひげ図（白黒で表示）だけでは表せなかった分布の違いを一目で見ることができる．

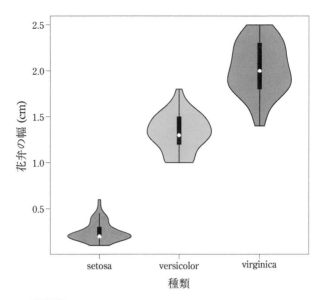

図 1.3.3 箱ひげ図とバイオリンプロット（アヤメのデータ）．

▸ b 2変数・多変数データの可視化

ここでは，2変数あるいは多変数の可視化について述べる．変数が量的な場合は散布図または散布図行列を用いることが一般的である．質的な場合は積み上げ棒グラフや層別帯グラフがよく用いられるが，モザイクプロットと呼ばれる可視化法が有用である．散布図（散布図行列），モザイクプロットは2次元の分布を把握するために用いられる．

実際の可視化においては，以下で紹介する可視化法を組み合わせるなど，さまざまな工夫もなされている．いずれにせよ，目的と対応したものを選択することが重要になってくる．可視化したい情報は何か，比較するものは何かなど明確にしておく必要がある．

2つの量的データを2次元空間にプロットしたものを**散布図**（scatter plot）という．散布図は2つの変数間の関係を把握するために用いられる．散布図については，図 1.2.4 において，相関係数との関係でまとめている．主には直線関係すなわち相関関係の確認のために用いられるが，外れ値の存在などデータの特徴をつかむ上で非常に有用な可視化法である．

2つの質的変数をクロス集計したデータの可視化法として,**積み上げ棒グラフ**(cumulative bar chart),**層別帯グラフ**(clustered band chart)がある.一方の質的変数を層別に用い,他方の質的変数の度数を表示するのが前者であり,割合を表示するのが後者である.

例 1.3.5　表 1.3.3 は,先にもとり上げたタイタニック号沈没事故に関するデータであり,乗組員・搭乗クラス (1 等,2 等,3 等,乗組員) と生死 (死亡・生存) をクロス集計したものである.これを積み上げ棒グラフと層別帯グラフで可視化したものが図 1.3.4 である.積み上げ棒グラフを見ることにより,乗組員および各クラスの生存者数,死亡者数が一目瞭然である.また,層別帯グラフを見ることにより,乗組員および各クラスにおける生存割合を比較できる.絶対数を比較する場合は,積み上げ棒グラフのほうがわかりやすく,割合を比較する場合は層別帯グラフのほうがわかりやすい.

表 1.3.3　タイタニック号沈没事故.

	1 等	2 等	3 等	乗組員
死亡	122	167	528	673
生存	203	118	178	212

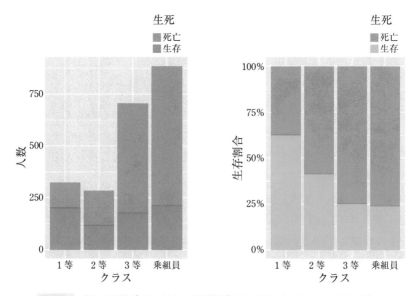

図 1.3.4　積み上げ棒グラフ (左) と層別帯グラフ (右) (タイタニックデータ).

　2 つの質的変数をクロス集計した度数を面積で表したものが**モザイクプロット**（mosaic plot）である．モザイクプロットにより，2 つの質的変数どちらか一方およびクロスでの割合が同時に可視化され，一目で把握できる．

　注意する必要があるのは，どちらか一方の変数で層別した上で構成比を可視化するので，同じデータでもどちらの変数で層別するかによって 2 種類の結果が得られることである．なお，モザイクプロットはより多数の質的変数による集計データに対しても用いられる．

例 1.3.6　表 1.3.3 をモザイクプロットで可視化したものが図 1.3.5 である．乗船者数は乗組員，3 等，1 等，2 等の順で多く，死亡率は乗組員，3 等，2 等，1 等の順で高いことを示している．死亡者数（図中の濃い色の部分の面積の割合で判断）だけではなく，各クラスにおける死亡率（図中の各クラスにおいて，全体に対する色の濃い部分の割合）なども見てとることができる．

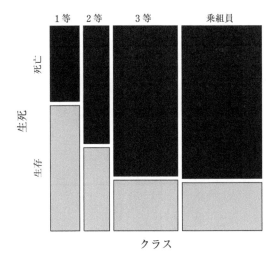

図 1.3.5　モザイクプロット（タイタニックデータ）.

　ヒートマップ（heatmap）はクロス集計されたデータや行列の形で表されたデータの個々の値を色や濃淡として表現したものである．この他に，地図などの空間に付置された値の大小を色や濃淡で表したものもヒートマップと呼ばれることもある．

例 1.3.7　図 1.3.6 は，欧州の各都市間の距離を表したヒートマップであり，距離が近いほど明るい色になっている．数値で並べるより，色によって可視化したほうが直感的に把握しやすい．

図 1.3.6　ヒートマップ（欧州都市間距離）.

複数の量的な多変数データが与えられているとき，2 つずつのすべての変数の組合せで散布図を作成し，行列の形に並べたものを**散布図行列**（scatter plot matrix）または**対散布図**（pairwise scatter plot）と呼ぶ．行列の非対角成分にそれぞれの組合せの散布図を描画し，対角成分には当該変数のヒストグラムや箱ひげ図を描く場合が多い．非対角成分には，縦軸と横軸を入れ替えた散布図が配置されるが，同じ情報を持つので，どちらか一方を対応する変数間の相関係数の値にすることもある．

例 1.3.8　図 1.3.7 は，都道府県別の出生数，婚姻件数，平均婚姻年齢＿初婚の夫，平均婚姻年齢＿初婚の妻のデータについて，対応する 2 つの変数の散布図を並べた散布図行列である．出生数と婚姻件数には強い正の相関があり，平均婚姻年齢＿初婚の夫と平均婚姻年齢＿初婚の妻にも正の相関があると考えることができる．

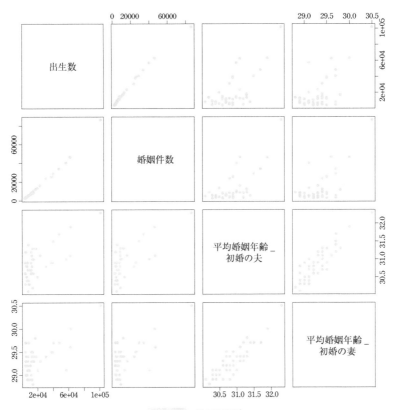

図 1.3.7 散布図行列.

　複数の変数の値を正多角形の中心と各頂点を結んだ軸上に表現し，それらを結んだグラフを**レーダーチャート**（radar chart，星形図）と呼ぶ．中心から離れるほど「良い」値を表すことが一般的であり，頂点を結んだ図形の内部の面積が大きいほど優れていることを表す場合が多い．

　レーダーチャートどうしを比較する場合は，各変数の値に加えて，星の面積を比較する．レーダーチャートで表現できる変数は量的変数か順序尺度を持つ質的変数である．

例 1.3.9　　図1.3.8は，3人を対象とした5教科の成績データである．図形の形を見ることで3人の特徴をとらえることができる．総合的な能力の順でいえば，青＞オレンジ＞緑と考えることができる．

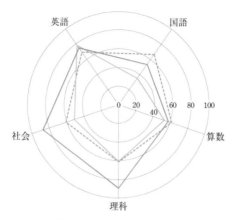

図 1.3.8　レーダーチャート.

● c 不適切な可視化

　ここでは可視化における不適切な事例を紹介する．意識的，無意識的にかかわらず，不適切な可視化は多く見受けられる．「間違い」ではなく「不適切」と表現しているのは，このような可視化において，多くの場合は間違っているわけではなく，正しく読みとれば正しい情報を把握することができる．あえて本来とは異なる意味合いに誤解を招くという意味で不適切という言葉を使っている．

　大手マスコミや社会的に信用されている団体でもそのような事例が散見される．ここでは，典型的な不適切な事例を紹介しながら留意点をまとめる．以降の図では，左が不適切な例であり，右がそれを正しく描画したものである．

　図 1.3.9 左は棒グラフの一部を切りとって拡大したものである．このように原点

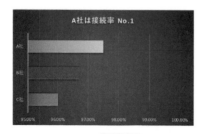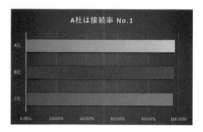

図 1.3.9　不適切な棒グラフ（一部切りとり）.

を含めず一部を拡大することにより，本来差がないものをあたかも差があるように誤解させている．

図 1.3.10 は右と左の軸の目盛りを変えて表示しているものである．まったく異なる単位のものをこのように表示することはあり，問題ない場合もある．たとえばパレート図はその例である．一方でこの例では，本来同じ単位であるものを，異なるメモリで表示することにより，特定の部分の変化を強調している．本来は，右の図の状況であるものを，左の図で表すのは，不適切といわざるをえない．

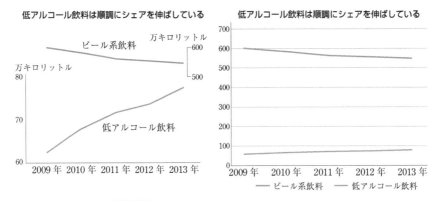

図 1.3.10　不適切な折れ線グラフ（異なる目盛り）．

図 1.3.11 左は不適切な円グラフであるが，このように中心をずらしたり，円ではなく楕円にすることで特定部分（多くの場合は，手前側に配置）を強調している．このような操作は，中心角をゆがめるので本来の情報が変わって伝わってしまう．

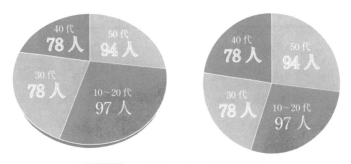

図 1.3.11　不適切な円グラフ（中心移動）．

　図1.3.12左は立体化した円グラフである．このグラフは真の円グラフから楕円化と立体化という2段階の操作を施したものと考えることができる．真円を楕円にするという操作で前後が大きく，左右が小さく変換される．それを立体化するという操作で前が大きく，後が小さく見えるようになる．この2段階の操作の影響で前と横の割合が最も真の割合から異なって見える．結果として，前にある部分が横にある部分と比較して過大に見えることを利用し，誤解を招いている．

資格試験合格者の割合

資格試験合格者の割合

図 1.3.12　不適切な円グラフ（立体化）．

　図1.3.13左は立体化した棒グラフである．これも円グラフと同様，前側にあるほうが大きく見えるという遠近法を利用して，誤解を招いている．

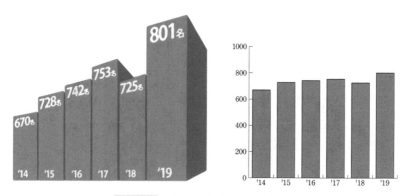

図 1.3.13　不適切な棒グラフ（立体化）．

　自身で可視化を行う場合は，立体的なグラフは避けたほうがよい．また，立体が使われているグラフについては，注意して情報を読みとる必要がある．

　図 1.3.14 左は軸の途中で目盛りを変えたグラフである．折れ線グラフでの事例は珍しいが，一部分の変化を際立たせるために行った操作である．

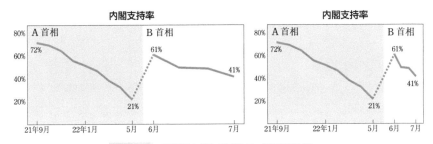

図 1.3.14　不適切な折れ線グラフ（目盛り変化）.

　ここでとり上げている不適切な事例はすべて過去に実際に使われたものである．意図をもって，内容をゆがめて伝えるということが日常的に行われていることに注意する必要がある．

　なお，可視化には情報をとり出しやすくするという大きなメリットがある一方で，ある方向で一部の情報をとり出すことによる認知バイアスを引き起こすこともあるので，メリット・デメリットを踏まえた活用が必要である．

- 可視化の主な目的は，「比較する」「構成する」「分布を見る」「変化を見る」である．
- データの種類・変数の数によって利用可能な可視化法が異なる．
- 不適切な可視化には典型的なパターンがある．

➤ 1.3.2　ビッグデータの可視化事例

目的 1.3.2　ビッグデータの可視化の具体例を紹介する．ビッグデータの扱い方の初歩について学ぶことを目的とする．

　本項では，データ分析の初歩ならびに**ビッグデータの可視化**の具体例を 1 つ紹介する．ここでは日本道路交通情報センターが提供している 2022 年 2 月時点の断面

交通量情報を分析する[*1]．日本道路交通情報センターは各都道府県に分けてデータを公開している．2022 年 2 月時点のファイルをダウンロードしてファイルを統合すると全レコード数は約 3 億件（297,561,497）になる．このように**データの収集・加工・分割／統合**を行うことはデータ分析の第一歩である．

> **Memo** 地理情報システム
>
> 　地理情報システム（geographic information system, GIS）とは位置情報で表現される地理空間情報の特性を活かしてデータを加工して可視化や分析を行うための技術である．たとえば国土地理院はハザードマップポータルサイト[*2]を公開している．図 1.3.15 にあるとおり洪水や土砂災害，高潮のリスク情報を地図上でわかりやすく可視化している．こうした情報は土砂災害対策に関する政策を立案するときだけでなく，一般人も身の回りの災害リスクを確認するときに利用できる．自分が住んでいる地域やこれから土地を購入しようとしている地域の災害リスクを検討することが人命を守るために大事なことはいうまでもない．地理情報システムは何もこうした土木に関係するものだけでなくコンビニエンスストアやファーストフードチェーンの立地状況やGPS 情報を用いて人流が多い地域を探すなど商圏分析にも役立てられている．
>
>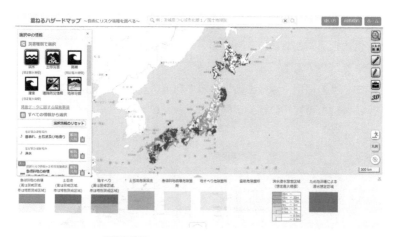
>
> **図 1.3.15　ハザードマップポータルサイト.**
> （出典：ハザードマップポータルサイト）

[*1] https://www.jartic.or.jp/service/opendata/

表 1.3.4　断面交通量データの元データ.

時刻	計測地点名称	2次メッシュ	リンク	交通量
2022/02/01 00:00	R138 上り富士見 BP 南北西進出	533,816	14	3
2022/02/01 00:00	R138 上り新屋西進入	533,816	14	2
2022/02/01 00:00	R138 上り新屋西進入 2	533,816	14	2
2022/02/01 00:05	R138 上り富士見 BP 南北西進出	533,816	14	2
⋮	⋮	⋮	⋮	⋮
2022/02/28 23:55	山手通下り八幡神社東西進出	533,844	179	6

　データの中身を少し確認してみよう．ここでは交通量の時間的なばらつきや地域によるばらつきがどれくらいあるかを確認し，データの傾向性を把握することをデータ分析の目的とする（**分析目的の設定**）．比較対象としては都心と地方の違いや深夜帯と昼時などの時間ごとの違いに注目する（**比較対象の設定**）．表 1.3.4 はデータの一部である．表のとおりデータにはリンク（計測地点の道路）ごとに 5 分おきで交通量が記録されている．また，リンク以外にも 2 次メッシュコードと呼ばれる 10km 四方の単位で 1 つの地域が割り当てられている地点コードも記載されていることがわかる．2 次メッシュコードと比較すると，リンク情報のほうが道路レベルでの地点を表しており細かい分析をする際には適している．しかし，リンク情報が正確にどの緯度・経度に対応しているかの対応表は有料データである．そのためここでは，総務省が発表している無料で使用できる 2 次メッシュコードレベルで分析を行う．この 2 次メッシュコードは緯度・経度への変換も容易にできる．

　少し大きいデータであるため，ここでは元の 5 分単位ではなく 1 時間単位で分析することにする．2 次メッシュコードと 1 時間単位で各レコードの交通量を集約し，その総和をとったものを分析することにしよう．このように適切な解像度にデータを集約する作業を**データの集計**と呼ぶ．表 1.3.5 がデータを集計した結果である．ここでは見やすくするために緯度・経度情報も追記している．データ集計した表の総レコード数は約 71 万件（710,530）になる．元データの 3 億件と比較すればだいぶ扱いやすいデータになったことがわかる．

　交通量のばらつきを見るために各地点の時間ごとの交通量を表形式で確認する．ここでは日付の情報も無視して表 1.3.5 を改めて再集計する．この際に各地点の時間帯による交通量が見やすいように表 1.3.6 にあるとおり列方向に 0 時, 1 時, 2 時, ...

---

[2] https://disaportal.gsi.go.jp/

表 1.3.5　データ集計の例.

時刻	2 次メッシュ	緯度	経度	交通量
2022-02-01 00:00:00	533,816	35.417	138.75	927
2022-02-01 01:00:00	533,816	35.417	138.75	751
2022-02-01 02:00:00	533,816	35.417	138.75	769
2022-02-01 03:00:00	533,816	35.417	138.75	753
⋮	⋮	⋮	⋮	⋮
2022-02-28 23:00:00	533844	35.67	138.5	1,422

表 1.3.6　交通量データを地点ごとおよび時間帯ごとの総和にクロス集計したデータ.

2 次メッシュ	緯度	経度	0 時	1 時	...	23 時
392715	26.083333	127.625	6,708	4,718	...	9,519
392725	26.166667	127.625	996,010	719,114	...	1,422,166
392726	26.166667	127.750	68,386	46,852	...	102,739
392736	26.250000	127.750	364,718	246,511	...	543,727
⋮	⋮	⋮	⋮	⋮	...	⋮
533945	35.666667	139.625	2,185,176	2,099,840	...	2,495,656

と交通量が表示されるようにする．表の行数は 2 次メッシュコードの数になるので 1014 地点になる．表にあるのは沖縄県と東京都のものであるが，交通量地点によってばらつくと同時に時間によってもばらついているようである．

　今回のデータは時系列データであるためクロス集計よりは時系列プロットを活用したほうが時点ごとのばらつきに視覚的に見当がつきやすそうである．図 1.3.16 では東京都（黒○），愛知県（オレンジ＋），沖縄県（青△）のある地点の 1 時間ごとの交通量の推移を掲載した．横軸が時間に対応しており 2 月初めから月末まで表示されている．東京都と沖縄県の間では交通量が大きく異なるため，Google トレンドや GDP の例と同じように，ここでも縦軸は対数スケールに変換している．見ればわかるとおり東京都が圧倒的に多く，次いで愛知県と続いている．各地点の最小値と最大値はそれぞれ東京都は（37,266 と 309,606），愛知県は（4,408 と 67,329），沖縄県は（82 と 1,970）である．また，日中は交通量が多く深夜帯は少ないという周期性はどの地点でも共通していることがわかる．こうした周期性は時系列分析をする際によく現れる．

　次に交通量を地図上で可視化する．これによって地域ごとの交通量のばらつきを

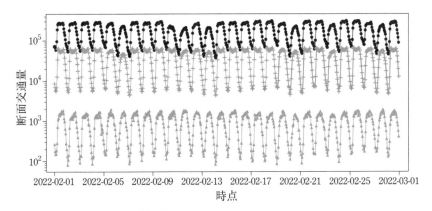

図 1.3.16　交通量の時系列プロット.

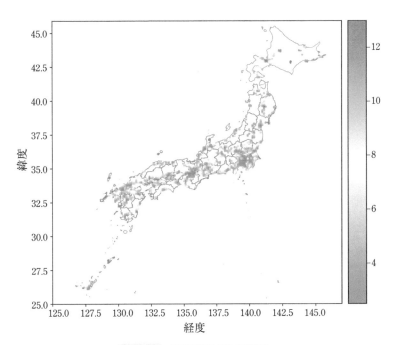

図 1.3.17　交通量の地図上の可視化.

確認できる（**地図上の可視化**）．図 1.3.17 はデータに含まれている 2 次メッシュコードごとの 2022 年 2 月の総交通量を日本地図上に描画したものである．右のカラーバーにあるようにオレンジ色に近づけば近づくほど交通量が多く，青色に近づけば

近づくほど交通量が少なくなる．また，元の交通量で可視化すると交通量が極端に多いところ以外は視認できなくなるので，ここでも対数変換した値を用いている．地図を見てまず気づくことは，そもそも計測器が設置されている道路が全国のいたるところにあるわけではないということである．日本は山が多いのでそれらの地帯はそもそも道路がなく，北海道も計測地点がない地域が多いようである．次にオレンジ色になっているところは大方の予想どおり東京，大阪，愛知，福岡など都心が多い．このように地図上の可視化を行うことで地域ごとの差異を見た目でとらえることができるようになる．

　地図上の可視化は直感的であるが，地域ごとに交通量がどれくらいばらついているかがわかりづらい．そのため，ここでは交通量をヒストグラムとして描画してみる．図 1.3.18 が 2 次メッシュコードごとに全時点の総和をとったときの交通量のヒストグラムである．横軸は交通量を表し，縦軸はその値の交通量に含まれる 2 次メッシュコードの数を表している．交通量に関して，ここでは対数変換せずに元の値を用いている．ヒストグラムを見ればわかるとおり，およそ半分の地点が 0 の近くにある反面，交通量が 1 億を超える地点もあるようである．最大の値は約 1.8 億であり，これは東京都で 2 次メッシュコードの中心点は新橋の付近の地点である．

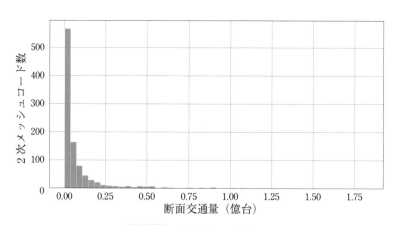

図 1.3.18　交通量のヒストグラム.

　最後に深夜帯と昼時にどれくらい交通量が変化するか，散布図を見ることで検証する．ここでは各地点の日付ごとの 0 時の交通量と 12 時の交通量を比較する．図

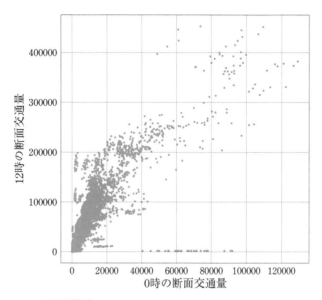

図 1.3.19　0 時の交通量と 12 時の交通量の散布図.

1.3.19 からわかるように，縦軸である昼時の交通量のほうが多い傾向にある．他には深夜帯でも交通量が多い地点は昼時も交通量が多い傾向があることもわかる．少し興味深いのは昼時に交通量が多いが深夜帯では 0 になっている箇所があることである．これは仮説ではあるが，工事や事故などによる交通規制によって交通量がなくなったものと思われる．このような**データの特異点・相違性・傾向性・関連性**を見つけることも，1 次分析の大事なポイントである．

　本項では**さまざまなデータ可視化手法**や**可視化目的に応じた図表化**を実例とともに紹介したが，手法によって確認できることが異なる．そのため用途にあわせた分析手法を使用することが重要である．

- データ分析は 1 次分析からはじめることが基本である．
- ビッグデータの分析の場合は基本統計量を把握することも重要だが，さまざまな方法で可視化することによって，さまざまな知見が得られる．
- 用途に合わせた可視化手法を使用することが重要である．

➤ 1.3節　練習問題

1.3.1　次のうち，データの可視化について誤ったことを述べている選択肢を1つ選べ．

① 優先して解決するべきクレームを特定するため，クレームの原因を横軸，クレームの件数を縦軸にパレート図で示した．

② 気温とアイスの売上の関係性を調べるため，気温データを横軸，アイスの売上額を縦軸としたモザイクプロットで示した．

③ クラス別の成績の違いを明らかにするため，クラスごとで層別した期末テストの点数を箱ひげ図で示した．

④ 個人の運動能力の特性を分析するため，10点満点で評価された体力テストの結果をレーダーチャートで示した．

1.3.2　10人が100点満点のテストを受験し，第1四分位数が30，中央値が50，第3四分位数が80であった．その後同じテストを2人が受験した．その結果うち1人の点数が54点，もう1人は点数は不明であるが，点数がテスト受験者12名のうち下から3番目であることがわかっている．この状況で，受験者12名のテストの点数の箱ひげ図のうち，可能性として考えられないものを1つ選べ．

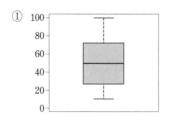
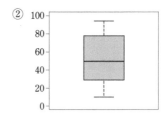

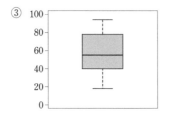
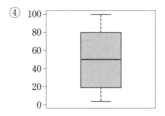

1.3.3 次のうち，情報を正しく伝えるためのデータの可視化として適切なものを
1つ選べ.

① ある飲食店にてクレームの原因を探るため，クレームを内容別に分類
し，クレーム件数の大きい順に棒グラフで表示し，累積比率を折れ線
で示した.

② A社とB社の売上額の推移を比較するため，各社の売上額を異なる単
位の目盛りで区切られた折れ線グラフで1つのグラフに示した.

③ 夏の製品Cの生産量の多さを強調するため，6月から8月の横軸の幅
を広げた月ごとの製品Cの生産量の推移を折れ線グラフに示した.

④ DさんとEさんの6年間の身長の推移をヒストグラムで示した.

1.3.4 Arthritisデータは，関節リウマチに対する新しい治療の効果を調べるため
に実施された，二重盲検法に基づく臨床試験の結果である．このデータに
対してモザイクプロットにより可視化を行ったものが次の図となる.

Arthritis

このモザイクプロットからわかることとして適切でないものを1つ選べ.
ただし，Treatmentは治療を行ったかどうかを表しており，Treatedは治

療を行った，Placebo は治療を行わなかったことを示している．また，Improved は治療に対する結果を表しており，None が変化がないこと，Some は多少の変化があること，Marked は顕著な変化があることを示している．

① 治療を受けた人と治療を受けなかった人は同数である．
② 治療を受けずに結果に顕著な変化があった人よりも，治療を受けたにもかかわらず結果に変化がなかった人のほうが多い．
③ 治療を受けなかった人の中で結果に変化がない人は過半数を占めている．
④ 性別，年齢によらず，治療を受けた人は結果に顕著な変化がある人が最も多い．

1.3.5 地理空間情報の特性を活かしてデータを加工して可視化や分析を行うための技術のことを何というか．次の中から適切なものを1つ選べ．

① GPS
② 地理情報システム（GIS）
③ 5G
④ パーサヴィアランス

═══ { 1.4 } ═══
データ分析の手法

 キーワード さまざまなデータ分析手法（回帰，分類，クラスタリングなど），単回帰分析，重回帰分析，最小二乗法，ロジスティック回帰分析，最尤法，時系列データ，時系列グラフ，周期性，移動平均，クラスター分析，デンドログラム，パターン発見，アソシエーション分析，リフト値

目的 1.4 近年のデータサイエンス・AI において重要な役割を果たしているさまざまなデータ分析手法の基礎である回帰分析，ロジスティック回帰分析，時系列分析，アソシエーション分析，クラスター分析を理解する．

➤ 1.4.1 回帰分析

　図 1.4.1 は，無作為に抽出した京都市伏見区内の単身者向け賃貸マンション 50 件の月額家賃（万円）と専有面積（m²）の散布図である．これを見ると，全体としては部屋が広くなれば家賃は高くなるという傾向が見てとれる．言い換えれば，月額家賃と専有面積の間には正の相関が存在し，相関係数の値を求めると 0.807 である．

　これら 2 つのデータのうち，主として興味があるのは月額家賃の変動であるとしよう．月額家賃と専有面積という 2 つの変数の間には，専有面積が月額家賃の決定要因になっているという関係がありそうだ．月額家賃が専有面積とのどのような関係で決まるのかをデータを用いて記述できれば，この地域の家賃の相場を把握したいときなどに有用であろう．

　このような，あるデータの変動の法則を，他のデータを用いて記述するための分析手法を**回帰分析**（regression analysis）という．以下では，回帰分析の基本的な考え方を紹介する．

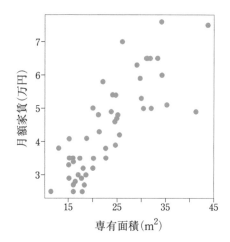

図 1.4.1 京都市伏見区内の単身者向け賃貸マンションの月額家賃（万円）と専有面積（m²）.

➤ 1.4.2 単回帰モデル

月額家賃のように値の変動の様子に興味がある変数 y と，専有面積のように y の変動の要因と考えられる変数 x があるとしよう．このとき，y を**被説明変数**，x を**説明変数**という[1]．

ここで，α, β を定数として，x が与えられたときに y の値が

$$y = \alpha + \beta x + u \tag{1.4.1}$$

という法則に従って決まると想定してみよう．ここで，u は**誤差項**と呼ばれる．式 (1.4.1) のような表現を**単回帰モデル** (simple regression model) といい，単回帰モデルを用いて y と x の関係を考察する分析を**単回帰分析** (simple regression analysis) という．

単回帰モデルでは，y の変動の主要な決定要因は x で，y と x との関係は誤差項を除けば直線 $y = \alpha + \beta x$ で記述できると想定する．この直線のことを**回帰直線**（**回帰式**）という．回帰直線の切片 α と傾き β は**回帰係数**とも呼ばれる．近年，機械学習や AI の発展によって複雑な現象の予測も可能になったが，単回帰モデルは，そうした予測技術の最も基本的な形である．

---

[1] y は従属変数や目的変数，x は独立変数ともいう．機械学習や AI では，説明変数を入力，被説明変数を出力ともいう．

　x が y の決定要因だといっても，y の値は x だけによって完全に決まるわけではないだろう．月額家賃は，部屋の広さだけによって決まるわけではなく，築年数や最寄り駅までの所要時間，玄関のオートロック機能の有無などの影響も受けるだろう．誤差項 u とは，x 以外の y の決定要因をまとめたものである．直線から得られる値に誤差項 u を加えることによって y の値が定まるという想定が単回帰モデル (1.4.1) である．y は x が定める回帰直線の周りに分布するという言い方もできる．

　x と y の2次元データが n 組

$$(x_1, y_1), (x_2, y_2), \ldots, (x_n, y_n)$$

得られているとしよう．これらは，図 1.4.1 の散布図でいえば，各プロットの xy 座標に対応する．分析をする段階で我々が入手可能なのは，この2次元データのみで，回帰直線が最初から観測できるわけではない．そこで次に，データの情報を用いて回帰直線を求めることを考えてみよう．

➤ **1.4.3　最小二乗法**

　データの情報を用いて，回帰直線を求める手続きを**推定**という．本項では，最小二乗法という回帰直線の推定方法を紹介する．

　単回帰モデル (1.4.1) の想定では，我々の手元にあるデータは，回帰直線の周りに分布しているはずである．そこで，データの情報から回帰直線を求めるのであれば，データに対して当てはまりのよい直線を回帰直線とすることが考えられる．データに対して当てはまりのよい直線を選ぶことは，データの出現の尤もらしさの説明にもなる．では，データに対して当てはまりのよい直線とはどのような直線だろうか．

　回帰直線の候補 $y = a + bx$ が与えられたとき，この直線と各データ y_i とは

$$e_i = y_i - (a + bx_i), \quad i = 1, 2, \ldots, n$$

だけ離れていることになる．この e_i を**残差**という．図 1.4.2 のようなデータと回帰直線の候補に対して，残差は図中の矢線の長さに対応する．残差は，データが直線より上にある場合は正，データが直線より下にある場合は負の値をとる．図 1.4.2 からわかるとおり，回帰直線の候補を変えると残差の値も変わる．図 1.4.2 の場合，(a) の直線のほうが (b) の直線よりもデータによく当てはまっているように見えるが，両者の残差を比較すると，(a) の残差のほうが (b) の残差よりも全体的に 0 に近

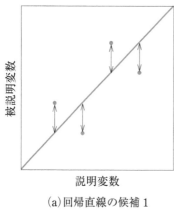

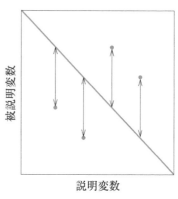

（a）回帰直線の候補1　　　　　　（b）回帰直線の候補2

図 1.4.2　直線当てはめと残差.

いことがわかる．一般に，残差の値が全体的に 0 に近い直線は，直線とデータのずれが小さく，データへの当てはまりはよいといえるだろう．したがって，残差を 2 乗して和をとった

$$\mathrm{RSS} = \sum_{i=1}^{n} e_i^2 = \sum_{i=1}^{n} \{y_i - (a + bx_i)\}^2 \tag{1.4.2}$$

は，直線のデータに対する当てはまりのよさの程度を表す指標と考えることができる．RSS を**残差平方和**という．残差の値は，回帰直線の候補を変えれば変化するので，a, b の値を変えれば，残差平方和は大きくなったり小さくなったりする．実は，残差平方和を最も小さくするような (a, b) を求めることが可能である．このような (a, b) を用いて回帰直線を求める方法を**最小二乗法**（ordinary least squares, OLS 法）という．以降では，最小二乗法で求めた回帰係数を $\hat{\alpha}, \hat{\beta}$ と表すことにする．

$\hat{\alpha}, \hat{\beta}$ の値は，Excel や R などのソフトウェアを用いれば簡単に計算できる．$\bar{y}, \bar{x}$ をそれぞれ y, x の平均とすると，傾き $\hat{\beta}$ は

$$\hat{\beta} = \frac{\sum_{i=1}^{n}(y_i - \bar{y})(x_i - \bar{x})}{\sum_{i=1}^{n}(x_i - \bar{x})^2}$$
$$= y \, と \, x \, の相関係数 \times \frac{y \, の標準偏差}{x \, の標準偏差}$$

のように表されることが知られている．このことから，回帰直線の傾きの正負は，y

と x の相関係数の正負と一致することがわかる.

➤ 1.4.4 家賃のデータの回帰直線と予測

家賃のデータに対する回帰係数を最小二乗法で推定すると,

$$\hat{\alpha} = 0.8447, \quad \hat{\beta} = 0.1555$$

を得る. 図 1.4.3 は, 家賃のデータの散布図に回帰直線

$$y = 0.8447 + 0.1555x$$

を追加したものである. 回帰直線が家賃の変動をおおまかにとらえていることが見てとれる. 傾き $\hat{\beta}$ は, x が 1 単位増加したときの y の平均的な増分を表す. この例でいえば, 専有面積が $1\mathrm{m}^2$ 増加すると, 家賃が平均的に 1,555 円増加することを意味する.

また, このデータの中の物件とは別に, この地域で $25\mathrm{m}^2$ の部屋を借りたい人が家賃を予測する場合には, この直線上の $x = 25$ のところの値

$$\hat{y} = 0.8447 + 0.1555 \times 25 = 4.7322 \,(\text{万円})$$

を予測値に用いればよい. この予測値は, この地域における $25\mathrm{m}^2$ の部屋の平均的

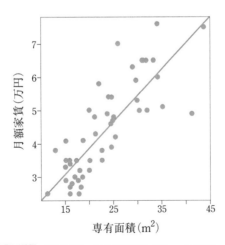

図 1.4.3 家賃のデータの回帰直線（$R^2 = 0.6508$）.

な家賃を表す.

➤ 1.4.5 決定係数

図 1.4.4 は,東京都を除く 46 道府県の人口(千人)と各道府県内のスターバックスコーヒーの店舗数の散布図と最小二乗法を用いて求めた回帰直線である.これを見ると,回帰直線はデータによく当てはまっていて,人口は店舗数に対して高い説明力を持っていそうなことがわかる.

一方,図 1.4.5 は,カリフォルニア州の小学校 420 校における教師 1 人当たりの生徒の人数(ST 比)と達成度テストのスコアの学内平均の散布図と最小二乗法を用いて求めた回帰直線である[*2].この図からは,ST 比が高いほどテストのスコアが低くなる傾向がぼんやりと見えるものの,スコアの変動に対して ST 比の説明力は必ずしも高くはなさそうだ.この回帰直線を用いて,ST 比からテストのスコアを予測しようとしても,精度のよい予測を期待することはできないであろう.

最小二乗法を用いれば,どのような 2 次元データに対しても回帰直線を求めることは可能である.最小二乗法で求めた回帰直線は,データに対して残差平方和を最小にするという意味で最も当てはまりのよい直線ではあるが,得られた直線が被説明変数の変動に対して高い説明力を持つかどうかは別途検証が必要である.そこで,

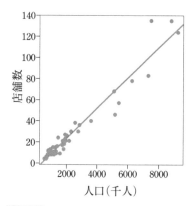

図 1.4.4 スターバックスコーヒーの店舗数と人口(千人)($R^2 = 0.9409$).

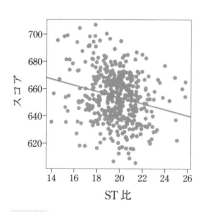

図 1.4.5 スコアと ST 比($R^2 = 0.0512$).

[*2] データは Greene (2018) を参照した.

次に，最小二乗法で求めた回帰直線のデータに対する当てはまりのよさを評価するための方法について考えてみよう．

そのために，式 (1.4.2) の残差平方和に加えて，総平方和，回帰平方和という 2 つの平方和を導入する．以降では，$\hat{y}_i$ は $x = x_i$ のところでの予測値とする．

$$\hat{y}_i = \hat{\alpha} + \hat{\beta} x_i$$

総平方和 TSS は

$$\text{TSS} = \sum_{i=1}^{n} (y_i - \bar{y})^2$$

で表される．これは y の分散に比例する量なので，y の変動全体の大きさの指標と考えることができる．図 1.4.6 (a) の破線の水平線は $y = \bar{y}$ で，この図の矢線の長さの平方和が総平方和である．

回帰平方和 ESS は，

$$\text{ESS} = \sum_{i=1}^{n} (\hat{y}_i - \bar{y})^2$$

で表される．図 1.4.6 (b) の直線は最小二乗法で求めた回帰直線で，この図の矢線の長さの平方和が回帰平方和である．これは，回帰直線の変動の大きさと見ることができる．すなわち，回帰平方和とは，被説明変数 y の変動のうち，直線でとらえることのできた部分の変動の大きさの指標である．

残差平方和は，式 (1.4.2) の定義を思い出すと，回帰直線ではとらえることのできなかった y の変動の大きさの指標と考えることができる．

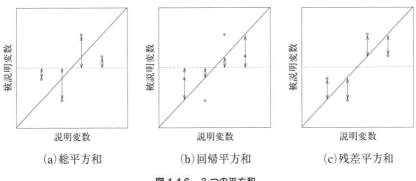

(a)総平方和　　　　(b)回帰平方和　　　　(c)残差平方和

図 1.4.6　3 つの平方和.

実は，総平方和 TSS, 回帰平方和 ESS, 残差平方和 RSS の 3 つの平方和の間には

$$\text{TSS} = \text{ESS} + \text{RSS}$$

という関係があることが知られている．このことは，被説明変数 y の変動全体が，回帰直線で説明できた部分と，回帰直線では説明できなかった部分に分解できることを示している．

そこで，

$$R^2 = \frac{\text{ESS}}{\text{TSS}} = 1 - \frac{\text{RSS}}{\text{TSS}}$$

のような量を考えると，これは y の変動全体のうち，回帰直線で説明できた割合を表すので，回帰直線のデータへの当てはまりのよさの指標と考えることができそうだ．これを**決定係数**（coefficient of determination）R^2 という．R^2 は 0 から 1 までの値をとり，最小二乗法で求めた回帰直線のデータへの当てはまりは，R^2 が 1 に近いほど良く，0 に近いほど悪いと考える．

R^2 が 1 になるのは，$\text{RSS} = 0$ のとき，

$$y_i = \hat{y}_i, \quad i = 1, 2, \ldots, n$$

すなわち，すべてのデータが一直線上に並んでいるときである．また，R^2 が 0 になるのは，$\text{ESS} = 0$ のとき，

$$\hat{y}_i = \bar{y}, \quad i = 1, 2, \ldots, n$$

である．予測値が定数になるということは，x の説明力がまったくないときである．また，単回帰モデルの決定係数 R^2 は，x と y の相関係数の 2 乗に等しいことも知られている．相関係数が，2 変数間の直線的な関係の強さを測る指標であることからも納得できる．

図 1.4.4 のスターバックスコーヒーの店舗数のデータの場合，$R^2 = 0.9409$ である．このことは，回帰直線で店舗数 y の変動の 94.09%を説明できていることを意味する．一方，図 1.4.5 のテストのスコアと ST 比のデータの場合，$R^2 = 0.0512$ であるので，回帰直線ではテストのスコア y の変動の 5.12%しか説明できていないことになる．

➤ 1.4.6 重回帰モデルと最小二乗法

　単回帰モデルは，被説明変数 y の変動が 1 つの説明変数 x で説明されるというモデルであった．しかし，一般には y の変動に 2 つ以上の要因が存在することもあるだろう．1.4.2 項でも述べたように，月額家賃の変動は専有面積だけでなく，築年数，最寄り駅までの所要時間，玄関のオートロック機能の有無などでも説明ができそうだ．単回帰モデルでは，これらを誤差項にまとめてしまったが，ここでは，これらすべてを説明変数として加えた以下のような表現を考えてみよう．

$$y = \beta_0 + \beta_1 x_1 + \beta_2 x_2 + \beta_3 x_3 + \beta_4 x_4 + u \qquad (1.4.3)$$

$$
\begin{aligned}
&y: &&月額家賃（万円）\\
&x_1: &&専有面積（m^2）\\
&x_2: &&築年数（年）\\
&x_3: &&最寄り駅までの所要時間（分）\\
&x_4: &&玄関のオートロック機能の有無\\
&u: &&誤差項
\end{aligned}
$$

ここで，誤差項 u は，$x_1,\ldots,x_4$ では説明できない y の変動を表す．式 (1.4.3) のように複数の説明変数を含む回帰モデルを**重回帰モデル**（multiple regression model）という．また，重回帰モデルを用いて，被説明変数と説明変数の関係を考察するための分析を**重回帰分析**（multiple regression analysis）という．説明変数のうち，専有面積，築年数，最寄り駅までの所要時間は量的変数であるが，x_4：玄関のオートロック機能の有無は質的変数である．2 値をとる質的変数を説明変数として用いるときは

$$x_4 = \begin{cases} 1, & オートロック有 \\ 0, & オートロック無 \end{cases}$$

のような 0 か 1 をとる変数に変換する．このような変数を**ダミー変数**という．

　重回帰分析においても，最も基本的な興味は，回帰係数がどのような値をとるかということである．一般に，説明変数を K 個含む重回帰モデルは，

$$y = \beta_0 + \beta_1 x_1 + \beta_2 x_2 + \cdots + \beta_K x_K + u \qquad (1.4.4)$$

と表される．被説明変数と K 個の説明変数のデータが n 組

$$(y_i, x_{1i}, x_{2i}, \ldots, x_{Ki}), \quad i = 1, 2, \ldots, n$$

得られているとする. 回帰係数 $(\beta_0, \beta_1, \ldots, \beta_K)$ の値は, 単回帰モデルのときと同様に最小二乗法によって求めることができる. $(b_0, b_1, \ldots, b_K)$ を $(\beta_0, \beta_1, \ldots, \beta_K)$ の候補としたときに y_i に対する残差 e_i は,

$$e_i = y_i - (b_0 + b_1 x_{1i} + b_2 x_{2i} + \cdots + b_K x_{Ki})$$

である. 重回帰モデルの場合も, 残差は説明変数でとらえることのできなかった y の変動を意味し, 単回帰モデルのときと同様に残差平方和

$$\begin{aligned}
\text{RSS} &= \sum_{i=1}^{n} e_i^2 \\
&= \sum_{i=1}^{n} \Big\{ y_i - (b_0 + b_1 x_{1i} + b_2 x_{2i} + \cdots + b_K x_{Ki}) \Big\}^2 \quad (1.4.5)
\end{aligned}$$

を最小にする $(b_0, b_1, \ldots, b_K)$ を求めることが可能である.

　重回帰モデルの場合も, Excel や R などを用いれば回帰係数を簡単に求めることができる. また, 重回帰モデルの場合も, 単回帰モデルのときと同じように考えれば決定係数 R^2 が定義され, モデルのデータに対する当てはまりのよさの指標として用いられる.

➤ 1.4.7　モデル選択

　重回帰分析の場合, 分析をはじめる段階では, 被説明変数 y の変動の要因, すなわち説明変数 x の候補は複数あるものの, そのうちのどれが要因として必要で, どれが不要なのかまではわかっていない場合が多い. モデルの候補は説明変数の選び方だけ存在することになるが, そのうちのどのモデルが適切かを選ぶ手続きを**モデル選択**（model selection）という. では, 適切なモデルとはどのようなモデルだろうか. 1.4.5 項で, 単回帰モデルにおいては決定係数 R^2 の値が 1 に近いモデルは説明変数の説明力が高いと述べた. しかし, 重回帰モデルの場合, 決定係数の値が大きいモデルほどより適切なモデルであるといえるかというと, そういうことにはならない.

　実は, 説明変数を増やせば, 決定係数は必ず大きくなり, モデルの推定に用いた

データへの当てはまりはよくなることが知られている．しかし，説明変数を増やしすぎると，推定に用いたデータへの当てはまりが過剰によくなる一方，未知のデータに対する予測の性能が極端に悪くなることがある．

こうした観点からすると，適切なモデルとは，データへの当てはまりも悪すぎず，説明変数の数も多すぎない，バランスのよいモデルということになる．詳細は専門的な教科書（松井，小泉 (2019) など）にゆずるが，適切なモデルを多数のモデルの候補から選び出すには，**赤池情報量規準**（AIC）のようなモデル選択規準がよく用いられる．

近年のビッグデータを用いた予測では，説明変数の次元が巨大で，モデルの関数形の候補は膨大かつ複雑である．こうした状況で適切なモデルを選択するためにさまざまな技術が開発されている．モデル選択の詳細については，3.2.2 項，3.2.3 項，3.2.4 項でとり上げる．

➤ 1.4.8 重回帰分析の結果の解釈

無作為に抽出した京都市伏見区内の単身者向け賃貸マンション 50 件のデータを用いて，重回帰モデル (1.4.3) を推定してみよう．式 (1.4.3) における，月額家賃 y と各変数との関係を考えると，

- 専有面積は広いほど家賃は高くなると考えられるので $\beta_1 > 0$
- 築年数は値が小さいほど家賃は高くなると考えられるので $\beta_2 < 0$
- 最寄り駅までは近いほど家賃は高くなると考えられるので $\beta_3 < 0$
- オートロックはあれば家賃は高くなると考えられるので $\beta_4 > 0$

となることが予想できるだろう．表 1.4.1 は，重回帰モデル (1.4.3) を最小二乗法で

表 1.4.1　重回帰モデル (1.4.3) の推定結果.

	推定値	標準誤差	t 値	P 値	
切片 β_0	3.225	0.474	6.800	2.02e-08	***
専有面積 β_1	0.129	0.014	9.020	1.19e-11	***
築年数 β_2	-0.051	0.008	-6.028	2.84e-07	***
最寄り駅までの所要時間 β_3	-0.037	0.012	-3.092	0.003	**
オートロックの有無 β_4	-0.109	0.213	-0.512	0.611	

推定した結果である．Excel や R などの統計ソフトウェアで重回帰分析を行うと，この表のように各説明変数に対する推定値，標準誤差 [*3]，t 値 [*4]，P 値 [*5] の 4 つ組の出力が得られる．推定値は最小二乗法で求めた回帰係数の値である．標準誤差，t 値，P 値についての詳細は松井，小泉 (2019) などの専門的な教科書にゆずるが，ここでは結果の考察例を簡単に紹介する．推定値から，

$$y = 3.225 + 0.129x_1 - 0.051x_2 - 0.037x_3 - 0.109x_4 \quad (1.4.6)$$

という回帰式を得る．よって，専有面積が $x_1 = 25$, 築年数が $x_2 = 5$, 最寄り駅までの所要時間が $x_3 = 5$, オートロックあり $x_4 = 1$ のマンションの家賃の予測値は

$$3.225 + 0.129 \times 25 - 0.051 \times 5 - 0.037 \times 5 - 0.109 \times 1 = 5.901 \,(万円)$$

のように求めることができる．

　次に，表 1.4.1 の P 値に着目しよう．これは，回帰係数が 0 か否かの両側 t 検定の P 値と呼ばれるものである．$\beta_1 = 0$ なら，x_1 は y の変動に影響しない．逆に，$\beta_1 \neq 0$ なら，x_1 は y の変動を説明するのに必要な変数ということになる．P 値は 0 から 1 の値をとるが，P 値が 0.05 以下のように 0 に近い値を示すときに，回帰係数は 0 ではなく，正負の符号も推定値と同じであると判断する．逆に，P 値が 0 から離れた値をとるときには，回帰係数が 0 である可能性が否定できないと考える．

　表 1.4.1 を見ると，β_1 の P 値は 1.19e-11 とあるが，これは 1.19×10^{-11} という意味で，非常に小さい値であるので，$\beta_1 > 0$ と判断できる．同じように見ていくと，$\beta_2 < 0$, $\beta_3 < 0$ で，これらは当初の予想と同じ結果である．

　一方，β_4 の推定値は -0.109 で負の値を示しており，これは当初の予想と正負が逆の結果になっている．さらに，P 値を見ると 0.611 と 0 から離れた値をとっているので，$\beta_4 = 0$ の可能性も否定できないことになる．つまり，オートロックの有無は，家賃の価格決定にあまり影響しない可能性がある．

　次に，1.4.7 項の最後に触れた AIC を用いて，適切なモデルを探索してみよう．AIC は予測誤差の評価指標であるため，値が小さいモデルほど好ましいと考える．AIC の値は，R などの統計ソフトウェアを用いれば簡単に計算が可能である．推定

[*3] 表中の標準誤差とは，最小二乗推定量の標準偏差の推定値のことである．

[*4] 表中の t 値とは，回帰係数が 0 であるという帰無仮説を検定（1.5.3 項参照）する際に用いられる値である．この値が 0 から大きく離れるときに回帰係数は 0 ではないと判断する．

[*5] 1.5.3 項参照．t 値が 0 から離れた値であるほど，P 値は小さい値をとる．

されたモデル (1.4.6) では，AIC $= -43.71$, $R^2 = 0.828$ であった．x_4 を除いた
モデルを最小二乗法で推定してみると，

$$y = 3.221 + 0.127x_1 - 0.050x_2 - 0.036x_3 \qquad (1.4.7)$$

$$\text{AIC} = -45.42, \quad R^2 = 0.827$$

を得た．このモデルから，さらに x_3 を除いたモデルを最小二乗法で推定してみると，

$$y = 3.086 + 0.120x_1 - 0.050x_2, \quad \text{AIC} = -38.03, \quad R^2 = 0.791$$

を得た．これらの結果から，説明変数が増えると R^2 が 1 に近づいていくことが確
認できる．また，この 3 つのモデルの中では，R^2 が最も大きいモデル (1.4.6) では
なく，モデル (1.4.7) が AIC の意味で最も好ましいモデルということになる．AIC
を用いれば，このようにしてデータへの当てはまりのよさと説明変数の数のバラン
スがとれたモデルを選択することが可能である．

➤ 1.4.9　ロジスティック回帰分析

　回帰モデルとは，被説明変数と，その変動の要因と考えられる説明変数の関係を
定式化したものであった．前項までで見てきた重回帰モデルでは，被説明変数は量
的変数であることを想定していた．しかし，医学ではある病気の発症の要因，マー
ケティングサイエンスではある商品を購入することの要因などにも興味があるだろ
う．このような場合，病気の発症の有無や商品購入の有無のような質的変数を 0, 1
の 2 値に変換したダミー変数を被説明変数 y にして，説明変数 x に対して回帰分析
を行うことが考えられる．しかし，0, 1 の 2 値しかとらない y を式 (1.4.1) のよう
に定式化することは適切でない．図 1.4.7 のような単回帰モデルの場合，予測値が
0 以下や 1 以上の値をとりえてしまう．被説明変数が 2 値の質的変数の場合は，**ロ
ジスティック関数** [*6]

$$f(x) = \frac{1}{1 + \exp\{-(\alpha + \beta x)\}}$$

と呼ばれる S 字型の曲線の関数を考えて，図 1.4.8 のように，データに最もよく当ては

[*6] この関数はニューラルネットワークでも登場するが，その場合はシグモイド関数とも呼ばれる (3.2.5
項，3.3.2.b 項参照)．

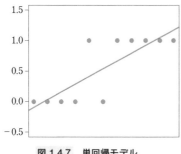

図 1.4.7　単回帰モデル.

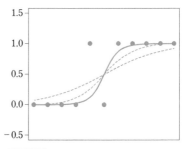

図 1.4.8　ロジスティック回帰モデル.

まるような α, β を求める．ロジスティック関数は，0 以上 1 以下の値をとることが知られていて，$f(x)$ の値は，説明変数の値が x のときに $y = 1$ になる確率を表すと考える．このようなモデルを**ロジスティック回帰モデル**（logistic regression model）といい，このモデルを用いた分析を**ロジスティック回帰分析**（logistic regression analysis）という．

　ロジスティック回帰モデルの回帰係数の推定には，最小二乗法ではなく，**最尤法**（maximum likelihood method）という方法が用いられる（3.2.5 項参照）．最尤法の詳細は，松井，小泉 (2019) などの専門的な教科書にゆずるが，一言でいえば手元にあるデータの出現の尤もらしさを説明できるモデルを求める方法で，最小二乗法と同じような考え方に基づいた推定法である．

　ロジスティック回帰モデルを用いれば，健康診断の結果から特定の病気を発症する確率を予測したり，消費者の属性情報から，ある商品のターゲットを特定するというようなことが可能になる．

➤ 1.4.10　時系列データとその基礎集計

　回帰分析のところで見た家賃のデータやスターバックスコーヒーの店舗数のデータなどは，いずれも時点を固定した上で対象から得られたデータである．1.2 節でも述べたように，このようなデータを**横断面データ**（cross sectional data）という．これに対して，時間軸上で得られたデータを**時系列データ**（time series data）という．

　時系列データ y が 1 期から T 期まであるときに，これらを

$$y_1, y_2, \ldots, y_T$$

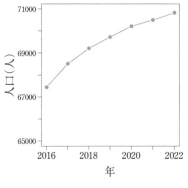

(a) 京田辺市の人口推移

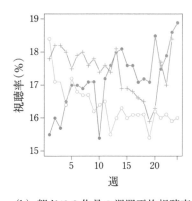

(b) 朝ドラ3作品の週間平均視聴率
　の推移

オレンジ:カムカムエヴリバディ,
緑:おかえりモネ,青:おちょやん

図 1.4.9　時系列グラフの例.

のように表す．表現自体はこれまでのデータと同じだが，時系列データの場合は，時間軸上で添え字の順番にデータが出現しているという点がこれまでのデータとの顕著な違いである．分析をする上でも，時間軸上での変化率や周期が興味の対象であることが多い．

　時系列データを折れ線グラフで可視化したものを**時系列グラフ**（time series chart）という．図 1.4.9 (a) は，2016 年から 2022 年までの京田辺市の人口推移の時系列グラフである．このような1年間隔で得られたデータを年次データという．図 1.4.9 (b) は，NHK 連続テレビ小説（通称朝ドラ）3 作品の週間平均視聴率の推移である．このような1週間間隔で得られるデータは週次データと呼ばれる．同じように，四半期ごとのデータを四半期データ，月ごとのデータを月次データ，日ごとのデータを日次データという．

　時系列データ $y_1, y_2, \ldots, y_T$ に対して，$t-1$ 時点から t 時点にかけての変化率 d_t，前期比 r_t はそれぞれ

$$d_t = \frac{y_t - y_{t-1}}{y_{t-1}}, \quad r_t = \frac{y_t}{y_{t-1}} = 1 + d_t$$

と定義される．表 1.4.2 は，2016 年から 2022 年までの京田辺市の人口推移，上の定義を用いて計算した人口の変化率，すなわち人口増加率と，人口の前年比をまとめたものである．

表 1.4.2　京都府京田辺市の人口と人口増加率の推移.
（京田辺市ウェブサイトより作成）

年	2016	2017	2018	2019	2020	2021	2022
人口 (人)	67466	68508	69207	69723	70217	70498	70838
人口増加率		0.0154	0.0102	0.0075	0.0071	0.0040	0.0048
前年比		1.0154	1.0102	1.0075	1.0071	1.0040	1.0048

次に，2016 年から 2022 年にかけての期間の人口増加率の平均を求めることを考えてみよう．変化率の平均には，通常算術平均を用いない．t 年における前年比を r_t とする．r_{2017} から r_{2022} までの 6 年分の前年比の積の 6 乗根

$$r = \sqrt[6]{r_{2017} \times r_{2018} \times r_{2019} \times r_{2020} \times r_{2021} \times r_{2022}}$$

を，r_{2017} から r_{2022} の **幾何平均**（geometric mean）という（1.2.2 項参照）．人口増加率の平均 d は，この前年比の幾何平均を用いて $d = r - 1$ として計算される．表 1.4.2 の例では，$d = 0.0082$ となる．t 年の人口を y_t とすると，この d に対しては

$$y_{2022} = (1 + d)^6 \times y_{2016}$$

が成立する．

➤ 1.4.11　時系列データの変動分解

図 1.4.10 は 2012 年 1 月から 2015 年 12 月までの 48 ヶ月間における東京電力管内の電力需要（百万 MWh）の月次データである．このデータの変動を見てみると，長期的には減少傾向であることに加えて，冬や夏は電力需要が高くなり春や秋には需要が落ちるという**周期性**（periodicity）が毎年見られることがわかる．この例のような，1 年周期で繰り返される変動は**季節性**（seasonality）と呼ばれる．月次データの場合は周期が 12 の季節性を持つ．

一般に，経済や気象に関する時系列データ y_t は

- 傾向変動 Tr：長期的な変動，トレンド
- 季節変動 S：1 年周期で繰り返される変動
- 不規則変動 I：上記以外の偶然の要素を含む変動

の 3 つの和として

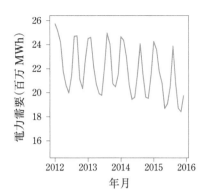

図 1.4.10 2012 年 1 月から 2015 年 12 月までの東京電力管内における電力需要（百万 MWh）．（電気事業連合会ウェブサイトより作成）

$$y_t = Tr_t + S_t + I_t$$

のように分解できるとされている．y_t のデータがあれば，この 3 つの変動への分解を求めることができる．図 1.4.11 は，この変動分解の様子を表した時系列グラフである．一番上の図は図 1.4.10 の原系列，二番目の図は傾向変動，三番目の図は季節変動，一番下の図は不規則変動をそれぞれ表している．

　3 つの変動への分解の求め方にはいろいろな方法があるが，ここでは最も簡単な方法を 1 つ紹介しよう．まず，傾向変動 Tr_t は**移動平均**（moving average)を用いて抽出する．月次データの場合の t 期の移動平均とは，t 期が真ん中にくるような 12 ヶ月分のデータの平均のことである．時点 t を動かしながら平均を求めていくことから移動平均という．しかし，今の定義だと，たとえば 2013 年の 7 月のデータの移動平均は，2013 年 1 月から 12 月までのデータの平均でも，2013 年 2 月から 2014 年 1 月までのデータの平均でもよさそうである．通常は，12 ヶ月の移動平均を計算する場合，これら 2 つの平均

$$Tr_t = \frac{0.5y_{t-6} + y_{t-5} + \cdots + y_{t+5} + 0.5t_{t+6}}{12} \tag{1.4.8}$$

を用いる．このような移動平均の計算法を中心化 12 項移動平均という．式 (1.4.8) の移動平均では，各時点で，その周辺の 1 月から 12 月のデータを 1 回ずつ入れて平均をとるので，季節性がならされ，長期的な変動が抽出できるのである．

　原系列から傾向変動を引いた $y_t - Tr_t$ は，季節変動と不規則変動の和 $S_t + I_t$ であるが，これを月別に平均をとったものを季節変動 S_t とする．さらに，$I_t = y_t - Tr_t - S_t$

によって不規則変動 I_t を求める．図 1.4.11 を見ると，1 年周期の電力の消費パターンと，長期的な減少傾向が読みとれる．折れ線グラフでの可視化に加えて，変動分解も時系列データの基本的な可視化の方法である．

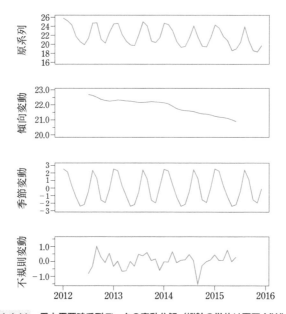

図 1.4.11 　電力需要時系列データの変動分解（縦軸の単位は百万 MWh）．

➤ 1.4.12 アソシエーション分析

データマイニング（data mining）とは，ビッグデータの中から有益な**パターン発見**（pattern discovery）を行うためのデータ分析技術である．データマイニングは，1990 年代前半に，小売業が POS（販売時点情報管理）システムで得られたデータから複数商品の同時購買のパターンを発見し，それを商品陳列の戦略に用いた成功事例から世の中に広まっていった．近年，e コマースでは，消費者の購買行動におけるさまざまな法則を膨大な購買履歴のデータから見つけ出す技術を開発し，商品推薦システムなどに利用している．

消費者の興味ある購買行動パターンを**アソシエーションルール**（association rule）といい，アソシエーションルールを見つけ出し，消費者の将来の行動を予測するた

めの分析を**アソシエーション分析**（association analysis）と呼ぶ．特に，商品の同時購買のパターンを発見するための分析は**マーケットバスケット分析**（market basket analysis）とも呼ばれる．本項では，同時購買パターンの発見や，評価のための指標である，支持度，確信度，リフト値を紹介する[*7].

すべての購買履歴のうちで，商品 A と商品 B を同時に購買しているものの割合を**支持度**（support）という．つまり，

$$支持度 = \frac{商品\ A, B\ の同時購買履歴数}{全購買履歴数}$$

である．支持度は一般的な同時購買の起こりやすさの指標で，0 から 1 までの値をとる．しかし，支持度の値が高いからといって，商品 A と商品 B の購買に関連があるかどうかまではわからない．関連があるから同時購買が多いのか，商品 A, B ともに日常的に消費量が多いから同時購買が多いのかの区別までは支持度ではわからない．

商品 A の購買履歴のうちで，商品 B も同時に購買しているものの割合を**確信度**（confidence）という．つまり，

$$確信度 = \frac{商品\ A, B\ の同時購買履歴数}{商品\ A\ の購買履歴数} \tag{1.4.9}$$

である．確信度も 0 から 1 までの値をとる．確信度の値が大きいほど，A を購買することの B の購買への影響が強いことを表す．しかし，確信度が 0.7 と大きい値を示していたとしても，商品 B の購買率が 0.8 であれば，A を買うことで，かえって B の購買率が下がることには注意が必要である．

確信度 (1.4.9) と商品 B の購買率の比をとったものを**リフト値**（lift）という．つまり，

$$\begin{aligned}リフト値 &= \frac{確信度}{商品\ B\ の購買履歴数/全購買履歴数} \\ &= \frac{商品\ A, B\ の同時購買履歴数 \times 全購買履歴数}{商品\ A\ の購買履歴数 \times 商品\ B\ の購買履歴数}\end{aligned} \tag{1.4.10}$$

である．リフト値 (1.4.10) が 1 より大きいときは，商品 A を買う人は，商品 A を買わない人よりも相対的に商品 B を買う傾向にあるといえる．

たとえば，ある期間の 10,000 件の購買履歴の中で，商品 A の購買履歴数が 200，

[*7] ここで紹介する 3 つの指標は，1.5.3 項の条件つき確率を用いても定義することが可能である．

商品 B の購買履歴数が 100, 商品 A と商品 B の同時購買履歴数が 50 とすると, 確信度 $= 0.25$, リフト値 $= 25$ である. この場合はリフト値は 1 を超え, 確信度もまずまず大きい値を示しているので, オンラインの商品推薦システムであれば, 商品 A を購入しようとしている人に商品 B を推薦してみる価値はありそうだ. しかし, 支持度 $= 0.005$ で, 同時購買の相対頻度は高くないことから, 小売店舗における商品陳列の戦略を策定する場合であれば, 商品 A, B を並べて陳列させることにさほど意味はないかもしれない. このように, 意味のあるアソシエーションルールを求めるためには, 目的に応じて 3 つの指標の値を相互に確認する必要がある.

➤ 1.4.13 クラスター分析

　企業は, 市場の見込み客を特定することができれば, 効率的なマーケティング戦略が可能になる. EC サイトなどでは, 利用登録の際に提供される属性情報や, 利用履歴の情報を用いて, 顧客を似た者どうしのグループに細分化し, グループごとの消費行動の特徴を調べて, 効果的な見込み客の特定を行うことがある. このようなグループ化を**セグメンテーション**（segmentation）という. セグメンテーションを行う際に用いられる分析手法が**クラスター分析**（cluster analysis）である.

　クラスター分析には, 大きく分けて**階層的クラスター分析**（hierarchical cluster analysis）と**非階層的クラスター分析**（non-hierarchical cluster analysis）という 2 つの手法がある. 本項では表 1.4.3 のようなデータ数 5 の 1 次元データを用いて, 階層的クラスター分析の手順を紹介する. 非階層的クラスター分析は 3.2.1 項でとり上げる.

　図 1.4.12 を見てみよう. この図のステップ 1 の表は, 5 つのデータ間の距離をまとめたものである. たとえば, 黄色の部分が 1 なのは, $|x_2 - x_1| = 1$ であることを表している. クラスター分析では, データ間の距離が短いほど類似度が高いと考える. そこでまず, すべての 2 つのデータの組合せの中で, 最も距離の近い 2 つのデータである x_1 と x_2 をステップ 1 の下図のように結んでクラスターを作る. その

表 1.4.3　データ例.

x_1	x_2	x_3	x_4	x_5
1	2	5	7	11

ステップ1

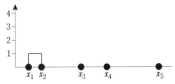

	x_1	x_2	x_3	x_4	x_5
x_1	0				
x_2	1	0			
x_3	4	3	0		
x_4	6	5	2	0	
x_5	10	9	6	4	0

ステップ2

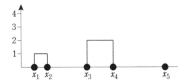

	$\{x_1, x_2\}$	x_3	x_4	x_5
$\{x_1, x_2\}$	0			
x_3	3	0		
x_4	5	2	0	
x_5	9	6	4	0

ステップ3

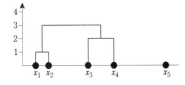

	$\{x_1, x_2\}$	$\{x_3, x_4\}$	x_5
$\{x_1, x_2\}$	0		
$\{x_3, x_4\}$	3	0	
x_5	9	4	0

ステップ4

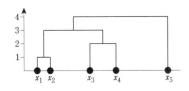

	$\{x_1, x_2, x_3, x_4\}$	x_5
$\{x_1, x_2, x_3, x_4\}$	0	
x_5	4	0

図 1.4.12　デンドログラム作成の手順.

際に，縦方向の高さが距離 1 になるようにする.

　次に，ステップ 2 として，グループ $\{x_1, x_2\}$ と，x_3, x_4, x_5 の距離をまとめた表を作る. その際に，クラスター $\{x_1, x_2\}$ とその他のデータの距離を定義する必要がある. ここでは，その他のデータと x_1, x_2 との近いほうの距離として定義すると，ステップ 2 の表が得られる. これを見て，最も距離の近い x_3 と x_4 をステップ 2 の下図のように結んでクラスター $\{x_3, x_4\}$ を作る. ここでも，縦方向の高さが距離 2 になるようにする.

　今度は，ステップ 3 として，クラスター $\{x_1, x_2\}$ と，クラスター $\{x_3, x_4\}$ と x_5 の

距離をまとめた表を作る. クラスター $\{x_1, x_2\}$ と, クラスター $\{x_3, x_4\}$ の距離は, $\{x_1, x_2\}$ と, $\{x_3, x_4\}$ の間で最も近い x_2 と x_3 の距離の 3 と定義し, クラスター $\{x_3, x_4\}$ と x_5 の距離を先ほどと同じように定義すれば, ステップ 3 の表が得られる. このようなクラスター間の距離の定義を**最近隣法**（nearest neighbor method）という. ステップ 3 の表を見て, 最も距離の近い $\{x_1, x_2\}$ と, $\{x_3, x_4\}$ をステップ 3 の下図のように結んでクラスター $\{x_1, x_2, x_3, x_4\}$ を作る. 縦方向の高さは 2 クラスター間の距離 3 になるようにする.

最後に, $\{x_1, x_2, x_3, x_4\}$ と x_5 をステップ 4 の下図のように, 高さが距離 4 になるように結ぶ. ステップ 4 の下図を**デンドログラム**（dendrogram, 樹形図）という. デンドログラムは, データを類似度の高い順に階層的に結んで可視化した図である. これをもとに, データを 2 つのクラスターに分けたいときは, ステップ 3 の $\{1, 2, 3, 4\}$ と $\{5\}$ のように, 3 つのクラスターに分けたいときは, ステップ 2 の $\{1, 2\}$, $\{3, 4\}$, $\{5\}$ のようにする.

今の例は, x という 1 つの変数に基づいて作ったクラスターである. しかし, 通常は, 複数の変数間の類似度に基づいてクラスタリングを行う. たとえば, n 人の対象から以下のような 3 変数のデータが観測されているとしよう.

i	1	2	$\cdots$	n
x	x_1	x_2	$\cdots$	x_n
y	y_1	y_2	$\cdots$	y_n
z	z_1	z_2	$\cdots$	z_n

その場合, 対象 1 と対象 2 の距離 d_{12} は, たとえば

$$d_{12} = \sqrt{(x_2 - x_1)^2 + (y_2 - y_1)^2 + (z_2 - z_1)^2}$$

のように計算すればよい. 変数が 4 つ以上ある場合も, 同じように計算した距離に基づいて階層的クラスター分析を行えばよい. このような距離を**ユークリッド距離**（Euclidean distance）という. 通常, 変数が複数存在する場合, 距離の値が各変数の単位に依存しないように, 各変数を平均 0, 分散 1 に標準化した後に距離の計算をすることが多い.

統計ソフトウェア R の USArrests データには, 米国 50 州における殺人, 暴力犯

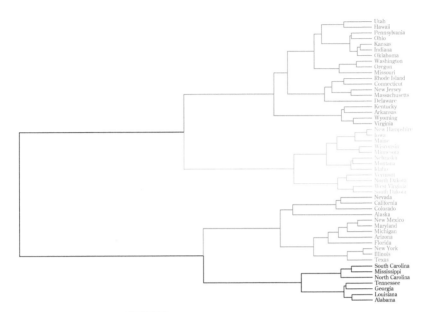

図 1.4.13　犯罪データのデンドログラム.

罪, 強姦の人口 10 万人当たりの件数が整理されている. このデータを犯罪種別ごと
に標準化して, 階層的クラスター分析によって作成したデンドログラムを横向きに
表示したものが図 1.4.13 である. このデンドログラムに基づいて 4 つのクラスター
を定義し, 4 色で色分けしている.

　クラスターができたら, クラスターごとに各変数の代表値や標準偏差などを計算
して, 各クラスターの特徴を把握することが重要である. 図 1.4.14 は, クラスター
ごとの各変数の平均をレーダーチャートに表示したものである. これを見ると, オ
レンジのクラスターは全体的に犯罪件数が多く, 特に強姦が多いこと, 黒のクラス
ターも全体的に犯罪件数が多いこと, 緑や青のクラスターは相対的には犯罪件数が
少ないことなどが読みとれる.

**まとめ
1.4**
- 回帰分析とは, あるデータの変動を別のデータを用いて記述し, 変数間
の影響関係を検討するための分析である.
- 時系列データは, 時間軸上での変化率や季節性が把握できるような形で
基礎集計や可視化を行う.

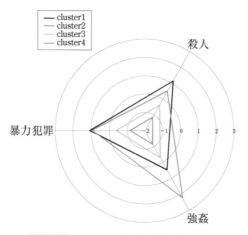

図 1.4.14 犯罪データのレーダーチャート.

- アソシエーション分析は，購買行動のパターンを発見するための分析である．
- クラスター分析とは，似た者どうしを集めてグループに分ける分析法である．

参考文献 ....

Greene, W.H. (2018), *Econometric Analysis 8th Edition*, Pearson.
松井秀俊，小泉和之（2019），統計モデルと推測，講談社．

➤ 1.4 節　練習問題

1.4.1　ある地域の市町村の人口（千人）を x，コンビニエンスストアの店舗数 y とし，x が y を説明する回帰直線を最小二乗法で求めたところ

$$y = -0.12 + 0.48x$$

が得られた．この回帰直線の式から読みとれることとして，次の I から III の記述を考えた．

I. 人口 5,000 人の町のコンビニエンスストアの店舗数の予測値は 2.28 店舗である.

II. ある町は人口が 10,000 人でコンビニエンスストアの店舗数は 5 店舗あるが, これはこの地域の平均的な店舗数より多い.

III. 人口のコンビニエンスストアの店舗数に対する説明力は高い.

この記述 I~III に関して, 次の中から適切なものを 1 つ選べ.

① I のみ正しい

② II のみ正しい

③ III のみ正しい

④ I と II のみ正しい

⑤ II と III のみ正しい

1.4.2 ある地域の単身向けマンション 50 件のデータから, 家賃 y (万円) の変動を説明するために,

- x_1: 専有面積 (m^2)
- x_2: 築年数 (年)
- x_3: オートロックの有無 (有: 1, 無: 0)

を説明変数とした重回帰モデルを最小二乗法によって推定した結果, 以下の回帰式が得られた.

$$y = 3.08 + 0.12x_1 - 0.05x_2 + 0.05x_3$$

(1) この地域では, 専有面積が $1m^2$ 増加すると平均で家賃はいくら増加すると考えられるか. 次の中から最も適切なものを選べ.

① 3.2 円

② 0.12 円

③ 1,200 円

④ 12,000 円

⑤ 32,000 円

(2) 専有面積 25m^2, 築年数 20 年, オートロックなしの部屋の家賃の予測値はいくらか. 次の中から最も適切なものを選べ.

① 51,300 円

② 50,800 円

③ 70,800 円

④ 60,800 円

⑤ 61,300 円

1.4.3 次の図は, 1955 年第 1 四半期から 1988 年第 4 四半期までの英国における非耐久消費財の消費額の四半期データの推移である.

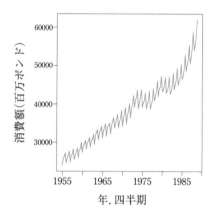

t 期目の消費額を y_t とする. y_t に対する傾向変動の値を求める式として適切なものを次の中から 1 つ選べ.

① $\dfrac{0.5y_{t-2} + y_{t-1} + y_t + y_{t+1} + 0.5y_{t+2}}{4}$

② $\dfrac{y_{t-2} + y_{t-1} + y_t + y_{t+1} + y_{t+2}}{5}$

③ $\dfrac{y_{t-4} + y_{t-3} + \cdots + y_{t+3} + y_{t+4}}{4}$

④ $\dfrac{0.5y_{t-6} + y_{t-5} + \cdots + y_{t+5} + 0.5y_{t+6}}{12}$

⑤ $\dfrac{y_{t-6} + y_{t-5} + \cdots + y_{t+5} + y_{t+6}}{13}$

1.4.4 データサイエンスのリテラシーレベルと応用基礎レベルの教科書の売れ行きの実態を調べるために，ある書店のオンラインサイトで 1 年間に書籍を購入した 10,000 人の購入履歴を集計した．その結果，リテラシーレベルの教科書を購入した人は 300 人，応用基礎レベルの教科書を購入した人は 100 人，両方のレベルの教科書を買った人は 60 人であった．リテラシーレベルの教科書を買った人と応用基礎レベルの教科書を買った人の関連についての考察として，適切なものを次の中から 1 つ選べ．

① 支持度が 1% 未満なので，2 商品の購入に関連はない．

② 確信度が 0.2 であるから，リテラシーレベルの教科書を購入する人に応用基礎レベルの教科書を推薦しても意味がない．

③ 確信度が 0.2 であることは，リテラシーレベルの教科書を購入する人は，購入しない人に比べると，応用基礎レベルの教科書を購入する確率が高いことを表す．

④ リフト値が 1 より大きいことから，リテラシーレベルの教科書を購入する人は，購入しない人に比べると，応用基礎レベルの教科書を購入する確率は高いといえる．

⑤ リフト値が 1 より小さいので，リテラシーレベルの教科書を購入する人より，購入していない人のほうが応用基礎レベルの教科書を購入する確率は高い．

1.4.5 A, B, C, D, E という 5 つの個体に対して，次のような 1 次元データが得られているとする．

A	B	C	D	E
10	4	11	1	8

このデータに対し，データ間の距離にユークリッド距離，クラスター間の距離に最近隣法を用いて階層的クラスター分析を行い，2クラスターに分けるとき，A と同じクラスターに入る個体はどれか．適切なものを次の中から1つ選べ．

① B
② C
③ BとE
④ CとE
⑤ BとCとE

={　1.5　}=

数学基礎

 キーワード　多項式関数，指数関数，対数関数，関数の傾きと微分の関係，積分と面積の関係，1 変数関数の微分法・積分法，ベクトルと行列，ベクトルの演算，ベクトルの和とスカラー倍，内積，行列の演算，行列の和とスカラー倍，行列の積，逆行列，順列，組合せ，集合，ベン図，条件つき確率，確率分布，正規分布，ベイズの定理，帰無仮説，P 値

➤ 1.5.1　微分積分基礎

目的
1.5.1
世の中の現象を記述したり，予測したりするとき，関数を用いると便利である．関数の性質を総合的に調べる学問が微分積分学である．ここでは微分積分の基礎と計算法について説明する．

　関数（function）（正確には 1 変数関数）とは，実数 x を別の実数 y に対応させる手続きのことである．たとえば

$$y = 3x + 2 \tag{1.5.1}$$

という式は「3 倍して 2 を足す」という関数を表す．この関数をグラフで描くと図 1.5.1 のように直線となる．関数を表すとき，式 (1.5.1) の代わりに

$$f(x) = 3x + 2$$

のように記す．この記法のほうが後々便利である．

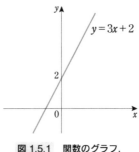

図 1.5.1　関数のグラフ.

参考 1.5.1 ▷ 関数のことを英語で function（機能）と呼ぶ. 関数はあくまで x から $f(x)$ を求める手続きのことを指しており, 1 つの数を表すわけではない.

　最も基本的な関数として**多項式関数**（polynomial function）がある. これは

$$f(x) = x^4 + 5x^3 + 3x^2 + x - 4$$

のように, x の累乗を定数倍し, 足し合わせた形で表される関数のことである. 中学や高校で習う 2 次関数

$$f(x) = ax^2 + bx + c$$

も多項式関数の一例である. 定数関数 $f(x) = c$ も含まれる.

　足し算, かけ算だけでなく割り算も使って作られるのが有理関数である. たとえば

$$f(x) = x + \frac{1}{x^2 - 3}$$

は有理関数の一例である. 有理関数は分母が 0 になる場合を除いて定義する.

　関数はもっと自由に定めることができる. たとえば x の正負によって場合分けした

$$f(x) = \begin{cases} x & (x > 0) \\ 0 & (x \leq 0) \end{cases} \tag{1.5.2}$$

という関数を考えることもできる（図 1.5.2）. この関数はニューラルネットワークの分野では ReLU（Rectified Linear Unit, レルー）と呼ばれている.

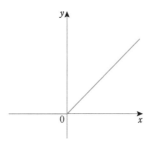

図 1.5.2 式 (1.5.2) のグラフ.

いくつかの関数を組み合わせて別の関数を作ることもできる. たとえば $f(x)$ と $g(x)$ が関数であれば, それらの和 $f(x) + g(x)$ や積 $f(x)g(x)$ も関数である.

定義 1.5.1 合成関数

2 つの関数 $f(x), g(x)$ に対して, $h(x) = f(g(x))$ によって定義される関数を**合成関数** （composite function）という. 合成関数を $h = f \circ g$ と表すこともある.

例 1.5.1 式 (1.5.2) の関数 $f(x)$ と $g(x) = 1 - x$ の合成関数は

$$f(g(x)) = f(1-x) = \begin{cases} 1 - x & (1 - x > 0) \\ 0 & (1 - x \leq 0) \end{cases}$$

となる.

応用上, 他によく現れる関数として指数関数, 対数関数, 三角関数がある. これらの定義はやや込み入っているので後回しとし, 先に微分と積分の考え方を説明する. そのためにまず, 極限の概念を導入する.

定義 1.5.2 極限

$f(x)$ を関数, a を実数とする. 実数 x を a に近づけたとき $f(x)$ がある実数 b に近づくならば, その値 b を $f(x)$ の**極限** （limit）と呼び,

$$\lim_{x \to a} f(x) = b$$

と表す．特に $\lim\limits_{x \to a} f(x) = f(a)$ のとき，関数 $f(x)$ は $x = a$ で**連続**（continuous）であるという．

これまでに現れた多項式関数や ReLU は連続である．また有理関数も，分母が 0 になる点を除けば連続である．

定義 1.5.3　微分

関数 $f(x)$ と実数 a に対して

$$\lim_{x \to a} \frac{f(x) - f(a)}{x - a} = b \tag{1.5.3}$$

という関係が成り立つとき，$f(x)$ は $x = a$ で微分可能であるという．この極限 b を $f'(a)$ または $\frac{df}{dx}(a)$ と表し，$f(x)$ の a における**微分**（differential）と呼ぶ．

微分の定義における

$$\frac{f(x) - f(a)}{x - a}$$

とは，関数 $f(x)$ のグラフを描いたとき，点 $(a, f(a))$ と点 $(x, f(x))$ を結んでできる線分の傾きである（図 1.5.3）．この傾きの，$x \to a$ における極限が微分 $f'(a)$ ということになる．この図からわかるとおり，$f'(a) > 0$ のとき $f(x)$ は $x = a$ の付近において上昇傾向にあり，$f'(a) < 0$ であれば下降傾向にある．また，x が a に近いときは

$$f(x) \fallingdotseq f(a) + f'(a)(x - a)$$

という近似が成り立ち，しばしば有用である．

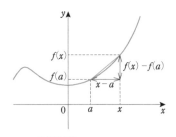

図 1.5.3　傾きと微分．

実際に微分を求める際，式 (1.5.3) に従って計算することは少なく，以下に述べる微分の公式を組み合わせて計算する．その際，導関数の考え方を知っておくとよい．$f(x)$ の**導関数**（derivative function）とは，x における微分 $f'(x)$ を x の関数とみなしたものである．便宜上，導関数 $f'(x)$ を $(f(x))'$ とも書く．たとえば $(x^2)'$ とは関数 $f(x) = x^2$ の導関数のことである．

公式 1.5.1 x^n の微分

n を正の整数として

$$(x^n)' = nx^{n-1}$$

が成り立つ．また定数関数の微分は 0 である．

公式 1.5.2 微分の公式

$f(x), g(x)$ を関数，a, b を定数として

$$(af(x) + bg(x))' = af'(x) + bg'(x),$$

$$(f(x)g(x))' = f'(x)g(x) + f(x)g'(x),$$

$$(f(g(x))' = f'(g(x))g'(x)$$

が成り立つ．最後の公式は合成関数の微分法あるいは**連鎖律**（chain rule）と呼ばれる．

例 1.5.2 $f(x) = x^3$, $g(x) = x^2 + 1$ のとき，$f(g(x))$ の $x = 1$ における微分を，2 通りの方法で計算してみよう．

$f(g(x))$ を展開して計算する場合，まず

$$f(g(x)) = (x^2 + 1)^3 = x^6 + 3x^4 + 3x^2 + 1$$

と計算でき，これを微分すると

$$(f(g(x)))' = (x^6)' + (3x^4)' + (3x^2)' + (1)'$$
$$= 6x^5 + 12x^3 + 6x$$

となる．最後に $x = 1$ を代入すると答えは 24 となる．

一方，合成関数の微分法を用いると

$$(f(g(x)))' = f'(g(x))g'(x)$$
$$= 3g(x)^2 \times 2x$$

となり，$x = 1$ を代入すると $g(1) = 2$ であるから答えは $3 \times 2^2 \times 2 = 24$ となる．確かに答えは一致する．

参考 1.5.2 合成関数の微分法は，たくさんの関数を合成するときに威力を発揮する．たとえば，3 個の関数を合成した $f(g(h(x)))$ という関数を考えてみよう．この関数の $x = a$ における微分を求めたければ，次のようにする．まず $b = h(a)$，$c = g(b)$ を順番に計算する．次に $f'(c)$，$g'(b)$，$h'(a)$ を計算する．すると $f'(c)g'(b)h'(a)$ が答えとなる．ポイントは，$f(g(h(x)))$ という関数を展開して微分する必要はなく，$f'(x), g'(x), h'(x)$ という個々の導関数だけわかっていればよいという点である．この考え方はニューラルネットワークに対する誤差逆伝播法と呼ばれる手法の基礎となっている．

次に積分について説明する．積分とは，和の極限のことであり，面積を計算したいときに役立つ．

定義 1.5.4 定積分

$f(x)$ を関数とし，$a < b$ を 2 つの実数とする．このとき $f(x)$ の a から b までの**定積分**（definite integral）を

$$\int_a^b f(x)\mathrm{d}x = \lim_{n\to\infty} \sum_{i=1}^n f(x_i)\frac{b-a}{n}$$

と定義する．ただし $x_i = a + (i/n)(b-a)$ とする．また $\sum$（シグマ）は足し合わせることを意味する記号であり，$\sum_{i=1}^n f(x_i) = f(x_1) + \cdots + f(x_n)$ と定義される．定積分は図 1.5.4 のように，関数のグラフと x 軸ではさまれた部分の面積を表す．

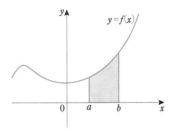

図 1.5.4 色を塗った部分の面積が定積分 $\int_a^b f(x)\mathrm{d}x$.

　定積分を定義どおり計算するのは非常に面倒であることが知られている．そのために使われるのが不定積分という概念と，微分積分学の基本定理である．

定義 1.5.5　不定積分

　$f(x)$ を関数とする．もし $F'(x) = f(x)$ となるような関数 $F(x)$ が存在するならば，この $F(x)$ を $f(x)$ の**不定積分**（indefinite integral）あるいは原始関数と呼ぶ．

定理 1.5.1　微分積分学の基本定理

　$f(x)$ を関数，$F(x)$ を $f(x)$ の不定積分，$a < b$ を 2 つの実数とする．このとき

$$\int_a^b f(x)\mathrm{d}x = F(b) - F(a)$$

が成り立つ．

　微分の公式 1.5.1, 1.5.2 から，不定積分に関する公式が得られる．それらを列挙することはやめ，以下の例だけ確認しておく．

例 1.5.3　微分積分学の基本定理を用いて，定積分

$$\int_0^1 x^2\mathrm{d}x$$

を計算しよう．まず，$F'(x) = x^2$ となるような関数 $F(x)$ を見つける．公式 1.5.1, 1.5.2 から

$$F(x) = \frac{x^3}{3}$$

とおけば，$F'(x) = x^2$ となることがわかる．よって

$$\int_0^1 x^2 \mathrm{d}x = \left[\frac{x^3}{3}\right]_0^1 = \frac{1^3}{3} - \frac{0^3}{3} = \frac{1}{3}$$

となる．ここで $[F(x)]_a^b$ とは $F(b) - F(a)$ の略記である．

　以上で，微分と積分についてひととおり説明したことになる．ここからは，応用上しばしば現れる指数関数，対数関数，三角関数について学んでいこう．

　まず指数とは，a^3 における 3 のように，同じ数をかける回数のことである．指数は $a^m a^n = a^{m+n}$ および $(a^m)^n = a^{mn}$ という指数法則を満たす．ここで m, n は正の整数である．

　$a > 0$ のとき，a^x は任意の実数 x に対して定義できる．その定義は正確には述べないが，指数法則が成り立つように定義できることが知られている．

定義 1.5.6　指数関数

　$a > 0$ を定数とするとき，$f(x) = a^x$ を**指数関数** (exponential function) と呼ぶ．指数関数は連続であり，$a^0 = 1$，$a^1 = a$ および指数法則

$$a^x a^y = a^{x+y}, \quad (a^x)^y = a^{xy}$$

を満たす．

　応用上，指数関数に用いる a としては 10 や 2，およびネイピア数

$$e = \lim_{n \to \infty} \left(1 + \frac{1}{n}\right)^n = 2.71828\cdots$$

を考えることが多い．また e^x を $\exp(x)$ とも表す．

　指数関数のグラフを図 1.5.5 に示す．指数関数は四則演算だけでは計算できないため，計算機を使って計算する．

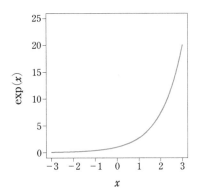

図 1.5.5　指数関数 $f(x) = e^x$ のグラフ.

定義 1.5.7　対数関数

a を正の実数とし, $a \neq 1$ とする. このとき**対数関数** (logarithmic function) $f(x) = \log_a x$ は,
$$a^{f(x)} = x$$
を満たすような $f(x)$ として定義される. a を対数の底 (てい) と呼ぶ. 文脈から a の値が明らかな場合は $\log_a x$ を $\log x$ と略記することが多い. 本節では $a = e$ の場合を $\log x$ と記す.

指数法則から, 以下の対数法則が導かれる.

$$\log(bc) = \log b + \log c, \quad \log(b^x) = x \log b \tag{1.5.4}$$

例 1.5.4　ある病気の感染者は, 1 日で 1.1 倍に増えるという. 何日経過すると 100 倍になるだろうか.

x 日経過した後の感染者数は 1.1^x と表すことができるから,

$$1.1^x = 100$$

となる x を見つければよい. 両辺の対数をとれば, 式 (1.5.4) より

$$x \log 1.1 = \log 100$$

となる. よって

$$x = \frac{\log 100}{\log 1.1} \doteqdot 48.3$$

が答えとなる．つまり 48 日程度で 100 倍となる．

定義 1.5.8　三角関数

図 1.5.6 のように，原点を中心とする半径 1 の円において，点 $(1,0)$ から反時計回りに角度 θ（シータ）の位置にある点の座標を $(\cos\theta, \sin\theta)$ と表す．sin をサイン，cos をコサインと呼び，これらを総称して**三角関数**（trigonometric function）という．角度 θ の単位には度数法（1 周が 360 度）ではなく，弧度法（1 周が 2π）を用いる．

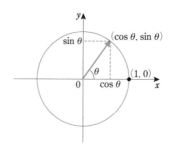

図 1.5.6　三角関数の定義．

指数関数や対数関数のときと同様に，三角関数も四則演算では計算できないので，計算機を使って計算する．三角関数は，毎年の気温変化や心臓の鼓動のように周期的な現象を表したいときに便利である．

例 1.5.5　私たちが普段使っている電気は，東日本では 50Hz，西日本では 60Hz の周波数を持っている．50Hz の場合，時刻 t（秒単位）における電圧は

$$f(t) = A\cos(2\pi \times 50(t - t_0))$$

という数式で表される．ここで A と t_0 は定数である．

指数関数，対数関数，三角関数の微分については，以下の公式が成り立つ．

公式 1.5.3　いろいろな関数の微分

$$(e^x)' = e^x, \quad (\log x)' = \frac{1}{x},$$
$$(\sin x)' = \cos x, \quad (\cos x)' = -\sin x$$

　最後に，3 章に関連する事項として多変数関数の微分と凸性について述べる[*1]. まず 2 変数関数とは，2 つの実数 x, y が与えられると 1 つの実数 z が定まる手続きのことである．これを $z = f(x, y)$ と表す．たとえば

$$f(x, y) = x^2 + 3y^2$$

は 2 変数関数の例である．2 変数関数 $f(x, y)$ の x に関する**偏微分**（partial differential）とは，y を定数とみなして $f(x, y)$ を x で微分したものであり，$\frac{\partial f}{\partial x}$ または $\partial_x f$ と表記される．y に関する偏微分も同様である．たとえば $f(x, y) = x^2 + 3y^2$ の場合，

$$\frac{\partial f}{\partial x} = 2x, \quad \frac{\partial f}{\partial y} = 6y$$

となる．n 変数関数 $f(x_1, \ldots, x_n)$ の偏微分も同様に定義される．偏微分を並べてできるベクトルを勾配ベクトルという（1.5.2 項参照）.

　多変数関数は 1 変数関数と違って図で表すことが難しい．しかし，凸性と呼ばれる性質を持つ関数は応用上扱いやすいことが多い．まず 1 変数関数 $f(x)$ が**凸関数**（convex function）であるとは，その 2 階導関数 $f''(x)$（導関数をもう 1 回微分したもの）が常に 0 以上であるような関数のことである．たとえば $f(x) = e^x - 1 - x$ は 2 階導関数が $f''(x) = e^x > 0$ となるので凸関数であるが，$f(x) = (x^2 - 1)^2$ は 2 階導関数が $f''(x) = 12x^2 - 4$ となり $f''(0) = -4 < 0$ となるので凸関数ではない（図 1.5.7）. また 2 変数関数 $f(x, y)$ が凸関数であるとは，すべての実数 a, b, c, d に対して $f(a + bt, c + dt)$ を t の関数と見たときに凸関数となるような関数のことである．たとえば $f(x, y) = x^2 + 3y^2$ は凸関数である．実際，

$$f(a + bt, c + dt) = (a + bt)^2 + 3(c + dt)^2$$
$$= (a^2 + 3c^2) + 2(ab + 3cd)t + (b^2 + 3d^2)t^2$$

となり，t についての 2 階導関数は $2(b^2 + 3d^2) \geq 0$ となる．3 変数以上の関数に

[*1] 以下の 2 つの段落はやや高度なので，はじめて読む場合は飛ばしてもかまわない.

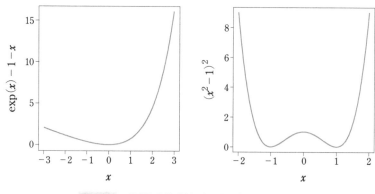

図 1.5.7　凸関数の例（左）とそうでない例（右）.

ついても同様に凸性が定義される. 多変数関数の凸性は, ヘッセ行列と呼ばれるものを使って判定できることが知られているが, 詳細は割愛する.

> **参考 1.5.3** 2変数以上の関数に対する定積分は重積分と呼ばれる. 偏微分や重積分の詳細は『データサイエンスのための数学』（講談社）を参照してほしい.

まとめ 1.5.1
- 関数とは, 実数を実数に対応させる手続きのことである.
- 微分は傾きの極限, 定積分は和の極限であり, 両者は微分積分学の基本定理によって結ばれる.
- 多項式関数, 指数関数, 対数関数, 三角関数は応用上よく用いられる.

➤ 1.5.2　線形代数基礎

目的 1.5.2 私たちの身近にあるデータはベクトルや行列を使って表現できることが多い. ベクトルや行列の性質について扱う学問が線形代数学である. ここでは, 線形代数の基礎と計算法について説明する.

　ベクトル（vector）とは, 数を横または縦に並べたものである. たとえば

$$(1, 5, 3, 9, 2), \quad \begin{pmatrix} 1.3 \\ 2.5 \\ -0.7 \end{pmatrix}$$

はそれぞれベクトルである．横に並べたベクトルを行ベクトル，縦に並べたベクトルを列ベクトルという．並べた数の個数をベクトルの**次元**（dimension）と呼ぶ．よって上の例はそれぞれ 5 次元の行ベクトルと 3 次元の列ベクトルである．本項ではベクトルを表すとき a, b のような太文字を用いる．

ベクトルは幾何学的なイメージをもって理解できる．2 次元ベクトルは座標平面の点と対応させることができ，3 次元ベクトルは座標空間の点と対応させることができる（図 1.5.8）．

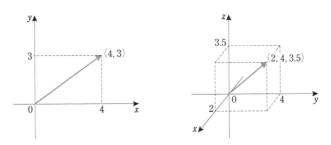

図 1.5.8 ベクトルのイメージ．左は 2 次元ベクトル，右は 3 次元ベクトルを表す．

応用上は 2 次元や 3 次元でなく，100 次元や 1000 次元のベクトルを考えることも珍しくない．そのため一般の次元のベクトルを考えておくことが大切である．以下では，n 次元のベクトルを $a = (a_1, \ldots, a_n)$ のように表記する．

定義 1.5.9 ベクトルの和とスカラー倍

次元が等しい 2 つの行ベクトル $a = (a_1, \ldots, a_n)$, $b = (b_1, \ldots, b_n)$ に対して，それらの和を

$$a + b = (a_1 + b_1, \ldots, a_n + b_n)$$

と定義する．また実数 c に対して，a の c 倍を

$$ca = (ca_1, \ldots, ca_n)$$

と定義する．このとき c をスカラーと呼び，ca を求める演算をスカラー倍という．これらの演算は列ベクトルに対しても同様に定義する．

ベクトルの和とスカラー倍のイメージを図 1.5.9 に示す．

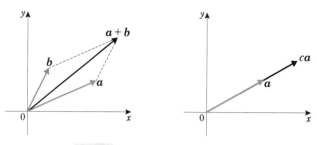

図 1.5.9　ベクトルの和とスカラー倍.

例 1.5.6　表 1.5.1 は，あるパン屋で月曜から金曜に売れたあんパンとカレーパンの個数を集計したものである．今，あんパンとカレーパンの売れた個数を，それぞれ 5 次元ベクトルで

$$a = (40, 32, 35, 40, 33), \quad b = (30, 28, 30, 32, 35)$$

と表してみる．たとえば a の第 1 成分が 40 となっているのは，月曜に売れたあんパンの個数が 40 個であることを表す．すると，各曜日で売れたパンの個数はあわせて

$$a + b = (70, 60, 65, 72, 68)$$

と表すことができる．また，あんパン 1 個の値段が 120 円，カレーパン 1 個の値段が 150 円であるとするとき，各曜日における売上は

$$120a + 150b = (120 \times 40 + 150 \times 30, \ldots, 120 \times 33 + 150 \times 35)$$
$$= (9300, 8040, 8700, 9600, 9210)$$

と計算できる．最も売上が多かったのは木曜日の 9600 円である．

表 1.5.1 曜日別のパン販売数.

	あんパン	カレーパン
月曜	40	30
火曜	32	28
水曜	35	30
木曜	40	32
金曜	33	35

次に 2 つのベクトルの**内積**（inner product）を定義する.

定義 1.5.10　ベクトルの内積

次元が等しい 2 つの行ベクトル $a = (a_1, \ldots, a_n)$, $b = (b_1, \ldots, b_n)$ に対して，それらの内積を

$$a \cdot b = a_1 b_1 + \cdots + a_n b_n$$

と定義する．列ベクトルに対しても同様に定義する.

内積の使用例を以下に示す.

例 1.5.7　表 1.5.1 において，月曜・水曜・金曜に売れたあんパンの個数を計算したいとする．このようなとき，0 と 1 からなるベクトル

$$c = (1, 0, 1, 0, 1)$$

を考え，例 1.5.6 のベクトル a を用いれば，求めたい個数は

$$\begin{aligned}
c \cdot a &= (1, 0, 1, 0, 1) \cdot (40, 32, 35, 40, 33) \\
&= 40 + 35 + 33 \\
&= 108
\end{aligned}$$

となる．もちろん，このような計算は内積を持ち出すまでもないが，式を簡単に表すことができるという利点がある．たとえばカレーパンについて同様の量は $c \cdot b$ と表せる.

| 参考 1.5.4 | 統計学や機械学習でよく用いられる線形回帰モデルでは，説明

変数を並べたベクトル $\boldsymbol{x} = (x_1, \ldots, x_n)$ と回帰係数を並べたベクトル $\boldsymbol{w} = (w_1, \ldots, w_n)$ を用いて $\hat{y} = \boldsymbol{w} \cdot \boldsymbol{x}$ という式で目的変数を予測する．

内積は幾何学的な量を使って表すこともできる．まずベクトル $\boldsymbol{a}$ の**ノルム**（norm）を

$$\|\boldsymbol{a}\| = \sqrt{\boldsymbol{a} \cdot \boldsymbol{a}} = \sqrt{a_1^2 + \cdots + a_n^2}$$

と定義する．ノルムはベクトルの長さを表す量である．すると $\boldsymbol{a}$ と $\boldsymbol{b}$ の内積は，$\boldsymbol{a}$ と $\boldsymbol{b}$ のなす角度 θ を用いて

$$\boldsymbol{a} \cdot \boldsymbol{b} = \|\boldsymbol{a}\|\|\boldsymbol{b}\| \cos\theta \tag{1.5.5}$$

と表される（図 1.5.10）．ここで $\cos\theta$ は 1.5.1 項で定義した三角関数である．高校の数学では式 (1.5.5) を内積の定義としている．

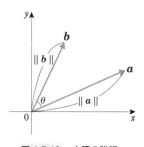

図 1.5.10　内積の説明．

式 (1.5.5) の証明は与えないが，2 次元で $\boldsymbol{b} = (1, 0)$ の場合は簡単に示せる．実際 $\boldsymbol{a} = (a_1, a_2), \boldsymbol{b} = (1, 0)$ の場合，式 (1.5.5) の左辺は $\boldsymbol{a} \cdot \boldsymbol{b} = a_1$，右辺は $\sqrt{a_1^2 + a_2^2} \cos\theta$ となり，$\cos\theta$ の定義からこれらは等しい．

次に行列を定義しよう．**行列**（matrix）とは，数を縦と横に並べたものである．たとえば

$$\begin{pmatrix} 3 & 4 & 5 \\ -1 & 1 & 0 \end{pmatrix}$$

は行列である．これは 2 つの行ベクトルを並べたものと見ることもできるし，3 つ
の列ベクトルを並べたものと見ることもできる．行列の**サイズ**（size）は，行の数
を m，列の数を n とするとき，$m \times n$ と表される．上の例は 2×3 の行列である．
本項では行列を表すとき A, B のように大文字を用いる．

例 1.5.8 表 1.5.1 で示したような，月曜から金曜に売れたあんパン，カレー
パンの個数は 5×2 の行列で表すことができる．

参考 1.5.5 行列は英語で matrix という．一方，「行列のできるラーメン屋」
のような意味で用いる行列は，英語で queue という．両者は異なる概念である．

行列はベクトルに比べ，幾何学的にイメージすることが難しい．まずは計算方法
に慣れるのがよいだろう．特に和や積の計算が重要である．

定義 1.5.11 行列の和とスカラー倍

サイズが等しい 2 つの行列

$$A = \begin{pmatrix} a_{11} & \cdots & a_{1n} \\ \vdots & \ddots & \vdots \\ a_{m1} & \cdots & a_{mn} \end{pmatrix}, \quad B = \begin{pmatrix} b_{11} & \cdots & b_{1n} \\ \vdots & \ddots & \vdots \\ b_{m1} & \cdots & b_{mn} \end{pmatrix}$$

に対して，それらの和を

$$A + B = \begin{pmatrix} a_{11} + b_{11} & \cdots & a_{1n} + b_{1n} \\ \vdots & \ddots & \vdots \\ a_{m1} + b_{m1} & \cdots & a_{mn} + b_{mn} \end{pmatrix}$$

と定義する．また実数 c に対して，A のスカラー倍を

$$cA = \begin{pmatrix} ca_{11} & \cdots & ca_{1n} \\ \vdots & \ddots & \vdots \\ ca_{m1} & \cdots & ca_{mn} \end{pmatrix}$$

と定義する．

定義 1.5.12　行列とベクトルの積

$m \times n$ 行列 A と，n 次元列ベクトル $\boldsymbol{b}$ の積を

$$
A\boldsymbol{b} = \begin{pmatrix} a_{11} & \cdots & a_{1n} \\ \vdots & \ddots & \vdots \\ a_{m1} & \cdots & a_{mn} \end{pmatrix} \begin{pmatrix} b_1 \\ \vdots \\ b_n \end{pmatrix}
$$

$$
= \begin{pmatrix} a_{11}b_1 + \cdots + a_{1n}b_n \\ \vdots \\ a_{m1}b_1 + \cdots + a_{mn}b_n \end{pmatrix}
$$

と定義する．

行列とベクトルの積を使った計算の例を以下に示す．

例 1.5.9　　例 1.5.6 で考えたパン屋の売上の例を再び考える．今，月曜から金曜に売れたあんパンとカレーパンの個数をまとめた 5×2 行列と，それぞれのパンの単価（円）を

$$
A = \begin{pmatrix} 40 & 30 \\ 32 & 28 \\ 35 & 30 \\ 40 & 32 \\ 33 & 35 \end{pmatrix}, \quad \boldsymbol{b} = \begin{pmatrix} 120 \\ 150 \end{pmatrix}
$$

とおく．このとき，各曜日の売上は

$$
A\boldsymbol{b} = \begin{pmatrix} 40 \times 120 + 30 \times 150 \\ 32 \times 120 + 28 \times 150 \\ 35 \times 120 + 30 \times 150 \\ 40 \times 120 + 32 \times 150 \\ 33 \times 120 + 35 \times 150 \end{pmatrix} = \begin{pmatrix} 9300 \\ 8040 \\ 8700 \\ 9600 \\ 9210 \end{pmatrix}
$$

となる．この計算は例 1.5.6 のときと実質的に同じである．

次に行列どうしの積を定義する.

定義 1.5.13　行列と行列の積

サイズ $m \times n$ の行列 A と，サイズ $n \times r$ の行列 B の積を

$$AB = \begin{pmatrix} a_{11} & \cdots & a_{1n} \\ \vdots & \ddots & \vdots \\ a_{m1} & \cdots & a_{mn} \end{pmatrix} \begin{pmatrix} b_{11} & \cdots & b_{1r} \\ \vdots & \ddots & \vdots \\ b_{n1} & \cdots & b_{nr} \end{pmatrix}$$

$$= \begin{pmatrix} a_{11}b_{11} + \cdots + a_{1n}b_{n1} & \cdots & a_{11}b_{1r} + \cdots + a_{1n}b_{nr} \\ & \vdots & \\ a_{m1}b_{11} + \cdots + a_{mn}b_{n1} & \cdots & a_{m1}b_{1r} + \cdots + a_{mn}b_{nr} \end{pmatrix}$$

と定義する．A の列数と，B の行数は同じでなければならない.

現れる記号が多く，はじめて見る人は圧倒されてしまうかもしれない．そのような場合はサイズの小さなケースを試してみると理解が進みやすい．たとえば行列 A のサイズが 2×3，行列 B のサイズが 3×1 のとき，上の計算は

$$\begin{pmatrix} a_{11} & a_{12} & a_{13} \\ a_{21} & a_{22} & a_{23} \end{pmatrix} \begin{pmatrix} b_{11} \\ b_{21} \\ b_{31} \end{pmatrix} = \begin{pmatrix} a_{11}b_{11} + a_{12}b_{21} + a_{13}b_{31} \\ a_{21}b_{11} + a_{22}b_{21} + a_{23}b_{31} \end{pmatrix}$$

となる．これは行列とベクトルの積と同じ計算である．一般のサイズの場合も，行列とベクトルの積を複数回行っているにすぎないことが確かめられる.

3つ以上の行列の積は，どのような順番で計算しても同じ結果になる．つまり A, B, C を行列としたとき，$(AB)C$ の順番で積を計算しても $A(BC)$ の順番で積を計算しても答えは同じである．ただし AB と BA は必ずしも一致しないので注意しよう.

例 1.5.10　再びパン屋の例で確かめよう．すべての成分が 1 であるような 5 次元行ベクトルを $\boldsymbol{c} = (1, 1, 1, 1, 1)$ とおく．このベクトルはサイズが 1×5 の行列とみなすことができる．例 1.5.9 の行列 A，ベクトル $\boldsymbol{b}$ に対し，$A\boldsymbol{b}$ は各曜日のパンの売上を表していたので，$\boldsymbol{c}(A\boldsymbol{b})$ はパンの総売上ということになる．実際に計算すると

$$c(Ab) = \begin{pmatrix} 1 & 1 & 1 & 1 & 1 \end{pmatrix} \begin{pmatrix} 9300 \\ 8040 \\ 8700 \\ 9600 \\ 9210 \end{pmatrix}$$

$$= 9300 + 8040 + 8700 + 9600 + 9210$$

$$= 44850$$

となり，総売上は 44850 円である．最後の計算結果はサイズが 1×1 の行列なので (44850) と表してもよいが，普通は括弧をつけずにただの実数として表す．

次に，$(cA)b$ という順番で計算してみよう．まず cA は

$$cA = \begin{pmatrix} 1 & 1 & 1 & 1 & 1 \end{pmatrix} \begin{pmatrix} 40 & 30 \\ 32 & 28 \\ 35 & 30 \\ 40 & 32 \\ 33 & 35 \end{pmatrix}$$

$$= \begin{pmatrix} 40 + \cdots + 33 & 30 + \cdots + 35 \end{pmatrix}$$

$$= \begin{pmatrix} 180 & 155 \end{pmatrix}$$

という行ベクトルになる．これは 2 種類のパンが 1 週間に売れた個数をそれぞれ表している．この行ベクトルに，パンの単価を表す列ベクトル b を右からかければ

$$(cA)b = \begin{pmatrix} 180 & 155 \end{pmatrix} \begin{pmatrix} 120 \\ 150 \end{pmatrix}$$

$$= 180 \times 120 + 155 \times 150$$

$$= 44850$$

となり，先ほどの計算結果と一致する．いずれもパンの総売上を求めているので当然といえば当然である．このように，行列の積は私たちの日常生活に必要な計算と相性がよい．

行列 A の行と列を入れ替えて得られる行列を A の**転置**（transpose）といい，$A^\top$ と表す．たとえば

$$\begin{pmatrix} 3 & 4 & 5 \\ -1 & 1 & 0 \end{pmatrix}^\top = \begin{pmatrix} 3 & -1 \\ 4 & 1 \\ 5 & 0 \end{pmatrix}$$

となる．行ベクトルは列ベクトルの転置と考えることができる．また，2 つの列ベクトル $\boldsymbol{a}, \boldsymbol{b}$ の内積 $\boldsymbol{a} \cdot \boldsymbol{b}$ を $\boldsymbol{a}^\top \boldsymbol{b}$ と表すことができる．実際，

$$\boldsymbol{a}^\top \boldsymbol{b} = \begin{pmatrix} a_1 \\ \vdots \\ a_n \end{pmatrix}^\top \begin{pmatrix} b_1 \\ \vdots \\ b_n \end{pmatrix} = \begin{pmatrix} a_1 & \cdots & a_n \end{pmatrix} \begin{pmatrix} b_1 \\ \vdots \\ b_n \end{pmatrix} = \sum_{i=1}^n a_i b_i = \boldsymbol{a} \cdot \boldsymbol{b}$$

となる．

例 1.5.9 や例 1.5.10 では，行列 A やベクトル $\boldsymbol{b}$ が具体的なデータを表していた．しかし行列には他にもさまざまな利用法がある．特に，線形変換という考え方に慣れておくとよい．以下では話を簡単にするため，サイズが 2×2 の行列だけを考える．このように行と列の数が等しい行列は**正方行列**（square matrix）と呼ばれる．

最も基本的な正方行列は**単位行列**（identity matrix）

$$I = \begin{pmatrix} 1 & 0 \\ 0 & 1 \end{pmatrix}$$

である．任意の 2 次元列ベクトル $\boldsymbol{b}$ に対して $I\boldsymbol{b} = \boldsymbol{b}$ が成り立つことが確かめられる．つまり単位行列をかけてもベクトルは変化しない．次に，

$$A = \begin{pmatrix} \cos\theta & -\sin\theta \\ \sin\theta & \cos\theta \end{pmatrix}$$

と表される行列を考える．すると，列ベクトル $\boldsymbol{b}$ に対して $A\boldsymbol{b}$ は $\boldsymbol{b}$ を角度 θ だけ回転させたものになる．この様子を図 1.5.11 に示す．他にも，たとえば

$$A = \begin{pmatrix} 0 & 1 \\ 1 & 0 \end{pmatrix}$$

という行列を考えると，ベクトルの成分を入れ替えることができる．

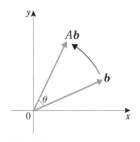

図 1.5.11 ベクトルの回転.

このように，正方行列はベクトルを別のベクトルに変換するという意味合いを持つ．この変換は，線形性という性質を満たすことから**線形変換**（linear transformation）（あるいは一次変換）と呼ばれる．さて，線形変換という見地に立つと，変換したベクトルを元に戻す変換を考えたくなる．こうして得られるのが逆行列である．

定義 1.5.14　逆行列

正方行列 A に対して，$BA = I$ となるような正方行列 B が存在するとき，これを $B = A^{-1}$ と書き，A の**逆行列**（inverse matrix）と呼ぶ．

ベクトル b を Ab に変換したとき，それをさらに A^{-1} で変換すると $A^{-1}(Ab) = (A^{-1}A)b = Ib = b$ となり，確かに元のベクトルに戻ることがわかる．

逆行列は連立 1 次方程式の解を簡潔な数式で表現したいときに役立つ．連立 1 次方程式は，行列 A と列ベクトル b を使って

$$Ax = b$$

と表すことができる．すると $x = A^{-1}b$ が方程式の解となる．

最後に，3 章に関連する事項として多変数関数の勾配ベクトルと連鎖律について述べる[*2]．n 次元ベクトル $x = (x_1, \ldots, x_n)^\top$ を実数 y に対応させる関数 $y = f(x) = f(x_1, \ldots, x_n)$ に対して，その偏微分（1.5.1 項参照）を並べたベクトルを f の**勾配ベクトル**（gradient vector）と呼び，

[*2] この段落はやや高度なので，はじめて読む場合は飛ばしてもかまわない．

$$\nabla f(\boldsymbol{x}) = \begin{pmatrix} \partial_{x_1} f \\ \vdots \\ \partial_{x_n} f \end{pmatrix}$$

と表す．たとえば 2 変数関数 $f(x_1, x_2) = x_1^2 + 3x_2^2$ の勾配ベクトルは

$$\nabla f(x_1, x_2) = \begin{pmatrix} \partial_{x_1}(x_1^2 + 3x_2^2) \\ \partial_{x_2}(x_1^2 + 3x_2^2) \end{pmatrix} = \begin{pmatrix} 2x_1 \\ 6x_2 \end{pmatrix}$$

となる．次に，このような n 変数関数が m 個並んだベクトル $\boldsymbol{y} = \boldsymbol{f}(\boldsymbol{x}) = (f_1(\boldsymbol{x}), \ldots, f_m(\boldsymbol{x}))^\top$ を考えてみよう．これは n 次元ベクトル $\boldsymbol{x}$ を m 次元ベクトル $\boldsymbol{y}$ に対応させる手続きと考えることができるため，ベクトル値関数と呼ぶ．ベクトル値関数のすべての偏微分係数を並べて得られる行列を

$$\boldsymbol{f}'(\boldsymbol{x}) = \begin{pmatrix} \partial_{x_1} f_1 & \cdots & \partial_{x_n} f_1 \\ \vdots & \ddots & \vdots \\ \partial_{x_1} f_m & \cdots & \partial_{x_n} f_m \end{pmatrix}$$

と表す．さらに，2 つのベクトル値関数 $\boldsymbol{z} = \boldsymbol{f}(\boldsymbol{y})$ と $\boldsymbol{y} = \boldsymbol{g}(\boldsymbol{x})$ に対して，これらの合成関数を考えることができる．

$$(\boldsymbol{f} \circ \boldsymbol{g})(\boldsymbol{x}) = \boldsymbol{f}(\boldsymbol{g}(\boldsymbol{x}))$$

ベクトル値関数の合成に関しても，1 変数関数のときと同様に連鎖律が成立する．

$$(\boldsymbol{f} \circ \boldsymbol{g})'(\boldsymbol{x}) = (\boldsymbol{f}'(\boldsymbol{g}(\boldsymbol{x})))\boldsymbol{g}'(\boldsymbol{x})$$

右辺は行列の積であることに注意しよう．

参考 1.5.6 本書では説明していない事項として，行列式，正則性，固有値，固有ベクトルなどがある．これらについては『データサイエンスのための数学』（講談社）を参照してほしい．

- ベクトルは数を横あるいは縦に並べたもの，行列は数を縦横両方に並べたものである．
- ベクトルの内積，行列の和，スカラー倍，積の演算は，日常生活で必要な計算とも相性がよい．
- 行列にはベクトルを変換させる役割もある．

➤ 1.5.3 確率・統計基礎

確率とは事象の起こりやすさを 0 から 1 までの数で表したものであり，データサイエンスにおけるさまざまな場面で役に立つ考え方である．ここでは確率の基礎と計算法について説明する．

確率（probability）という概念は「明日の降水確率は 60%」というように日常的に用いられるが，その解釈はさまざまである．そこで数学では解釈の問題からいったん離れて，後に述べるように公理という形で確率を定義する．その公理を満たしてさえいれば，問題にあわせて自由に確率を定めてよい．ここで「問題にあわせて」の意味を理解するため，まず次のような簡単な例を考えよう．

例 1.5.11 箱の中にくじが 100 枚入っており，そのうち 10 枚は当たりとする．この箱から 1 枚くじを引いたとき，それが当たりである確率はいくらだろうか．

答えは $10/100 = 0.1$ である．この計算において，100 枚のくじはいずれも等しい確率 $1/100$ で選ばれると仮定している．これが「問題にあわせた仮定」ということである．

次の例も考えてみよう．

例 1.5.12 箱の中にくじが 100 枚入っており，そのうち 10 枚は当たりとする．ただし箱の中は図 1.5.12 のように細工がされている．この箱から 1 枚くじを引いたとき，それが当たりである確率はいくらか．

答えは

$$\frac{1}{2} \times \frac{10}{60} = \frac{1}{12} \fallingdotseq 0.083$$

となる．この計算では，箱の中で仕切りの右側に手を入れる確率が
$1/2$，さらに右側にある 60 枚の中から等しい確率 $1/60$ でくじを選
ぶと仮定している．

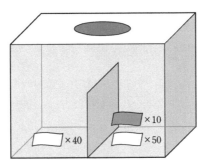

図 1.5.12 細工のされた箱．箱の中は仕切りで 2 つに分けられており，左側には外れくじ 40 枚，右側に
は当たりくじ 10 枚と外れくじ 50 枚が入っている．

このように，仮定が変われば答えも変わる．当然のことではあるものの，確率の
計算には必ず何らかの仮定がおかれていることに注意する必要がある．

さて，確率の計算においてしばしば必要となる順列と組合せについて説明する．

公式 1.5.4 順列と組合せ

n 個の異なるものを順番に並べた列のことを**順列**（permutation）という．
順列の総数は

$$n! = n \times (n-1) \times \cdots \times 1$$

である．ここで $n!$ は「n の階乗」と読む．また n 個の異なるものから r 個
（$r \leq n$）を選んで並べる場合，得られる列（これも順列という）の総数は

$$_n\mathrm{P}_r = \frac{n!}{(n-r)!} = n \times (n-1) \times \cdots \times (n-(r-1))$$

である．n 個の異なるものから r 個を選ぶ**組合せ**（combination）の総数は

$$_n\mathrm{C}_r = \frac{n!}{r!(n-r)!}$$

である．$_n\mathrm{C}_r$ の代わりに $\binom{n}{r}$ という記法を用いることもある．

例 1.5.13 10種類の料理から3種類選んで食べることを想像してみよう. 料理の選び方には何通りあるだろうか.

コース料理のように, 食べる順番も決める場合の選び方は $_{10}P_3 = \frac{10!}{7!} = 720$ 通りある. 順番を区別しないときの選び方は $_{10}C_3 = \frac{10!}{3!7!} = 120$ 通りある.

例 1.5.11 と似ているが, 計算が格段に難しくなる次の例を見てみよう.

例 1.5.14 箱の中にくじが100枚入っており, そのうち10枚は当たりとする. この箱から3枚のくじを同時に引いたとき, そのうち1枚が当たり (残り2枚は外れ) である確率はいくらか.

答えは

$$\frac{_{10}C_1 \times _{90}C_2}{_{100}C_3} \; (\fallingdotseq 0.248)$$

となる. 分母にある $_{100}C_3$ は100枚のくじから3枚のくじを選ぶ組合せの総数である. また分子の最初にある $_{10}C_1$ は, 10枚の当たりくじから1枚の当たりくじを選ぶ組合せの総数, 次の $_{90}C_2$ は, 90枚の外れくじから2枚の外れくじを選ぶ組合せの総数である. 以上の計算では, 箱から引く3枚のくじの組合せが, いずれも等しい確率 $1/_{100}C_3$ で現れると仮定している.

なお, 計算方法として, 最初に1枚くじを引き, 次に残りの99枚から1枚くじを引き, 最後に残りの98枚から1枚くじを引く, それら3枚のうち1枚だけが当たりという考え方で同じ答えにたどりつくことも可能である.

$$\frac{10}{100} \times \frac{90}{99} \times \frac{89}{98} + \frac{90}{100} \times \frac{10}{99} \times \frac{89}{98} + \frac{90}{100} \times \frac{89}{99} \times \frac{10}{98}$$
$$= \frac{10 \times 90 \times 89}{100 \times 99 \times 98} \times 3 \; (\fallingdotseq 0.248)$$

冒頭で触れた「確率の公理」を説明するためには, **集合** (set) の概念が必要となる. 集合とはものの集まりのことである. たとえば47都道府県を表す集合は

$$S = \{\, 北海道, 青森県, \ldots, 沖縄県 \,\}$$

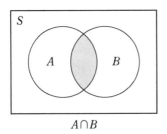
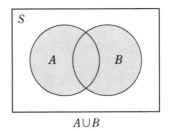

$A \cap B$ $\qquad$ $A \cup B$

図 1.5.13 ベン図.

と表される．集合を構成する1つ1つのものを要素という．たとえば東京都は S の要素である．また，集合の一部分を部分集合という．たとえば { 京都府, 大阪府 } は S の部分集合である．集合を扱う際，要素の順番は考慮しないことになっている．したがって { 京都府, 大阪府 } と { 大阪府, 京都府 } は同じ部分集合である．

集合 S の2つの部分集合 A, B に対して，それらの共通部分を $A \cap B$ と表す．また A と B の少なくともどちらかに属す要素をすべて集めてできる集合を和集合といい $A \cup B$ と表す．これらの概念は図 1.5.13 のように**ベン図**（Venn diagram）を用いるとわかりやすい（ベンは人名）．さらに，何も要素を持たない集合も考えることがあり，これを空集合と呼ぶ．空集合は $\emptyset$ あるいは $\{\}$ と表される．

例 1.5.15 アルファベット全体を $S = \{\mathsf{a}, \mathsf{b}, \ldots, \mathsf{z}\}$ とおき，$A = \{\mathsf{a}, \mathsf{c}\}$，$B = \{\mathsf{b}, \mathsf{c}, \mathsf{d}\}$ とおけば，A と B の共通部分は $A \cap B = \{\mathsf{c}\}$，和集合は $A \cup B = \{\mathsf{a}, \mathsf{b}, \mathsf{c}, \mathsf{d}\}$ となる．また $C = \{\mathsf{e}\}$ とおけば $A \cap C = \emptyset$ となる．

参考 1.5.7 集合の記法について少し補足しておく．自然数全体は $\mathbb{N} = \{1, 2, \cdots\}$ と表すことが多い．整数全体を $\mathbb{Z} = \{0, \pm 1, \pm 2, \cdots\}$，有理数全体を $\mathbb{Q}$，実数全体を $\mathbb{R}$ と表す．また a が集合 S の要素であることを $a \in S$ と表す．たとえば，$a \in \mathbb{Z}$ と $b \in \mathbb{N}$ に対して $a/b \in \mathbb{Q}$ となる．

さらに，n 次元の列ベクトル全体を $\mathbb{R}^n$ と表し，$m \times n$ の行列全体を $\mathbb{R}^{m \times n}$ と表す．たとえば，$x \in \mathbb{R}$ と $y \in \mathbb{R}$ に対して $(x, y)^\top \in \mathbb{R}^2$ となり，行列 $A \in \mathbb{R}^{m \times n}$ とベクトル $\boldsymbol{b} \in \mathbb{R}^n$ に対して $A\boldsymbol{b} \in \mathbb{R}^m$ となる．

確率は，集合を用いて次のように定義される．

定義 1.5.15　確率の公理

起こりうる事象の全体を集合 S で表し，全事象と呼ぶ．また S の部分集合 A のことを事象と呼ぶ．確率とは各事象 A に対して 0 以上 1 以下の実数 $P(A)$ を割り当てる規則であり，以下の 2 つの性質を満たすものである．

1. $P(S) = 1$
2. $A \cap B = \emptyset$ ならば $P(A \cup B) = P(A) + P(B)$

性質 1 は，全事象 S の生じる確率が 1 であることを述べている．性質 2 は，事象 A と B に共通部分がなければ，A と B のどちらかが生じる確率はそれぞれが生じる確率の和に等しいことを意味している．

公式 1.5.5

n 個の事象 $B_1, \ldots, B_n$ が互いに共通部分を持たない場合，

$$P(B_1 \cup \cdots \cup B_n) = \sum_{i=1}^{n} P(B_i)$$
$$= P(B_1) + \cdots + P(B_n)$$

となる．

例 1.5.16

例 1.5.11 のくじの問題で，上の確率の公理がどのように使われているかを確認しよう．便宜上，100 枚のくじに番号をつけておき，各くじを引くことを表す全事象を $S = \{1, \ldots, 100\}$ とおく．また当たりくじを引く事象を $A = \{1, \ldots, 10\}$ とおく．i 番目のくじを引く確率が等しく $P(\{i\}) = 1/100$ であるとすれば，当たりを引く確率は

$$P(A) = P(\{1\}) + \cdots + P(\{10\}) = \frac{10}{100} = 0.1$$

となる．最初の等号において公式 1.5.5 を用いている．

定義 1.5.16　同時確率と条件つき確率

　事象 A と事象 B の**同時確率**（joint probability）を $P(A \cap B)$ と定義する．また，A が生じたもとで B が生じる**条件つき確率**（conditional probability）を

$$P(B|A) = \frac{P(A \cap B)}{P(A)}$$

と定義する．

例 1.5.17　ある会社に部署 I と部署 II がある．部署 I には技術系職員が 10 人，事務系職員が 40 人いて，部署 II には技術系職員が 5 人，事務系職員が 25 人いる．これらの職員 80 人からランダムに 1 人を選んだところ，技術系職員であったとする．このとき，選ばれた職員が部署 I の者である条件つき確率は

$$P(B|A) = \frac{P(A \cap B)}{P(A)} = \frac{10/80}{15/80} = \frac{10}{15}$$

となる．ただし A は技術系職員が選ばれる事象，B は部署 I の職員が選ばれる事象を表す．

　次の**ベイズの定理**（Bayes' theorem）は，結果から原因を探るための道具として有用である．

定理 1.5.2　ベイズの定理

　事象 $B_1, \ldots, B_n$ は互いに共通部分を持たず，また $B_1 \cup \cdots \cup B_n = S$（全事象）であるとする．このとき，事象 A に対して

$$P(B_i|A) = \frac{P(B_i)P(A|B_i)}{P(A)}$$

が成り立つ．また右辺の分母にある $P(A)$ は

$$P(A) = \sum_{i=1}^{n} P(B_i)P(A|B_i)$$

と計算される．

例 1.5.18 例 1.5.12 において，くじを引いた結果が外れであった場合，仕切りの左側と右側のどちらに手を入れたのか，その条件つき確率を求めよう．仕切りの左側に手を入れる事象を B_1，右側に手を入れる事象を B_2，外れくじを引く事象を A とする．すると

$$P(B_1)P(A|B_1) = \frac{1}{2} \times \frac{40}{40} = \frac{1}{2},$$

$$P(B_2)P(A|B_2) = \frac{1}{2} \times \frac{50}{60} = \frac{5}{12}$$

であるから，仕切りの左側に手を入れた確率は，ベイズの定理より

$$P(B_1|A) = \frac{\frac{1}{2}}{\frac{1}{2} + \frac{5}{12}} = \frac{6}{11}$$

となる．同様に，右側に手を入れた確率は $P(B_2|A) = 5/11$ となる．

　ここからは，確率変数と確率分布という概念を説明する．これらの理解に必要となる関数や微分積分の考え方については 1.5.1 項を参照するとよい．

　確率変数（random variable）とはランダムな変数のことであり，各値をとる確率が定まっているもののことである．確率変数を表す文字は，X, Y のように大文字を使うことが多い．確率変数 X がある値 a をとる確率を $P(X = a)$ と表す．これを a の関数とみなしたものを X の**確率分布**（probability distribution）と呼ぶ．X のとりうる値が $a_1, \ldots, a_n$ である場合，確率の公理より

$$\sum_{i=1}^{n} P(X = a_i) = 1$$

となる．

例 1.5.19 サイコロを 1 回振ったときの目を X とおく．X の確率分布は

$$P(X = a) = \frac{1}{6}, \quad a = 1, \ldots, 6$$

と表される．

参考 1.5.8 確率と確率変数という用語は似ているが異なる概念である．確率変数がとる値（サイコロの例では 1 から 6）は確率ではない．英語では確率を probability，確率変数を random variable といい，明確に区別されている．そのため文献によっては確率変数のことをランダム変数と呼ぶこともある．

確率変数を導入する利点の 1 つは，普通の実数と同じように四則演算を行えることである．

例 1.5.20 あるパン屋ではあんパンを 1 個 120 円で販売している．このパン屋で 1 日に売れるあんパンの個数を X とおくとき，あんパンの売上は $120X$ 円と表される．

次に，現実的な仮定としてしばしば用いられる独立性の概念を導入する．

定義 1.5.17 独立性

2 つの確率変数 X と Y が**独立**（independent）であるとは，すべての実数 x, y に対して

$$P(X = x, Y = y) = P(X = x)P(Y = y)$$

が成り立つことである．ただし，左辺は $X = x$ かつ $Y = y$ となる確率を表す．

例 1.5.21 サイコロを 1 回振ったときの目を X とおき，もう一度サイコロを振ったときの目を Y とおく．このとき目の合計は $X + Y$ と表される．X と Y が独立であると仮定すると，$X + Y$ の確率分布を計算できる．たとえば $X + Y$ が 3 となる確率は

$$P(X + Y = 3) = P(X = 1, Y = 2) + P(X = 2, Y = 1)$$
$$= P(X = 1)P(Y = 2) + P(X = 2)P(Y = 1)$$
$$= \frac{1}{6} \times \frac{1}{6} + \frac{1}{6} \times \frac{1}{6} = \frac{1}{18}$$

となる．

ここまでは確率変数のとりうる値が有限個の場合のみを考えてきたが，応用上はそうでない場合を扱うことも多い．

例 1.5.22 ある交差点で1日に起こる交通事故の件数や，あるコールセンターで1時間の間に来る問合せの件数をモデル化したいことがある．このような現象に対しては，ポアソン分布と呼ばれる確率分布

$$P(X = x) = \frac{\lambda^x e^{-\lambda}}{x!}, \quad x = 0, 1, 2, \dots$$

がよく仮定される．ここで λ（ラムダ）は正の定数であり，$e^{-\lambda}$ は指数関数である．指数関数については 1.5.1 項を参照してほしい．

たとえば $\lambda = 1$ の場合，$P(X = x)$ は次のような値になる．

x	0	1	2	3	4	$\cdots$
$P(X = x)$	0.368	0.368	0.184	0.061	0.015	$\cdots$

確率変数 X は連続的な値をとってもよい．たとえば1週間後の日経平均株価を X とするとき，X は連続的な値をとる確率変数とみなすことができる．このような場合，特定の値 x をとる確率 $P(X = x)$ を考えることはあまり役に立たない．そこで，2つの実数 $a < b$ に対して，X が a より大きく b 以下である確率

$$P(a < X \leq b)$$

を考える．これも X の確率分布と呼ぶ．

連続的な確率分布の代表例として，**正規分布**（normal distribution）がある．正規分布とは

$$P(a < X \leq b) = \int_a^b \frac{1}{\sqrt{2\pi\sigma^2}} e^{-(x-\mu)^2/(2\sigma^2)} \mathrm{d}x$$

という積分で表される確率分布のことである．ここで μ（ミュー）と σ（シグマ）はそれぞれ平均と標準偏差を表す定数である．また指数関数 e^x や積分については 1.5.1 項を参照してほしい．

例 1.5.23 正規分布を使って，1週間後の日経平均株価 X を予測する問題を考えよう．現在の株価が 25162.78 円であるとして，過去1年間における，1週間当たりの株価変動の標準偏差が 745.66 円であったとする．これらのデータから，X が平均 $\mu = 25162.78$，標準偏差 $\sigma = 745.66$ の正規分布に従うというモデルを仮定してみる．すると，1週間後に 1000 円以上株価が下がる確率は

$$P(X \leq \mu - 1000) = \int_{-\infty}^{\mu - 1000} \frac{1}{\sqrt{2\pi\sigma^2}} e^{-(x-\mu)^2/(2\sigma^2)} \mathrm{d}x$$

$$= \int_{-\infty}^{-1000/745.66} \frac{1}{\sqrt{2\pi}} e^{-z^2/2} \mathrm{d}z$$

$$\fallingdotseq 0.090$$

と計算される．ただし2つ目の等号では $x = \mu + \sigma z$ とおいており，最後の値は計算機あるいは数表を使って求めている．

もちろん，このような確率の計算は，どのようなモデルを仮定するかによって結果が変わってくる．株価の分析では正規分布以外の確率分布を仮定することも多い．また将来の株価の分布が，現在の株価のみに依存するとも限らない．

参考 1.5.9 上の例に出てきた平均や標準偏差という概念は一般の確率分布に対して定義される．これらの概念については 1.2 節を参照してほしい．

確率論の応用として，**仮説検定**（hypothesis testing）について簡単に触れておく．仮説検定とは，ランダムな事象に対し，背理法の考え方で何らかの結論を下すための方法である．

仮説検定の手続きは以下のとおりである．まず，データを生成する確率分布に関する仮説を作る．この仮説は背理法のように否定することを目的に設定されるものであり，**帰無仮説**（null hypothesis）と呼ばれる．実際にデータが観測されたとき，帰無仮説のもとで「そのようなデータ」が生じる確率を算出する．この確率を **P 値**（P-value）と呼ぶ．P 値が小さい場合，データと帰無仮説は矛盾すると考え，帰無仮説を棄却する．「そのようなデータ」の意味は次の例で確認してほしい．

例 1.5.24 例 1.5.11 のように箱にくじが 100 枚入っており,そのうち当たりくじは 10 枚あるという.この箱から 20 回繰り返しくじを引いたところ,1 回しか当たりが出なかった.ただし 20 回の試行において毎回くじは箱に戻し,よくかき混ぜたものとする.このくじは信用できないだろうか.

帰無仮説として,当たりくじの現れる確率が 0.1 という仮説を考えると,20 回中 1 回だけ当たりを引く確率は

$$_{20}C_1 \times 0.1 \times (1 - 0.1)^{19} \fallingdotseq 0.27$$

となる.また 20 回中 1 回も当たりを引かない確率は

$$(1 - 0.1)^{20} \fallingdotseq 0.12$$

となる.実際に観測されたのは当たりの回数が 1 回というデータだが,より回数の少ない 0 回の場合も含めて「そのようなデータ」と考えることが多い.したがって,P 値は $0.27 + 0.12 = 0.39$ と計算される.0.39 はけっして小さな確率ではないから,帰無仮説を棄却するのは難しい.つまり,このくじが信用できないという証拠にはならない.

参考 1.5.10 信頼区間や仮説検定の詳細については『統計モデルと推測』(講談社)を参照してほしい.

まとめ 1.5.3
- 確率は,一定の公理を満たしていれば問題に合わせて決めることができる.
- 確率変数とはランダムな変数のことであり,普通の数と同じように四則演算を行うことができる.
- 確率変数が各値をとる確率を関数とみなしたものを確率分布という.
- 仮説検定は確率的な背理法である.

➤ 1.5 節　練習問題

1.5.1 関数 $f(x) = (x^2 + 1)^5$ の，$x = 1$ における微分 $f'(1)$ を求めよ.

① 32

② 64

③ 80

④ 128

⑤ 160

1.5.2 次の計算のうち，誤っているものを選べ.

① $10^3 \times 10^5 = 10^8$

② $\log(2 \times 3 \times 5) = \log 2 + \log 3 + \log 5$

③ $\log(2^8) = 8 \log 2$

④ $\log(2 + 3) = \log 2 + \log 3$

⑤ $(10^3)^5 = 10^{15}$

1.5.3 ある美術館における日曜日から土曜日までの入場者数を 7 次元ベクトル $\boldsymbol{a} = (a_1, \ldots, a_7)$ で表す. 平日（月曜から金曜）の入場者数の合計を内積 $\boldsymbol{c} \cdot \boldsymbol{a}$ で表したい場合，適切なベクトル $\boldsymbol{c}$ は以下のうちどれか.

① $\boldsymbol{c} = (1, 1, 1, 1, 1, 0, 0)$

② $\boldsymbol{c} = (0, 1, 1, 1, 1, 1, 0)$

③ $\boldsymbol{c} = (0, 0, 1, 1, 1, 1, 1)$

④ $\boldsymbol{c} = (1, 2, 3, 4, 5, 6, 7)$

⑤ $\boldsymbol{c} = (1, 0, 0, 0, 0, 0, 1)$

1.5.4 あるサッカーリーグは 18 チームからなる. 各チームの得点数，失点数をまとめた表を 18 行 2 列の行列 A で表す. 各チームの得失点差（得点数から失点数を引いた数）を行列とベクトルの積 $A\boldsymbol{b}$ で表したい場合，適切な $\boldsymbol{b}$ は以下のうちどれか.

① $\boldsymbol{b} = \begin{pmatrix} 1 \\ -1 \end{pmatrix}$

② $\boldsymbol{b} = \begin{pmatrix} 1 \\ 0 \end{pmatrix}$

③ $\boldsymbol{b} = \begin{pmatrix} 0 \\ 1 \end{pmatrix}$

④ $\boldsymbol{b} = \begin{pmatrix} 1 \\ 1 \end{pmatrix}$

⑤ $\boldsymbol{b} = \begin{pmatrix} 0 \\ 0 \end{pmatrix}$

1.5.5 赤色,黄色,青色の靴下がそれぞれ 2 枚ずつ洗濯かごに入っている.この洗濯かごから手探りで 2 枚の靴下をとり出した場合,それらが同じ色である確率はいくらか.

① $1/3$

② $1/4$

③ $1/5$

④ $1/6$

⑤ $1/7$

1.5.6 確率変数 X と Y は独立で,$P(X = 1) = 1/2$,$P(Y = 1) = 1/2$ であるとする.このとき $P(X = 1, Y = 1)$ はいくらか.

① 1

② $3/4$

③ $1/2$

④ $1/4$

⑤ 0

第 2 章

データエンジニアリング基礎

　本章では，データを実際に収集してコンピュータで分析・管理・保護するための基盤技術について幅広く学ぶ．具体的には，まずインターネットやセンサを経て収集される大規模データ（ビッグデータ）について概観する．その後，データを扱う手順をコンピュータに指示するためのプログラミング言語とアルゴリズムの基礎について学ぶ．そして，データを適切に格納したうえで集計や加工などさまざまな処理を行うためのデータベース，さらには暗号化によるデータ保護に代表される IT セキュリティ技術について概観する．

{ 2.1 }
ビッグデータと
データエンジニアリング

 キーワード ICT（情報通信技術）の進展，ビッグデータ，ビッグデータの収集と蓄積，クラウドサービス　ビッグデータ活用事例，人の行動ログデータ，機械の稼働ログデータ，ソーシャルメディアデータ，コンピュータで扱うデータ（数値，文章，画像，音声，動画など），構造化データ，非構造化データ，IoT（Internet of Things），エッジデバイス，センサデータ

➤ 2.1.1　情報通信技術（ICT）の進展とビッグデータ

目的 2.1.1　現代社会では，インターネットなどを介した情報通信により，きわめて大量のデータが生成・流通・収集・蓄積・活用されていることを理解する．

　情報通信技術（information and communication technology, ICT）とは，コンピュータやスマートフォンなどの情報機器およびそれらをつなぐネットワークや通信に関する技術群である．今や我々の生活は ICT なしでは成り立たないといってよいだろう．これは日常的にコンピュータやスマートフォンを使って会話や仕事をしている人々だけに限ったことではない．情報機器を一切持たず，さらにインターネットも利用していない人でも，病院，金融機関，スーパーマーケットなどの小売業や物流，行政，交通機関，電気水道インフラなどの生活基盤において，広く ICT の恩恵を受けている．たとえば電気に関しては，「エネルギー管理システム」がある．同システムは，各家庭やマンション，ビル，工場，そして地域の電力について，設置されたスマートメータと ICT を用いて集約し，現在の使用状況の可視化，これまでの最大使用量の記録，将来需要の予測などを行っており，省エネルギーに貢献している．

　この ICT の発展・普及により，さまざまなデータが大量に扱われるようになった．特にインターネットおよび通信技術の発展により，ネットワークを経由して膨

大なデータが流通している状況が常態化している．たとえば，上述のエネルギー管理システムも，ネットワークを経由して，各部屋の電力量データを常に収集している．総務省の令和4年度情報通信白書によれば，2021年11月時点で日本のネットワークで流通されるデータ量はおよそ2万Gbpsである[*1]．Gはギガであり10^9を意味する．またbpsとはbit per secondの略であり，1秒当たり何ビットの情報が流れているかを表す．なおビットとは，0か1を表すデジタル情報の最小単位である（2.2節参照）．

この2万Gbpsというのは，どのぐらいのデータ量であろうか．単純にするために，2万Gbpsがすべて日本語の文字情報だったとして，どれぐらいの文字数になるかを考えてみよう．日本語1文字を送るには16ビットが必要になる．したがって，日本国内で1秒当たり，1.25兆文字が流通していることになる．総務省統計局の調査によれば2022年6月の日本国民は1億2510万人であるから，国民1人につき，1秒間に1万文字に相当するデータを扱っていることになる．これは400字詰め原稿用紙にして25枚に相当する量であり，人間が1秒で読み書きできる分量をはるかに超えている．

実際に流通しているデータには，文字だけではなく動画なども含まれるので，動画でも換算してみよう．動画投稿サイトYouTubeが扱う動画のうち，最も低画質のもので，およそ1Mbpsである．Mはメガであり10^6を意味する．2万Gbps / 1Mbps ＝ 2千万なので，2万Gbpsがすべて動画データなら2千万もの動画が常に再生されている状況に相当する．すなわち，国民の6人に1人が常にYouTubeを見ている状況に相当する．

> **Memo** キロやメガなどの単位接頭語
>
> キロやメガなどは単位接頭語と呼ばれる．さまざまなものがあるので，ここで整理しておこう．キロ（kilo）＝ 10^3 ＝千，メガ（mega）＝ 10^6 ＝100万，ギガ（giga）＝ 10^9 ＝10億，テラ（tera）＝ 10^{12} ＝1兆，ペタ（peta）＝ 10^{15} ＝1000兆，エクサ（exa）＝ 10^{18} ＝100京（けい），ゼタ（zetta）＝ 10^{21} ＝10垓（がい），ヨタ（yotta）＝ 10^{24} ＝秄（じょ）という順序になっている．

扱われるデータ量が，日本そして全世界において驚異的な勢いで増えている点には注意が必要である．総務省の情報通信白書によれば，2019年11月時点で日本の

[*1] 正確には，固定ブロードバンドサービス契約者向けに流れているデータ量．正確には，23,650 Gbps．

データ量は約1万Gbpsであった．わずか2年で2倍になっている．令和2年度および3年度の2年間は全世界的にコロナウイルスによるパンデミックが発生し，在宅勤務などが増えたことも関連している可能性がある．みなさんが本書を読んでいるときには，さらに増えている可能性が高い．2021年3月に米国のIDC社が発表したところによると，2020年の「1年間」で，全世界で生成・複製されたデータ量は64.2ZBであった．ZBはZetta Byteの略である（1 byte（バイト）は8 bit（ビット）．2.2節参照）．図2.1.1は，2018年にIDC社が行った予測である（2021年の予測値はほぼ当たっている）．この図において，毎年同量ずつデータが増えているのではなく，「増え方が増えている」点は重要である．実際，2018年以前の実測値も，2018年以降の予測値も，3年程度で倍になっている．

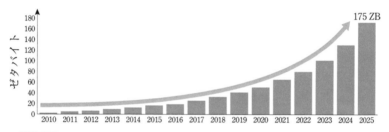

図2.1.1　全世界で1年間に生成・複製されたデータ量．2018年における予測値．
　　　　（出典： Data Age 2025, IDC 社）

Memo　地球上のすべての人々が1年間で映画1700本を視聴？

全世界が2020年の1年で扱ったデータ量64.2ZBはどれぐらいであろうか．あまりに大きすぎてわかりづらいので，今度は映画に換算してみよう．2時間の映画（高画質）に必要なデータ量はおよそ5GB（ギガバイト）である．したがって64.2ZBが全部映画であれば，1.3×10^{13} 本分になる．すなわち13兆本分である．国連統計によれば2020年の世界人口は78億人なので，その誰もが1年間におよそ1700本もの映画を見ていることに相当する．ちなみに，2011年には1.8ZBであった．約10年間で35倍に増えたことになる．

こうした大規模なデータは，**ビッグデータ**（big data）と呼ばれる．「どれぐらいの量があればビッグデータと呼んでよいのか」について，厳密な定義はない．一般

には，次の性質を満たすデータのことを，ビッグデータと呼ぶことが多い（これら3つの性質をすべて満たす必要はない）．

- Volume（大容量）：データのサイズが膨大である．
- Variety（多様さ）：データの種類が非常に多様である．
- Velocity（速さ）：データの発生や更新が高速である．

これらは英語の頭文字をとって，「3つのV」と呼ばれる[*2]．容量だけがビッグデータの特徴ではないと考える点は重要である．たとえば多様さを持つデータについては，店舗関連データがその一例である．具体的には，店内における顧客の行動情報や年齢情報，過去の商品売上・価格変動情報，メディアによる特定商品の宣伝情報，天気情報など，さまざまなタイプのデータが，店舗運営には重要になる．それらを適切に統合・活用できれば，個々の商品の売上などを正確に予測できるだろう．速さを持つデータについては，目まぐるしい株式市場の動向や，時々刻々と変化する各地の気象情報，SNSなどにリアルタイムで投稿されるメッセージなどが相当する．

　さて，ビッグデータはどのようにして収集されるのだろうか．さまざまな方式がある．第一は，個人レベルで大量に集める方式である．個人でアンケートや実験を大量に行い，自分自身でデータを大量に作り出す場合もあるだろう．一方，インターネット上に公開されている情報であれば，クローリングやスクレイピングを用いて自動収集できる．**クローリング**（crawling）とはインターネットを「巡回」することで，ウェブサイトに記載されたテキストなどの情報を収集する方法である．**スクレイピング**（scraping）とは，そうして得られた情報の中から，最も必要としているデータを抽出する処理である．簡単にいえば，前者はインターネットから広く浅くデータ収集することであり，後者は各サイトからより詳細なデータを収集することである（こうした収集を禁止しているサイトもあるので，注意が必要である）．

　第二は，企業や公共によるサービスの中で集める方式である．小売店のレジでバーコード読みとりにより自動収集される売上データはその古典的な例である．最近ではクレジットカードや電子マネーの決済履歴データも収集されている．病院では電子カルテなどによりデータが収集されている．また，インターネット上の検索サイトやSNS, eコマースサイト，ニュースサイトなど，無料で提供されているウェブサービスでは，ユーザーの検索履歴や入力テキストが自動で大量集積される．こう

[*2] これらに Value（価値）と Veracity（正確さ）を含めて「5つのV」と呼ぶこともある．

したインターネット上でのユーザーの行動は，商品推薦（リコメンデーション）を含むユーザーの**プロファイリング**（profiling）[*3] に利用される．また，スマートフォンの GPS 位置情報も大量に集められている．これは交通情報や渋滞予測などに利用される．以上の点については，2.1.4 項で再び触れる．

第三は，2.1.3 項で後述する IoT のように，ネットワークにつながったさまざまなセンサ（たとえば温度センサやカメラ）からの情報をデータとして収集する方式である．たとえば，**ビルエネルギー管理システム**（building energy management system, BEMS）では，ビル内の電気機器（空調や照明）それぞれに消費電力を測るセンサを備えつけ，そこから得られた情報をデータとして収集・分析することで，ビル全体で無駄なエネルギー消費を抑えることを可能にしている．

次に，収集したデータはどこに蓄積されるのだろうか．個人利用ならば個人のコンピュータ内のストレージ（記憶装置）に保存され，企業内利用ならば企業内のデータ保存用計算機（データサーバー [*4]）に保存されるだろう．その際，構造化データであれば，多くは（関係）データベースの形式で保存され，また非構造化データであれば単にデータの集合として保存される．

一方，以上のような自前で準備した記憶装置ではなく，ネットワークでつながった別の場所にある（一般にはより大規模な）記憶装置を利用することがある．これは**オンラインストレージ**（online storage）と呼ばれる．その様子を図 2.1.2 に示す．オンラインストレージにより，ユーザーは高価なデータサーバーを購入することなく，大規模データを蓄積できる．たとえていうならば，自宅内に入りきらない荷物が出てきたら，庭に物置を作る代わりに，大きな貸倉庫の一画を借りて保管する，といった状況である．オンラインストレージのネットワーク上でのアドレスを共有することで，複数のユーザーが同じデータを利用できることも利点である．また有償のオンラインストレージは信頼性が高い（故障しづらい，データ流出のリスクが低いなど）とされ，重要なデータを蓄積する場合には特に個人所有の計算機よりも有効である．

オンラインストレージはクラウドストレージとも呼ばれ，**クラウドサービス**（cloud service）[*5] の一種である．クラウドサービスとは，記憶装置だけでなく，計算資源

[*3] ユーザーの嗜好や行動パターンを推定すること．
[*4] サーバー（server）とは，「提供するもの」である．データを蓄積し，要求に応じて提供する計算機が，データサーバーである．
[*5] クラウドコンピューティングサービスと呼ぶこともある．

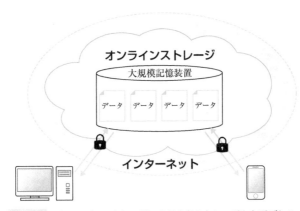

図 2.1.2　オンラインストレージ. クラウドストレージとも呼ばれる.

（さまざまな計算やデータ処理），ウェブメール，各種ソフトウェアなどを，ネットワークを介して提供するサービスである．クラウドサービスを利用すれば，究極的には，ユーザーはディスプレイ（出力装置）とキーボードなど（入力装置）があれば，計算機本体を準備する必要がなくなる．

　収集し蓄積されたデータは，個人や企業でさまざまに利用されるだけでなく，一般に公開されることがある．たとえば，研究者が独自の研究のために集めたデータ（データセット）も数多くあり，それらは無償・有償で公開されている．さまざまなデータをまとめてリスト化したウェブサイトもある．たとえば，あるサイト[*6]では，さまざまな分野（農学，健康，スポーツなど）で公開されているデータセットのリストが紹介されている．

　公開されたデータセットは，機械学習などにも利用されている．ウィキペディア[*7]やカルフォルニア大学アーバイン校（University of California, Irvine）のサイト[*8]には，数百種の機械学習用のデータセットのリストが提示されている．これらのデータセットは，主に機械学習の精度を比較するための**ベンチマーク**（benchmark）（基準データ）として利用されている．これにより，A さんと B さんが同じデータセットを使って，機械学習手法を開発した場合，どちらの学習精度が高いかを公平に比較できる．したがって，それらベンチマークデータセットは科学技術の進歩に重要

mammal ⟶ placental ⟶ carnivore ⟶ canine ⟶ dog →working dog→ husky

vehicle ⟶ craft ⟶ watercraft ⟶ sailing vessel ⟶ sailboat ⟶ trimaran

図 2.1.3 画像データセット ImageNet に含まれるデータの一例. 左から右の順により詳細な分類になっている点に注意. たとえば上段は, mammal（哺乳類）→placental（有胎盤類）→carnivore（食肉哺乳動物）→canine（イヌ科）→ dog（犬）→ working dog（使役犬）→ husky（ハスキー犬）となっている.
（Deng+, ImageNet: a Large-Scale Hierarchical Image Database, Proc. CVPR2009, より引用）

な役割を担っている. たとえば MNIST と呼ばれる手書き数字画像データセットや, ImageNet と呼ばれるより大規模な画像データセット（図 2.1.3）は, 画像認識の精度向上に劇的な影響を与えている.

　これら機械学習用データセットの多くでは, 単にデータを収集しただけでなく, 各データに**正解**（ground-truth）が与えられている. たとえば犬の写った画像に,「犬」という正解が与えられている. 画像認識システムを機械学習で構築する場合, その犬画像に対して, その正解の「犬」と答えられるようにすることが目的となる. したがって, データ収集にはこの正解を付与する作業（**アノテーション**（annotation））が必要になる. 犬や猫の画像であれば, アノテーション作業には, **クラウドソーシング**（crowd-sourcing）を利用できる. これはスマートフォンなどを介して, 世界中のさまざまな人にアノテーションを依頼するサービスである. しかし, 医用画像認識システムを作るためのデータ収集の場合, 病気かそうでないかは専門的知識が必要であり, そうしたサービスは利用できない. すなわち, 専門家である医師が自らアノテーション作業を行う必要がある.

　オープンデータ（open-data）という用語もよく使われている. 上記の研究用や機械学習用の公開データもオープンデータと呼ばれるが, より狭義には政府や自治体

図 2.1.4 日本のオープンデータ（公共データ）公開サイト．DATA GO.JP（左）と e-Stat（右）．

などが主導して集められた公共データのことを指す．日本の自治体などが収集した公共データは，DATA GO.JP[*9] や，e-Stat[*10] において集積されている．それぞれのサイトのスナップショットを図 2.1.4 に示す．前者については，公共データのさまざまな活用事例も見ることができる．また，後者には 2022 年 5 月現在で 688 件の調査の結果として 1,628,262 件のデータセットが収集されている[*11]．こうした公共データは，**証拠に基づく政策決定**（evidence-based policy making, EBPM），すなわちデータを根拠とした各公共事業・施策の必要性算定や費用対効果予測のために，今後ますます重要になってくるであろう．

- 情報通信技術の発展・普及により，動画など，さまざまなデータが大量に扱われるようになっている．
- 扱われているデータ量は，年々増加している．
- インターネット上のデータを収集する方法として，クローリングやスクレイピングがある．
- オンラインストレージ（クラウドストレージ）を用いることで，ビッグデータを蓄積できる．
- ビッグデータは，機械学習や政策決定に利用される場合がある．

[*9] https://www.data.go.jp/
[*10] https://www.e-stat.go.jp/
[*11] 国勢調査など，過去に複数回行われたり，1 回当たり複数の調査項目がある調査があり，調査件数に対してデータセット数が非常に多くなっている．

➤ 2.1.2 コンピュータで扱うデータ

目 的 2.1.2	コンピュータで扱うデータには，構造化データだけでなく，画像や文章などの非構造化データがあることを理解する．

データの分類法にはさまざまなものがある．その中の1つに**構造化データ**（structured data）と**非構造化データ**（unstructured data）という分類がある．以下ではそれぞれについて説明する．

構造化データとは，簡単にいえば表形式で表現できるデータ（もしくは表形式に変換できるデータ）である．表 2.1.1 の2つの表はそれぞれ構造化データの例である．各行はユーザーに対応しており，各列は各ユーザーのさまざまな属性を数値や文字（記号）で表現したものである．このように表現される構造化データは管理がしやすく，平均や集計などの統計処理も容易である．たとえば，表 2.1.1 左の表であれば，顧客の平均年齢や都道府県別の顧客数を容易に求めることができる．

表 2.1.1 構造化データの例．左は顧客情報，右は販売情報の表．

顧客番号	氏名	年齢	住所
0001	○○あおい	19	福岡県
0002	△△あかね	40	東京都
0003	××みどり	33	大阪府
⋮	⋮	⋮	⋮
1200	□□さくら	64	北海道

販売番号	顧客番号	商品	個数
0001	0002	りんご	1
0002	0045	ワイン	10
0003	0002	ボール	1
⋮	⋮	⋮	⋮
5000	0130	ジャム	5

構造化データは，**関係データベース**（relational database）として管理されることが多い．関係データベースは，1つもしくは複数の表からなる構造化データから構成される．たとえば表 2.1.1 の左右の表で構成される関係データベースを考える．これら2つの表が顧客番号でつながっている点は重要である．たとえば「△△あかねさんに販売したもの」という質問（クエリ）が与えられれば，表 2.1.1 左の表から顧客番号 0002 であることを知り，その番号を右の表内で探すことで，最終的に「りんご」と「ボール」という回答を得ることができる．なお，データベースについては，2.3 節で詳しく解説する．

| 画像 | 動画 | 音声 | 文章 |

図 2.1.5 非構造化データの代表例．このような身近なものもデータとして扱われる．

　一方，非構造化データは，構造化データのような表形式では表現しにくいデータであり，図 2.1.5 に示す画像，動画，音声，文章（テキスト）などがその代表例である．AI 技術を用いたこれら非構造化データの認識や分析技術については，3.4 節でも詳しく説明するが，本節でも以下少しだけ触れておく．

　「画像はデータ」といわれると違和感を持つ人もいるかもしれない．確かに「画像は『見るもの』であり，データとして分析するものではない」と思いがちであろう．しかし，ある人のスマートフォン内の写真（画像）を分析できれば，その人の好みや興味の対象がわかる可能性がある．たとえば各画像の中に写っているものを**画像認識**（image recognition）技術により判別し，その結果から（風景，人物，動物，食べ物）の写真の割合が (0.1, 0.1, 0.2, 0.6) とわかれば，その人は食べることが好きな人だと推測できるだろう．同じような写真の割合の人は趣味が似ているということで，人々をつなぐサービスにつなげることもできる．より専門的なケースでは，顕微鏡画像中に写っている細胞の中で，がん細胞の数をカウントするといったデータ分析もありうる．

　普段は娯楽やリモート会議・講義のために使われることが多い**動画**（video）も，データ分析の対象になりうる．スーパーマーケットの商品棚の近くにカメラを設置し，付近の顧客を動画として撮影しておけば，ある商品について，見つめた割合，手にとった割合，買い物かごに入れた割合を分析できる．ある商品がいくつ売れたかはレジの情報があればわかるが，動画分析によりこのような顧客の詳細な動きが得られれば，販売者側にとっては仕入れ戦略を考える上で重要な情報になりうる．陳列位置（棚の高いところ，目の高さ，周囲の商品）による顧客の行動変化なども，重要な分析項目である．こうした分析のためには，動画中の人物の動きを追跡し，手の動き，顔の向きや視線，性別，年齢などを推定する必要があるが，最近の画像認識技術はこうした推定を可能にしている．スーパーマーケットだけでなく，エレベー

タ内の行動, レストランや駐車場の混雑度, 工場内の機械の運転状況, 氾濫危険区域の河川水位, 幹線道路の交通量など, さまざまな**監視** (surveillance) 業務の自動化のために, 動画分析が利用されている.

Memo 一生分のデータの保存には何円必要?

ライフログ (lifelog) とは, 人間の活動を長期にわたってデータとして記録したものである. 究極的には一生分のデータということになるだろう. では, 動画で一生分の活動を記録した場合, どれぐらいのデータ量になるだろうか. YouTube が扱う動画のうち, 最も低画質のもので, およそ 1Mbps である. すなわち 1 秒当たり 10^6 ビット必要になる. 一生を 80 年と考えると, 寝ている時間も含めて 2.5×10^9 秒である. よって, 一生分の動画には 2.5×10^{15} ビットが必要である. 1 バイト = 8 ビットなので, 3.2×10^{14} バイト, すなわち約 300 テラバイトになる. 2022 年現在, 8 テラバイトのハードディスクが 2 万円程度で売られている. したがって, 全人生の記録には, そのハードディスクが 38 台あればよく, 76 万円で済む. なお, ブルーレイディスクに記録するならさらに安く済む. 25 ギガバイト記録できるブルーレイディスクが約 12,000 枚必要で, ディスク 1 枚 40 円ぐらいなので, 48 万円で全人生が記録できる. お金には代えられない価値がある人生も, 動画としてデータ化してしまうとずいぶん安くなってしまう.

音声 (speech) データも分析対象である. スマートスピーカーに向かって喋りかけることで, 手を使うことなくさまざまな情報を得ることができるのは, **音声認識** (speech recognition) 技術が進歩したためである. その内部では, 発話速度によらず, 発話者の声質にもよらないような「特徴」を音声分析技術により抽出し, 最終的に何といっているかを推定している. 音声と背景雑音を分離するのも一種の音声分析である. また喋り方によって話者の感情を認識することもできるようになっており, コールセンターや健康診断 (ストレスチェック) などで利用されている. なお, 音声ではなく, より一般的な**音** (sound) も分析対象である. たとえばコンクリートで作られた構造物の内部に発生している目に見えない亀裂などを発見するために, ハンマーで構造物表面を叩いた際の音を収録し, それを分析することが行われている.

文章 (text) も, きわめて重要な分析対象である. インターネット上の SNS は巨大な文章データである. この SNS を対象に, 「今ホットなキーワードを見つける」ことを考えてみよう. 今日一日の SNS のメッセージ全体の中でどういう単語が何

回出てきたかを集計し，最も多く出ていた単語をホットなキーワードとみなせばよい．単に集計するだけなので簡単そうに思われるかもしれない．しかし，日本語の場合，まず単語の区切りを見つける作業が必要になる（形態素解析と呼ばれる）．次に単語の揺らぎを吸収する必要がある．たとえば，「原子力発電所」と「原発」を同一視したり，似た意味を持つ「賛成」と「賛同」を１つにまとめることで，集計がより正確になる．

　インターネット上のニュース記事も日々生成される文章データである．あるニュース記事を読んでいると，関連記事が表示されることがあるだろう．これを自動的に実現するためには，「ある記事とある記事が関連している」ことを判断しなくてはならない．これには「その記事が何（政治やスポーツなど）について述べているか」を分析する**トピックモデル**（topic model）という技術が使われる．ある文書に「サッカー」という単語が出ていれば，それはスポーツ関連記事である可能性が高い．一方，「昨日」という単語は，トピックに関する情報を与えてくれない．このように単語ごとにどのトピックらしいかを考え，それを文章全体で集計することで文章全体としてのトピックを推定することになる．そして似たトピックを扱っている記事を，関連記事として提示する．

Memo 「自然」言語処理

　文章データを分析する技術は**自然言語処理**（natural language processing）と呼ばれる．言語にわざわざ「自然」という修飾語がついているのは，「人工言語ではなく，人間が普段扱っている文章を分析対象とする」ことを明示するためである．一方，人工言語とは，プログラミング言語を指す．プログラムとはコンピュータが理解しやすいように「人工的に」設計された言語だからである．興味深いことに，最近では，自然言語処理技術が人工言語にも利用されている．その結果，プログラム中のミス（バグと呼ばれる）を自動的に探したり，ある言語で書かれたプログラムを別の言語に翻訳（たとえば，Python のプログラムを Java に変換）したりするような技術が開発されている．なお，自然言語処理については，3.4 節で詳しく述べる．

　数十年前のデータ分析の対象は構造化データが中心であった．これに対して，昨今では非構造化データを対象としたデータ分析も非常に活発になっている．その理由は，非構造化データがインターネット上で大量に流通するようになり，必然的にその分析も必要になったためである．画像や動画データは，カメラやディスプレイ

が安価になり，また通信ネットワークのブロードバンド化もあり，ネットワーク上の重要かつ一般的な情報源となっている．動画投稿サイト YouTube からは，1 分当たり 69.4 万時間分の動画がストリーミング配信されているという報告[*12] がある．こうした非構造化データを分析することの価値はスーパーマーケットの例で示したとおりである．

> **まとめ 2.1.2**
> - 構造化データとは，表形式で表現されるデータであり，関係データベースとして管理されることが多い．
> - 非構造化データは画像や動画，音声や文章などさまざまであり，その分析目的もさまざまである．

➤ 2.1.3 Internet of Things（IoT）

> **目的 2.1.3**　現代社会では，センサなどのさまざまなデバイスがインターネットを介してつながっていることを理解する．

　IoT（Internet of Things）とは，「モノのインターネット」と直訳できるように，さまざまな電子機器がインターネットを介してつながっている状況を指す．図 2.1.6 はその様子である．身近なところでは，Wi-Fi でインターネットにつながった家電製品がある．スマートフォンからインターネット経由でエアコンや洗濯機，ロボット掃除機，冷蔵庫を操作できるのは，もはや当たり前になっている．さらに**スマートスピーカー**（smart speaker）を用いれば，音声により照明などの家電を操作することも可能である．さまざまな家電がネットワークでつながり，住む人に快適な状況を提供している住居は，**スマートホーム**（smart home）と呼ばれている．2.1.1 項で触れたビルエネルギー管理システムも IoT の一種である．

　スマートスピーカーは音声認識により利用者の発話内容を理解し，適切な応答を行う．スマートスピーカーに入力された音声データは，インターネットを経由して企業のサーバー（大規模な計算機）に伝送され，そこで認識される．さらに，音声で返答する場合は，サーバーにおいて**音声合成**（speech synthesis）され，その音声データが再びインターネットを経由してスマートスピーカーに届き，再生される．

[*12] https://blog.hootsuite.com/youtube-stats-marketers/

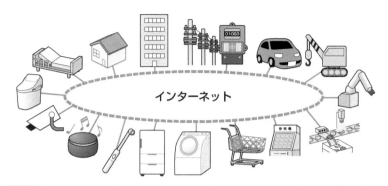

図 2.1.6 IoT とは，さまざまなモノがインターネットを介してつながっている状況である．

したがって一種のクラウドサービスといえる（2.1.1 項参照）．

　エッジデバイス（edge device）とは，この IoT の "Things" に相当し，ネットワークの末端（エッジ）に存在する機器である．たとえば，スマートスピーカーやインターネットにつながった家電もエッジデバイスである．より狭義には，データ発生源に近い部分を担当するセンサ部分のことを，エッジデバイスと呼ぶことがある．この意味で，スマートスピーカーの中では，音声をセンシングする部分（マイクおよび入力された音声を伝送のためにデジタル化する部分）がエッジデバイスに相当する．エッジデバイスとしてのセンサにはさまざまなものがあり，シンプルなものでは，温度や圧力，水位，電圧や消費電力，明るさを測るセンサなどがある．周囲を監視するカメラもセンサである．したがって IoT では，複数のセンサを介してさまざまな**センサデータ**（sensor data）を収集し，それらを分析することで，利用者への適切なサービスの提供や，センシング範囲の効率的な管理を実現している．

　画像はデータとして大きいので，大量に伝送するとネットワークの帯域がひっ迫してしまう．この問題は，多数のカメラをエッジデバイスとして持つような IoT システムでは，特に深刻になる．そこで，伝送する前にエッジデバイスの内部で画像中から必要な情報だけを数値として抽出し（たとえば画像に写っている人の数を抽出），その数値だけを送ることが考えられる．この場合は，エッジデバイス内に小型コンピュータ相当のものが必要になるが，ネットワークの問題は回避できる．このようにエッジデバイス内もしくはその近くである程度の計算処理を行うことを，**エッジコンピューティング**（edge computing）と呼ぶ．前述した画像中の人の数を抽出するような場合は，画像認識のために高度なデータ解析までエッジデバイス内

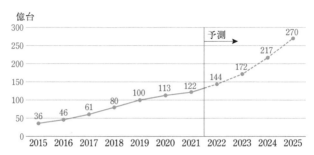

億台

図 2.1.7　エッジデバイス数の推移． 2022 年 5 月にドイツの IoT Analytics 社 (iot-analytics.com) が集計したもので，2022 年以降は予測値．一括管理されている複数のセンサはまとめて 1 つとカウントされており，双方向通信しないデバイス（たとえば RFID）は含まれていない．また，コンピュータやスマートフォン，タブレットも数に含まれていない．したがって，あらゆるエッジデバイスをすべてカウントすれば数量はさらに増える．

で行う必要がある．こうした技術は**エッジ AI**（edge AI）と呼ばれる．

　図 2.1.7 は，エッジデバイス数の推移である．2015 年から 2021 年までの 6 年間でおよそ 3.4 倍になっており，すでに地球上の人口を超えている．今後の傾向として，さまざまなモノがますますネットワークにつながることが予想されている．これらのモノが互いにデータなどを適宜交換しつつ，さまざまなサービスを提供してくれることになるだろう．

　ところで，スマートフォンも強力なエッジデバイスの一種である．たとえば，スマートフォンには歩数計が内蔵されており，所有者の日々の移動量を測っている．他にも 2.1.4 項で述べるように，スマートフォンでのウェブサイトの閲覧といった行動もセンシングされている．ところで，**クォンティファイド・セルフ**（quantified self）という言葉がある．直訳すれば「自己定量化」であり，自分の活動状況をデータとして自動収集し，分析することである．上述の歩数計測も，スマートフォンをエッジデバイスとした自己定量化である．またスマートウォッチのように身体に装着するデバイスは，**ウェアラブルデバイス**（wearable device）と呼ばれ，現在位置（GPS 利用）や体温，心拍，血圧も測ることができる．

　街区や農地，山林などの広域にエッジデバイスを分散配置し，その範囲の状況を監視しようとする場合，それらを有線のネットワークでつなぐのはコストやメンテナンスの点で得策ではない．また通信のための電源をどう確保するのかも問題となる．これら 2 つの問題を解決する方法として，**LPWA** という規格の無線通信がある．通常の Wi-Fi のような高速・大容量通信はできないが，1〜 50km 程度離れていて

も通信が可能であり，かつバッテリで長期間稼働できる．そもそもエッジデバイスから収集されるデータは，多くの場合，小規模で，かつ毎秒送る必要がないため，LPWA の規格はまさに広域 IoT に適合している．

- IoT（モノのインターネット）とは，センサなどの「モノ」がインターネットを介してつながっている状況を指す．
- この「モノ」はエッジデバイスとも呼ばれ，スマートスピーカーや監視カメラ，そしてスマートフォンなどもその一種である．
- エッジデバイスとの通信には，低消費電力の無線通信方式が利用されることがある．

➤ 2.1.4 ビッグデータ活用事例

目 的 2.1.4 ビッグデータの利活用によりさまざまなサービスが実現していることや，パーソナルデータの利活用については気をつけるべき点があることを理解する．

　蓄積されたビッグデータは，さまざまに活用されている．コンピュータができる前の活用例としては，図 2.1.8 のコレラの例が有名である．1800 年代にロンドンで

図 2.1.8　1854 年に行われたロンドンにおけるコレラ発生箇所の調査結果．黒い小さな長方形が患者を表している．この調査結果から，コレラが特定の水路を利用している住民の間で多発していることが判明した．

コレラが大発生したとき，ジョン・スノウ医師が病人が発生した場所を収集し，それらを地図上に可視化したところ，特定の水路を利用している住民にコレラ発生が多いことが判明した．当時コレラは空気感染するという学説もあったが，データに基づいたこの調査結果により，それが誤っていると結論づけることができた．

こうした集団を対象とした疾病の調査は，**疫学**（epidemiology）と呼ばれ，今でも医学の重要な分野の1つである．このコレラ発生から150年以上が経った2020年，コロナウイルスの全世界的発生により，さまざまな疫学調査が実施されている．たとえば国立感染症研究所では，ワクチン接種者および非接種者それぞれでコロナ陽性者の割合，抗体保有率などの調査を繰り返し行っている[*13]．このように，データをできる限り多く収集し，それらを分析することで，事実を客観的かつ正確に理解することが可能になる．

人の**行動ログ**（activity log）データも大量に集められ，さまざまに利用されている．行動にはさまざまなものがあり，したがってそのデータもさまざまである．わかりやすいのが，人々の移動データである．人々の「自宅から勤務先や学校に移動し，帰宅する」といった移動経路をデータとして大量に集積することで，混雑状況把

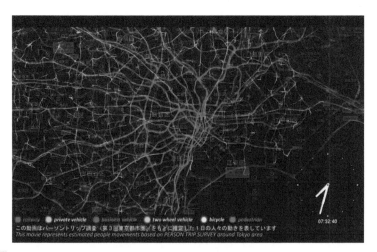

図 2.1.9　パーソントリップデータを用いた人の流れ（1988 年東京都市圏）．赤点は歩行者，青点は鉄道利用者を，緑点は「自動車利用者」を表す．
（東京大学「人の流れ」プロジェクトより引用）

[*13] 2022 年 4 月発表のデータでは，ワクチン接種者，非接種者の陽性者の割合がそれぞれ 2.3% と 7.6% であることが示されている．すなわち非接種者は感染リスクが 3 倍高い．
https://www.niid.go.jp/niid/images/epi/corona/79/covid19-79.pdf

握や鉄道新線計画などに役立てることができる．図 2.1.9 は，東京都市圏の全 72 万人分の人の動き（パーソントリップデータ）を表したものである[*14]．また，Google map[*15] では，GPS によって得られる膨大な数のスマートフォン利用者の位置情報を時々刻々と収集することで，精密な渋滞情報を提供している．関連する話題に「通れた道マップ」がある．これはプローブカーと呼ばれる自己位置同定機能を持った自動車の移動実績により，震災や災害後に通行可能な道路を提示して円滑な避難・支援活動を促すためのサービスである．実際，2011 年の東日本大震災のときに，「通れた道マップ」はきわめて重要な役割を果たした．運転行動データの利活用に関しては，他にも**テレマティクス自動車保険**（telematics car insurance）がある．これは，カーナビなどから運転者の運転行動データを収集し，その安全度などに応じて保険料を自動決定するサービスである（安全運転をする人の保険料は安くなる）[*16]．

　ビッグデータ分析の対象となる人間の行動は移動に限らない．昨今ではインターネット上での活動が，より多様かつ詳細な行動情報として，自動的に収集されている．たとえば，ウェブ上でのキーワード検索，サイトを閲覧，クリック，物品購入などの情報は，ウェブサービス提供企業により自動収集される．このように収集されるデータは**パーソナルデータ**（personal data）と呼ばれる．Google や Meta（旧 Facebook）などの巨大ウェブサービス提供企業では，こうして蓄積されたパーソナルデータこそが企業資産であり，それを利用して契約企業の広告を提示することで，莫大な収益を得ている．たとえば，ある利用者がペットに関して数多くウェブ検索したり，ペット関連サイトを閲覧した結果，その後のウェブ閲覧時に自動的にペット関連の広告が出てくるのは，その利用者のパーソナルデータが利用されているためである．

　SNS 上での投稿，「いいね」クリック，そして友好関係は，**ソーシャルメディアデータ**（social media data）と呼ばれる．これも重要なパーソナルデータとなり，それを大量に蓄積することでさまざまなサービスが提供されている．投稿内容のテキストを自然言語処理することで，特定の事物に対する感情（特に，好意的かそうで

[*14] 実際には動画として見ることができる．
　　　https://pflow.csis.u-tokyo.ac.jp/data-visualization/pflow-movies/
[*15] maps.google.com
[*16] 保険会社は，運転に限らず，人々に関するデータを利活用してきた代表的な業種である．すなわち，事故や疾病などの発生データを大量に収集し，その発生率を計算し，それをもとに適切な保険料を設定している．保険会社においてこうしたデータ分析を専門にする人は**アクチュアリー**（actuary）と呼ばれる．日本アクチュアリー会の集計によれば，2021 年現在，日本では 5,372 人のアクチュアリーが活躍している．

ないか）や興味が推定され，それによりパーソナルデータが構築される．投稿内容はテキストに限らない．画像を投稿すればそこに写っているものが自動的に画像認識され，興味の対象としてパーソナルデータに利用される．顔画像による個人認証技術も進化しているため，たとえば A 氏の SNS に友人 B と一緒に写った写真を載せていれば，A-B 両者は友好関係を持つ者として同定されている可能性がある[17]．友好関係のデータは，「この人も知り合いでは？」といった推薦に利用できるだけではない．「A 氏と B 氏が友好関係にあれば，A 氏が興味を持っているものは B 氏も興味を持つだろう」といった推論により，パーソナルデータの強化にも利用できる．

　人間だけでなく，機械の稼働状況を記録したもの（機械の稼働ログ）もデータであり，大量に集めることでさまざまな分析が可能である．すでに述べたように，ビル内ではビルエネルギー管理システムにより空調や照明機器の電力消費状況が収集され，省エネルギーに貢献している．また，2.1.3 項で述べた IoT システムは工場にも導入され，工場内に存在するさまざまな装置・機械の状況をセンサにより収集している．工場の機械というのは正常に動いているのがほとんどなので，日々膨大な量の「正常状態データ」が集まることになる．この正常状態データは**異常検知**（anomaly detection）のためにきわめて重要である．すなわち，もしある日のデータがこの正常状態データと違うことを自動検知できれば，工場のどこかで異常が発生していることがわかる．

　Memo　あなたのデータが商品に

　パーソナルデータのおかげで快適にウェブサービスを利用できる．たとえば，検索精度が向上（自分が知りたい情報に早く到達できる）し，表示される広告の精度が向上（自分に興味がある内容の広告が表示される）する．しかし同時に，自分の行動情報が，自分の知らないところで第三者に蓄積され，営利目的に利用されていることには，違和感を持つ人も多い．インターネット利用が不可欠な現在，インターネット上での行動は，まさに利用者の興味や思想そのものを表しており，その行動が蓄積され分析されるということは，まさに「その利用者はどういう人物か」を把握されることに

---

[17] 2020 年，米国の顔認証企業 Creative AI 社は，SNS 上の顔写真を自動収集し，200 億枚を超える画像からなる膨大な顔データベースを作ったことで，プライバシー法違反として提訴された．同社によれば，顔認証は 98% 以上の精度を達成しているとのこと．すなわち，ある人物の顔写真が与えられれば，同一人物が写った写真を 200 億枚の中から正確に探し出すことができる．犯罪捜査などに有効な反面，プライバシーの問題があり，その是非については 2022 年現在も議論されている．

なる．こうした状況は皮肉を込めて "Google knows you better than you"（Google はあなた自身よりあなたのことを知っている）と表現される．またこうした無料ウェブサービス利用で得たパーソナルデータの営利目的利用については，"If you're not paying for it, you're not the customer; you're the product being sold."（もし利用料を払っていないのなら，あなたは客ではない．あなたは売られる商品である）とも揶揄される．

Memo 都合のよい世界

検索結果がパーソナルデータにより変わる点は重要である．自分に関連が深い，もしくは興味がありそうな検索結果が上位に来れば，検索効率が向上し便利である．しかし，同時に非常に危険でもある．たとえば，ある利用者が特定の事物 X を嫌悪している場合，そのことがパーソナルデータに記録されるので，検索結果として「同じように X を嫌悪している人」のサイトが上位に来る．インターネット上には X について賞賛しているサイトも多いのに，そうしたサイトは目に入らない．この結果，その利用者は，世界中が X を嫌悪しているものと誤解し，嫌悪感をますますエスカレートさせることになる．

このように「自分の見たい情報しか見えない」状況は**フィルターバブル**（filter bubble）と呼ばれる．利用者が自分にとって不都合な情報を遮断する「泡」に包まれて生活しており，真の世界を見ていないことを意味する．ビッグデータ分析は本来客観的かつ正確に世の中の動向を把握するためにあるべきだが，逆に偏った世界を作ることに利用されてしまうのは，なんとも皮肉である．

またこの嫌悪感のように，自分の嗜好がエスカレートしていく現象は，**エコーチェンバー現象**（echo chamber）と呼ばれる．エコーチェンバーとは，自分の発声があらゆる方向から増幅されて戻ってくる残響室のことである（エコーとは「こだま」を意味する）．エコーチェンバーはパーソナルデータによって偏ってしまった検索結果だけでなく，同じ興味・思想を持ったグループで構成される SNS でも発生する．なお，戦争時に国が国威高揚のために，マスメディアや SNS，ウェブなどの情報源を意図的に操作し，国民をエコーチェンバー状況におくのは，今も昔も変わらない基本戦略のようである．このことは，フィルターバブルから抜け出すのがいかに難しいかを意味している．

Memo オプトインとオプトアウト

　利用者に関するデータの収集に関しては，オプトインとオプトアウトという考え方がある．**オプトイン**（opt-in）とは，利用者が自身に関するデータの使用を，第三者に対して許可する意思を示すことである．たとえば，あるウェブサイトにおいて，自身のメールアドレスを登録した際，「このメールアドレスを利用して，このサイトからの案内を今後受けとる」という項目を了承すれば，オプトインしたことになる．Googleの利用規約（`policies.google.com`）を見ればわかるように，利用者が自分のコンテンツ（メール，写真，データなど）に関連して Google のサービスを使うことで，Google にその「コンテンツをホスト，複製，配布，伝達，使用すること」そして「コンテンツをサービスの宣伝に使用」することを許可したことになる．

　オプトインのために，初回利用時に「利用規約に同意しますか？」と尋ねてくるウェブサイトは多い．ここで「いいえ」を選択すればオプトインしないことになるが，同時に同サイトも利用できなくなる．2010 年に英国の GameStation というゲーム会社が，同社のオンラインサイトの利用規約に，「同社での注文を確定することにより，利用者の『魂』を手にする権利を同社に与えることに同意する」ことを追加した．その結果，88％（7500 人）が同意したとのことである[*18]．エイプリルフールのいたずらだったそうだが，多くの人は利用規約を見ていないことを示唆している．

　最近は **EU 一般データ保護規則**（general data protection regulation, GDPR）の制定の影響により，オプトインへの意思確認を尋ねることが企業に求められるようになっている．ブラウザでウェブサイトを閲覧している際，Cookie（ウェブブラウザに蓄積された個人情報）の利用許可を求めることが増えたのは，こうした背景がある．

　一方，**オプトアウト**（opt-out）とは，個人データの使用を中止するよう求める意思を示すことである．Google もオプトアウトのためにウェブブラウザ用アドオンを提供している．このように個人データの第三者利用について，利用者自身が明示的に決められるようになってきた．

[*18] 城田真琴（2015），パーソナルデータの衝撃，ダイヤモンド社.

➤ 2.1 節　練習問題

2.1.1　ビッグデータの説明として最も正しくないものを 1 つ選べ.

① サイズが膨大なデータ
② 種類が非常に多様なデータ
③ 大きすぎて持ち運びに不自由なデータ
④ データの発生や更新が高速なデータ

2.1.2　ビッグデータの収集法として正しくないものを 1 つ選べ.

① 他人のコンピュータやクラウドストレージ内のデータを, 同意をとることなく自動収集する.
② クローリングやスクレイピングによりインターネット上のデータを自動収集する.
③ 企業が自社のサービスを提供した過程で得たデータを蓄積する.
④ ネットワークでつながった多数のセンサからの測定値を自動収集する.

2.1.3　非構造化データとして正しくないものを 1 つ選べ.

① 表形式の数値データ
② 動画像
③ SNS に投稿されたテキストデータ
④ マイクから収録された音声

2.1.4　IoT の説明として正しくないものを 1 つ選べ.

① 工場内のさまざまな装置がネットワークでつながった状況も IoT である.
② エッジデバイスとの通信には, 常に高速なものが求められる.
③ スマートフォンも一種のエッジデバイスと考えることができる.
④ エッジデバイスでセンシングされたデータを活用することも重要である.

2.1.5 ビッグデータの活用事例として正しくないものを 1 つ選べ.

① 全国の病院での調査結果をもとに，特定の疾患の原因や環境依存性を見出す.

② 運転手のスマートフォンの位置情報から，渋滞状況を把握する.

③ さまざまなユーザーのウェブサイト閲覧履歴から，現在の商品トレンドなどを推測する.

④ 独自収集したデータを紙に印刷して倉庫に保存しておく.

=={ **2.2** }==

データ表現，プログラミング基礎，アルゴリズム基礎

キーワード 情報の単位（ビット，バイト），2進数，文字コード，配列，木構造（ツリー），グラフ，文字型，整数型，浮動小数点型，変数，代入，四則演算，関数，引数，戻り値，順次，分岐，反復の構造を持つプログラムの作成，アルゴリズムの表現（フローチャート），並べ替え（ソート），探索（サーチ），ソートアルゴリズム，バブルソート，選択ソート，挿入ソート，探索アルゴリズム，リスト探索，探索木，計算量（オーダー），連続最適化問題，組合せ最適化問題，ナップサック問題

➤ 2.2.1 データ表現

目 的 2.2.1 日常何気なく扱っている数字や文字などのデータが，コンピュータで処理されるときどのように表現されているかを理解する．特に整数と小数の違いは重要だ．また，モノとモノとの関係性を表現するグラフや木構造の基本も説明する．

　情報とは何だろうか．たとえば，あるプロサッカーチームの試合結果が気になったとしよう．勝ったか負けたか，何点差だったか，勝ったのなら決勝点を決めたのは誰か，いろいろな情報を知りたいところだ．情報はデータによって表現される．ここで挙げた例はそれぞれ二者択一，数字，文字列といったデータになる．もっと複雑な情報を伝えるためには，別のデータ表現が必要になるだろう．本項では，情報の最も基本的な表現方法からはじめて，さまざまなデータの形式を見ていくことにしよう．

◎ a 情報の単位

　情報で最も単純なものは，二者択一のどちらかを教えてもらうことだろう．ある

かないか，ウソかホントか，0か1か，といった具合だ．このように情報を二者択一のデータで表現することに単位を与えよう．これは1**ビット**（bit）といい，最も基本的な**情報の単位**（units of information）になる．二者択一をどのような記号で表現するかは自由なので○と×，AとB，有と無など何でもよいが，0と1を使うことにしよう．1ビットは，0と1の2つの状態のうちどちらか一方をとる．

現在普及しているデジタルコンピュータが処理している情報の最小単位はビットだ．これは，デジタルコンピュータを構成するトランジスタなどの電子部品が，電圧が高いか低いかといった2種類の状態を基本にして動作するためだ[*1]．ビットをまとめるための単位に，**バイト**（byte）がある．歴史的には，1バイトを何ビットにするかについては変遷があった．しかし現在では，1バイトは8ビットと考えて差し支えない．

> **Memo** 単位の混乱
>
> 国際単位系（SI単位系）では1kgは1000gになる．単位接頭語kが10^3を表現するためだ．これに従えば，1kバイトは1000バイトになる．しかし，1kバイトというと1024バイトを意味することが多い．これは2^{10}が1024になることに由来する．国際単位系では，単位接頭語kは10^3を表現するものなので，1024倍を表す単位接頭語にはKi（キビ）を使うことが推奨されている．k（キロ10^3），M（メガ10^6），G（ギガ10^9）に対応する記号はそれぞれKi（キビ2^{10}），Mi（メビ2^{20}），Gi（ギビ2^{30}）となるが，実際にはあまり使われていない．これとは別に，1024バイトを表現するとき大文字のKを使って1KBと書く習慣もある．1024バイトを1KiBと表現する国際標準規格が浸透するにはまだ時間がかかりそうだ．また，Bは通常バイトを意味するが，ビットの頭文字もBなので区別がつきにくい．通信の速度を表す単位であるbpsはbits per secondを意味する．

▶ b 数字と文字

1ビットでは2つの状態しか表現できない．ビットを並べたビット列を考えよう．2つ並べれば$2 \times 2 = 4$なので，4種類の状態を表現できる（図2.2.1）．

コンピュータはこのビット列しか扱うことができない．文章，写真，音楽や動画

[*1] 3種類の状態を基本とするシステム（ternary logic system）の研究もある．

4 種類の状態

2 ビット

図 2.2.1　2 ビットで表現できる 4 種類の状態.

など，日常何気なくコンピュータで扱っているデータはすべてビット列として処理されている．つまりコンピュータを実用的なものにするためには，人間がよく使うデータとビット列の間に対応関係を持たせる必要がある．

　まずは整数を考えよう．日常的に使われているのは 10 進数だ．ビット列を使って整数を表現するには，**2 進数** (binary number) を使えばよい．10 進数の 0, 1, 2, 3, 4, 5 は，2 進数では 0, 1, 10, 11, 100, 101 となる．メモリの容量が許せばビット列をいくらでも長くできる．しかし通常は，32 ビットや 64 ビットなど桁数が決まっていることが多い．32 ビットで整数を表現することを考えよう．0 以上の値となる符号なし 32 ビット整数では，$2^{32} = 4294967296$ となるので，0～4,294,967,295 の整数を表現できる．全部で 2^{32} 通りの状態を表現できるので，最小値が 0，最大値は $2^{32} - 1 = 4294967295$ となる．整数には負の数も含まれるので，符号つき 32 ビット整数では一番左のビットを符号のために使う．残りの 31 ビットで数を表現できるので，$2^{31} = 2147483648$ より，$-2,147,483,648$～$2,147,483,647$ までの整数を表現できる [*2]．

　1 を 4 で割った数 $\frac{1}{4}$ は小数で 0.25 となり，冗長だが 0.25×10^0 と書くこともできる．ここで 0.25 を**仮数部** (mantissa)，10 の肩に乗っている 0 を**指数部** (exponent) という．指数部を調節すると仮数部の小数点の位置が動く．図 2.2.2 に示した数字はすべて 0.25 で，違いは表記の仕方だけである．

　指数部を調節して仮数部にある数の小数点を動かすことで，小数点より左側を常に

[*2] 32 ビットで整数を表現することに起因する問題の 1 つに 2038 年問題がある．

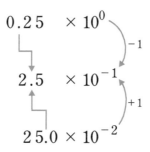

図 2.2.2 小数点の移動の例.

1桁にしよう.そうすると小数点を無視することができるので,仮数部と指数部は整数になる.コンピュータで扱われる小数が**浮動小数点数**(floating point number)と呼ばれる由来だ.整数と同じように,32 ビットと 64 ビットで表現された小数がよく使われる.32 ビットの小数は単精度浮動小数点数とも呼ばれ,符号に 1 ビット,仮数部に 23 ビット,指数部に 8 ビットを割り当てる.64 ビットの小数は倍精度浮動小数点数と呼ばれ,符号に 1 ビット,仮数部に 52 ビット,指数部に 11 ビットを割り当てるのが一般的だ[*3].

整数では 10 進数と 2 進数は単なる表現方法の違いでしかなかったが,小数ではそうはいかない.有理数を考えよう.有理数は 2 つの整数の比で表現できる数のことだ[*4].有理数を小数で表現しようとすると割り切れず,小数点以下に無限に桁が必要になることがある.また,割り切れるかどうかは,何進数で数を表現するかによって変わる.たとえば,$\frac{1}{3}$ は 10 進数では $0.3333\cdots$ となり小数点以下に 3 が無限に続く単純な循環小数として表現される.同じ数を 3 進数で表現すると 0.1 となり,循環小数にならない.同様に,$\frac{1}{10}$ は 10 進数では 0.1 となるが,2 進数の小数では $0.000110011001100\cdots$ となり 0011 が無限に続く循環小数になってしまう.これを浮動小数点数で表現するためには,仮数部に割り当てられた桁数を丸める必要がある.つまり,浮動小数点数で 10 進数の 0.1 をデータとして保持しようとすると誤差が含まれる[*5].10 進数の 0.1 を例に,Python で浮動小数点数がどのよう

[*3] 浮動小数点数の仕様には IEEE754 という国際標準規格がある.IEEE 標準では,指数部を常に正の数に変換するなどもう少し複雑な仕様が決められている.

[*4] もちろん分母に 0 はこない.

[*5] 銀行など 10 進数での正確な計算が必要な業種では,2 進化 10 進数(binary coded decimal)で計算するコンピュータが使われる.またプログラミング言語によっては,こうした機能を実装しているものもある.

に近似されているか見てみよう．

0.10000000000000000055511151231257827021181583404541015625

ほとんどの計算ではそれほど問題にならないが，データサイエンスを実践すると
きには，浮動小数点演算が誤差を含んでいることは意識しておく必要がある．

ビット列を情報処理の基盤としているコンピュータで，人間が使っている文字を扱
うにはどうしたらよいだろうか．文字とビット列の対応を考える必要がある．ビッ
ト列だとわかりにくいので，ビット列の代わりに整数を考えてみよう．このように
文字に整数を割り当てることを文字の符号化といい，文字とそれに対応する整数値
の集合を**符号化文字集合**（coded character set）という．これは単に，**文字コード**
（character code）と呼ばれることもある．コンピュータの黎明期である 20 世紀の半
ばごろ，開発者たちは英数字や簡単な記号をコンピュータで扱えるようにした．こ
のために作られた文字コードが ASCII（American Standard Code for Information
Interchange）だ．たとえば，ASCII では大文字の A には 10 進数で 65，コロン:に
は 58 といった整数が割り当てられている．ASCII は 7 ビットの整数で表現できる
ように作られたため，1 文字が 1 バイトに収まる．ASCII には，ASCII 制御文字と
いう特殊な文字も含まれていて，プログラミングでよく使われるものに，改行（\n）
やタブ（\t）がある．この \（バックスラッシュ）は，WindowsOS の日本語版では
半角の円マーク（¥）で表示されることがある [6]．

20 世紀の後半になると，コンピュータが世界中に普及した．ASCII では表現でき
ない言語をコンピュータで扱うために，世界中の国や地域でさまざまな文字コード
が開発された．日本語だけでも EUC-JP，ISO-2022-JP，Shift_JIS などが知られ
ている．1990 年ごろからはじまったインターネットとウェブの爆発的な進化もあっ
て，世界中の文字を扱える文字コードを作ろうという機運が高まった．こうして生
まれた文字コードが Unicode（ユニコード）である．Unicode は文字とそれに対応
する整数値を決める符号化文字集合で，1 文字に対して最大 4 バイトの整数値を割
り当てる．割り当てられた整数値をどのように表現するか [7] で，Unicode にはいく
つかの種類がある．UTF-8，UTF-16，UTF-32 などがよく使われ，ウェブの世界
では UTF-8 が主流になりつつある．

---

[6] これは ASCII を拡張する過程で，バックスラッシュが使っていた整数値に円マークを割り当てた歴
史的経緯による．両者は別の文字であり，後述する Unicode ではもちろん区別される．
[7] これを文字符号化方式という．

● c データのまとまり

コンピュータを使ったデータの処理では，1 つの数字や 1 つの文字だけを扱う場面はあまりない．1 年間の株価のデータ，数万人の顧客データなどはどれも数字や文字のまとまりになっている．データをまとめて扱いたいとき，最も単純な方法は，個々のデータを順番に並べてひとまとまりにすることだろう．1 つの整数ではなく，3 つの整数を順番に並べて 1 つのデータと考えるわけだ．データ全体を角括弧（[ ]）で囲み，各要素をカンマ（,）で区切るなら，[1, 2, 3] となる．こうしたデータのまとまりを，**配列**（array）と呼ぶ．たとえば，単語は文字の配列として表現できる（図 2.2.3 上）．配列の各要素を配列にすることもできる．行列（matrix）の行ごとのデータを配列としてとらえ，これらを順に並べた配列を作れば行列を配列で表現できる（図 2.2.3 下）．

$$\text{うどん} \longrightarrow [う, ど, ん]$$

$$\begin{pmatrix} 2 & 5 & 8 \\ 3 & 1 & 4 \end{pmatrix} \longrightarrow [[2, 5, 8], [3, 1, 4]]$$

図 2.2.3　配列を使ったデータの表現．

● d データとその関係性

植物は光合成によって水と大気中の二酸化炭素，光のエネルギーがあれば生きていけるが，動物は他の動植物を食べなければ生きていけない．人間は雑食でさまざまな動植物を食べる．海の中では植物性プランクトンは鰯に食べられ，鰯は鰹に食べられる．人間に食べられてしまう鰹もいる．こうして生物種ごとに食べる食べられるの関係を結びつけていくと，ネットワークのような構造が浮かび上がってくる．地球上にはわかっているだけでも百万種類以上の生物種が存在するといわれているので，この構造はかなり複雑なものになり，そこに新たな意味が生まれる可能性がある．このような関係性を表現するためによく使われるのは，**グラフ**（graph）構造だ．グラフの例を図 2.2.4 に示す．

A や B のラベルがつけられている部分は**ノード**（node），ノードとノードをつなぐ線は**エッジ**（edge）という．ノードは**頂点**（vertex）や節点と呼ばれることもある．

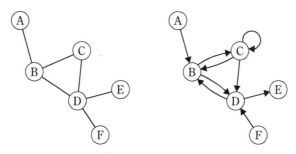

図 2.2.4　グラフの例.

同じくエッジには, 辺, 弧 (arc), リンク (link), 枝 (branch) などの別名がある. 図 2.2.4 左に示したグラフのエッジには向きがない. このようなグラフは**無向グラフ** (undirected graph) と呼ばれる. グラフ構造は現実を抽象化したものなので, ノードをプランクトンや鰯, エッジを捕食の関係とするなど, 具体例を考えるとわかりやすい. 鰯はプランクトンを食べるが, プランクトンは鰯を食べない. 食べる側から食べられる側に向きがあることになる. こうした関係性は矢印がついたエッジで表現できる. このように, エッジに向きがあるグラフは**有向グラフ** (directed graph) と呼ばれる (図 2.2.4 右). グラフが作られると, さまざまな解析が可能になる. これはグラフ理論や複雑ネットワーク科学といった研究分野の成果だ. こうした分野に入門する前準備として, 現実の世界にある関係性をグラフで表現することに慣れるところからはじめるとよいだろう. 以降の部分では, アルゴリズムにおけるグラフの活用に焦点を絞って話を進める.

　グラフに含まれるノードの列で, 各ノードと次のノードの間にエッジがある場合, これを**道** (path) という. 図 2.2.4 の例では A-B-D-E が 1 つの道になる. 出発したノードに戻ってくる道を**閉路** (cycle) という. たとえば B-C-D-B は閉路になる. 閉路を含むグラフでは, 2 つのノードを結ぶ道が 1 つとは限らない. この例では, A から E への道に, A-B-C-D-E を考えることもできる. 有向グラフの場合は, 道に矢印の向きが加わる. A–B–D–F は無向グラフでは道になるが, 有向グラフでは D から F への矢印がないため A–B–D–E と区別される[*8]. また有向グラフでは, ノード C にあるような自分自身へ戻るエッジを作ることもできる.

　閉路を含まないグラフは特に**木** (tree) と呼ばれる. 木の例を図 2.2.5 に示す. 計

[*8] 有向グラフにおいて, 矢印を加味してもノードを渡り歩ける場合, これを有向道という.

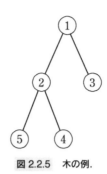

図 2.2.5　木の例.

算機科学で木構造を扱う場合，自然の木と同じように**根**（root）と**葉**（leaf）を持った木を想定することが多い．ただし，どういうわけか根を上に，葉を下に描く習慣がある[*9]．図 2.2.5 では，ノード 1 が根，ノード 5, 4, 3 が葉になる．根を上，葉を下にしてノードを並べると，ノードに上下関係ができるのでこれを親と子で表現する．ノード 2 の親はノード 1，子はノード 4, 5 になる．すべてのノードについて，その子ノードが最大 2 つしかない木を**二分木**（binary tree）という．図 2.2.5 は二分木になっている．

　親ノードから子ノードへの分岐に条件を対応させれば，木構造で簡単な知識を表現できる．図 2.2.6 は，日本の硬貨の形やサイズからその額面を判断できる知識を，

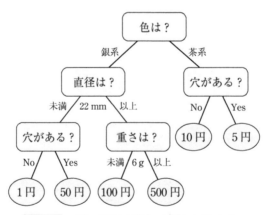

図 2.2.6　硬貨の額面を判断する知識を表現した木.

[*9] 根を左にして右に葉が伸びることもある．

木構造で表現したものだ. これをプログラムにして入力データを用意すれば, 額面の判断をコンピュータで実行できる. これは, 機械学習アルゴリズムの１つである**決定木**（decision tree）の基本的な原理になっている.

- ビットは情報の最小単位であり, １ビットの情報は０または１のどちらかを表現する.
- コンピュータの内部では, すべてのデータはビット列になっている.
- ビット列を使って数字を表現するとき, 整数と小数ではその方法が違う. また, 文字は文字コードに従ってビット列に変換される.
- 閉路を含まないグラフは木と呼ばれ, 木を使って簡単な知識の表現も可能となる.

➤ 2.2.2　プログラミング基礎

目的
2.2.2
特定の言語に依存しないプログラミングの基礎知識を整理する. データにはデータ型と呼ばれる種類があり, これを意識することがきわめて重要になる. また, 日常的に使われているプログラミング言語にはいくつかの種類があり, それぞれの特徴を理解することを目指す.

　コンピュータの情報処理は０と１のビット列を基盤としているので, 数字や文字を扱うためにはビット列での表現方法を決める必要がある. 整数や文字など頻繁に利用される基本的なデータについては, 人がそのつど表現方法を考えるのは手間なので, プログラミング言語ごとにあらかじめ用意された**データ型**（data type）がある. また, 人が用意されたデータ型を拡張したり, 新たなデータ型を作ることができるプログラミング言語もある. いずれにしてもプログラミングをするときには, データ型を意識することはきわめて重要になる. 本項では, 特定のプログラミング言語に依存しない, データ型に関する汎用的な知識を整理した後, プログラミングの基本について説明する.

◎ a データ型と演算

　Yes か No か, あるかないかといった二者択一の状態を表現するデータ型に, **論**

理型（boolean type または logical type)がある．プログラムの条件分岐でこの値を評価し，その後の実行コードを変更できる．True (true), False (false) といったリテラルが割り当てられていることが多い．リテラルとは，プログラミング言語にデータを直接渡すときの表現方法をいう[*10]．

多くのプログラミング言語では，整数と小数を違うデータ型として扱う．その場合，数は**整数型**（integer type)と**浮動小数点型**（floating point number type)に大別され，それぞれ int 型，float 型と呼ばれることが多い．さらに細かい分類を持つプログラミング言語も多い．整数型では，確保するビット列のサイズと符号のありなしがさらに細かい分類を生む．たとえばプログラミング言語 Rust では，8, 16, 32, 64, 128 ビットの 5 種類と符号のありなしで，合計 10 種類の整数型を持つ[*11]．浮動小数点型は 64 ビットの 1 種類か，32, 64 ビットの 2 種類が用意されていることが多い[*12]．浮動小数点型には，無限大や**非数**（NaN）（not a number)という特殊な値が含まれる．非数は，$\frac{\infty}{\infty}$ の結果など，数として表現できないデータに割り当てられる．非数の演算には注意が必要だ．Python では標準モジュール math の中に，非数が nan として定義されている．これを等号 2 つを使った演算子で比較してみよう．この演算子は両辺が等しいかどうかを論理型で返してくれる．

```
import math
math.nan == math.nan
```

このコードを実行した結果は False になる．はじめて見ると面食らうかもしれないが，これは非数に関する標準的な動作だ．つまり非数は通常の数値データのような比較はできない．非数かどうかを確認するための関数やメソッドが用意されていることが多い．math モジュールにも isnan() がある．次のコードを実行すると True が返ってくる．

```
import math
math.isnan(math.nan)
```

[*10] リテラルからデータ型を推定してくれるプログラミング言語もある．
[*11] プログラミング言語 Python の整数型（int 型）は 1 種類で，メモリが許す限りの大きな整数を扱うことができる．
[*12] 浮動小数点数のサイズは，処理速度と精度のトレードオフと考えてよいだろう．分野によっては 16 ビットや 32 ビットで十分な結果が得られることも多い．

何もないという状態を表現するデータ型もある．これには，None，null，Nil などのリテラルが使われる．

数値データを使った**四則演算**（arithmetic operations）を考えよう．整数型どうしの足し算，引き算，かけ算の計算結果は整数型になる．整数型と浮動小数点型，浮動小数点型どうしの計算結果は通常，浮動小数点型になる．割り算には注意が必要だ．整数型どうしの割り算において，計算結果を浮動小数点型で返すか，割り切れない場合は切り捨てて整数型で返すかは，プログラミング言語によって挙動が変わる．入力のデータ型や演算子の違いで，出力のデータ型を変更できることもある．また，整数型どうしの割り算では，商と剰余を返すことで整数型だけを使った計算を実行できる．

文字には**文字型**（character type）が用意されていることが多く，最近のプログラミング言語では Unicode を前提としている例が増えている．1 文字だけを表現する文字型と，文字の列である文字列型が考えられる．プログラミング言語によっては，文字型を持たず，すべてを文字列型として扱う[*13] こともある．

▶ b 変数と代入

プログラムにリテラルでデータを書き込んでしまうと，そのデータしか扱えないプログラムになってしまう．通常は実行時にプログラムへ外部からデータを渡すので，プログラムの中ではこれを**変数**（variable）で記述しておく．どんなデータが来るかわからないので，ひとまず名前を決めておく必要があるわけだ．変数に実際のデータを結びつけることを，**代入**（assignment）という．変数 a に 100 を代入した後，変数 b に変数 a を代入した状況を考えよう．等号（=）を使って代入を表現するプログラミング言語であれば，次のようなコードになる．

```
a = 100
b = a
```

代入は単純な作業に見えるが，代入の際に起こるコンピュータ内部の挙動を詳しく知っておく必要がある．100 のような簡単なデータではなく，変数 a に画像データを読み込むことを考えよう．このとき，コンピュータのメモリでデータがどのよ

[*13] 1 文字は長さ 1 の文字列型になる．

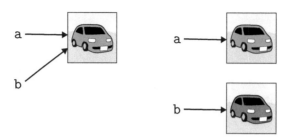

図 2.2.7 変数への代入とメモリ領域にあるデータの関係. 変数 a と b が同じデータを参照する場合（左）と別々のデータを参照する場合（右）.

うに扱われているかは，プログラミング言語によって挙動が異なり，データサイエンスを実践するときにも注意を要する．具体的には，変数 a への代入で用意されたメモリ領域が，変数 b への代入でそのまま使われる場合（図 2.2.7 左）と，新たにデータのコピーが作られ，そのメモリ領域と変数 b が結びつけられる場合（図 2.2.7 右）がある.

　変数 a と b に同じメモリ領域が割り当てられる場合，変数 a を通じて画像を加工すると，変数 b から見たときその変更が反映されている．変数 b から変更を加えても同様だ．これに対して，変数 a と b にそれぞれ別のメモリ領域が割り当てられている場合は，変数 a を通じた処理と変数 b を通じた処理は独立したものになる．変数への代入は，箱へデータを入れることだと例えられることがあるが，これは図 2.2.7 右の動作の場合でだけ正しいといえる．たとえば，プログラミング言語 Python では図 2.2.7 左の動作となり，R では通常図 2.2.7 右の動作となる．プログラミング言語 Rust では，人がこの動作を細かく制御する必要がある.

▶ c 条件分岐と繰り返し

　プログラミングとは，何らかの目的を達成するためにコンピュータに対して一連の指示を出すことである．コンピュータへの指示は，0 と 1 だけからなるビット列になっている必要がある．このビット列を人が直接作るのは困難なため，通常はプログラミング言語を使ってテキストファイルを作る．これをソースコードと呼ぶ．ソースコードをコンパイルして，オペレーティングシステムが提供するライブラリなどとリンクすることで，コンピュータが実行可能な命令がビット列で並んだファイル

ができる[*14]．これは実行可能なバイナリファイルと呼ばれ，PC やスマートフォンのアプリケーションソフトがこれに相当する．バイナリファイルに書かれた命令は順に実行（**順次実行**）される．

　順次実行を基本とするコンピュータに対してプログラミングで指示を出す場合，条件分岐と繰り返しの 2 つが重要な概念になる．

条件分岐：条件に応じてその後の処理を変更する
繰り返し：同じ処理を一定回数実行する

　条件分岐では，条件を調べた結果で以降の処理を振り分ける．論理型で表現された条件の判定結果と if 文を組み合わせるのが一般的だ．if 文では，評価した式が真ならばその後の処理を実行し，偽ならば実行しない．偽となったときに別の処理を実行できるようにするために，if と else を組み合わせることも多い．この場合，if で評価式が偽になると，else の部分に書かれた処理が実行される．また，真偽の 2 種類ではなく，複数種類の条件に応じて実行する処理を変える switch 文のような構造を持つプログラミング言語も多い．

　繰り返しは，配列の要素を順に処理する，あるいは特定の条件が成立するまで同じ処理を繰り返すといった場合に使われる．プログラムの記述には，for や while といった単語が使われることが多い．

❯ d 関数

　プログラムを書くことに慣れてくると，同じような処理を繰り返していることに気がつくことがある．こうした処理は**関数**（function)にまとめるべきだ．関数は，入力と出力を持った処理のまとまりと考えることができる．関数への入力は**引数**（ひきすう，parameter)と呼ばれ，出力は**戻り値**（return value)[*15] と呼ばれる．

　2 つの引数 x と y を受けとり，x^y を計算する関数 pow() を考えよう．関数の定義は pow(x, y) のように書かれる．pow(int x, int y) のように引数のデータ型を指定するプログラミング言語もある[*16]．実際に利用するときは，pow(2, 3) とすれば 8 が戻り値として得られる．ここで，x や y を仮引数，実際の呼び出しで与

[*14] この一連の作業をビルドと呼ぶこともある．また，人に代わりビルドを自動的に実行してくれるプログラミング言語もある．R や Python はこうした言語の一種で，短いコードの入力を受けつけ，実行結果をすぐに返してくれるインターフェイスが備わっている．
[*15] 返り値という単語も使われる．
[*16] ここで int は整数を意味しているが，書き方はプログラミング言語によって異なる．

えられる 2 と 3 を実引数と呼ぶことがある[*17].

　自分で関数を作るだけでなく，誰かが作った関数を使いこなすとプログラミングの生産性が向上する．こうしたプログラムの部品に相当するものは，ライブラリと呼ばれている．数値計算や可視化，ウェブアプリケーションに関する機能などいろいろなライブラリがあり，最近ではそのほとんどをオープンソースソフトウェアの中から見つけることができる．プログラミングの目的が決まったらまずライブラリを探すところからはじめてみる習慣をつけるとよいだろう．同じ目的に使えるライブラリには，たいていいくつかの種類がある．開発状況やユーザー数などを調べて，信頼できそうなライブラリを探す能力が求められる．一朝一夕で身につくものではないが，現代のプログラミングでは欠かせないスキルの 1 つだといえる．

◉ e プログラミング言語のパラダイム

　現在のデジタルコンピュータは，CPU（中央演算処理装置），メモリ，外部記憶装置などから構成されており，中でも CPU は計算を実行する中心的な部品である．どのようなコンピュータプログラムも最終的には CPU に対する一連の細かい命令に翻訳され実行される．この CPU に対する命令は機械語と呼ばれ，まさに 0 と 1 だけの世界だ．これをもう少し人間にわかりやすい形式にしたものに，**アセンブリ言語**（assembly language）がある．初期のコンピュータが使われはじめた 1950 年代には，アセンブリ言語を使ったプログラミングスタイルが一般的であった．しかし，これは人間が苦労して機械にあわせている状態であり，人間がさらに楽にプログラムを作れるようにするために，FORTRAN や COBOL などのプログラミング言語が作られた．こうした初期のプログラミング言語は，現在では**命令型言語**（imperative language）または**手続き型言語**（procedural language）というパラダイムに分類され，今日のプログラミング言語の礎となっている．たとえば，C 言語は命令型言語のパラダイムに属するプログラミング言語の代表格で，今も広く使われている．

　アセンブリ言語と比較すると，C 言語のほうがプログラミングしやすい．アセンブリ言語のようにより CPU に近い言語を低水準言語と呼び，人間にとってより扱いやすい言語を高水準言語[*18]と呼ぶことがある．図 2.2.8 に，C 言語，アセンブリ

[*17] 一般的に，仮引数を parameter，実引数を argument と訳す習慣がある．ただ，英語では両者の違いはそれほど厳密に区別されていないようだ．また，日本語でも引数という言葉の意味を文脈に応じて変えるほうが多い．

[*18] この他に，低級・高級，低レベル・高レベルという言葉が使われることもある．

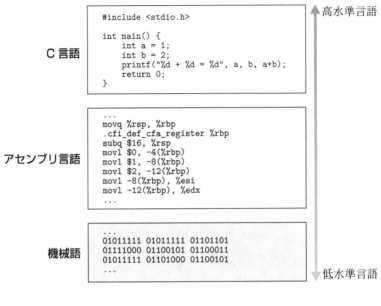

C 言語

```
#include <stdio.h>

int main() {
    int a = 1;
    int b = 2;
    printf("%d + %d = %d", a, b, a+b);
    return 0;
}
```

高水準言語

アセンブリ言語

```
...
movq %rsp, %rbp
.cfi_def_cfa_register %rbp
subq $16, %rsp
movl $0, -4(%rbp)
movl $1, -8(%rbp)
movl $2, -12(%rbp)
movl -8(%rbp), %esi
movl -12(%rbp), %edx
...
```

機械語

```
...
01011111 01011111 01101101
01111000 01100101 01100011
01011111 01101000 01100101
...
```

低水準言語

CPU

図 2.2.8 CPU から見た言語の階層構造.

言語，機械語の階層構造を示す．ここで説明するプログラミング言語のパラダイム
は，高水準言語の特徴に注目したものだ．

　コンピュータが世の中に浸透し，プログラミングで解決しなければならない問題が
複雑化するにつれ，いくつかの新しいパラダイムが生まれてきた．現在のソフトウェ
ア開発において中心的な役割を担っているものに，**オブジェクト指向言語**（object-
oriented language）がある．C++は C 言語にオブジェクト指向のパラダイムを導
入したものだ．Java は C++から影響を受けつつ，より純粋なオブジェクト指向言
語として開発され 2000 年代初頭に多くのプログラマから高い支持を得た．プログ
ラミングの対象となるものをオブジェクトとしてとらえ，プログラミング言語でそ
の機能を再現するという考え方がオブジェクト指向の核になる．オブジェクト指向

を駆使すると，より柔軟でメンテナンスが容易なソフトウェアを作ることができる．しかし，現実のものを抽象化して，実際のプログラムに変換する作業はかなり高度なスキルといえる．質の高いソフトウェアを作るためには鍛錬が必要だ．

関数型言語（functional language）も根強い人気があるパラダイムの1つだ．古くは LISP（リスプ），最近では Haskell（ハスケル）といった言語が関数型言語に分類される．命令型言語やオブジェクト指向言語でももちろん関数は使われる．関数型言語を特徴づける機能はいくつかあり，その1つに関数自体を関数の引数にできるというものがある．また，Haskell では変数に値を一度代入すると別の値に変更することができない[*19]．関数型言語の種類によって若干の違いはあるが，こうした特徴をうまく利用することで，バグが少ない，複数の CPU での同時実行が容易，といった特徴を持つプログラムを作ることができる．関数型言語は長い歴史がある一方で，オブジェクト指向言語と比べると現在はそれほど普及していないといえる．これは，関数型言語の理解が比較的難しいという理由もあるかもしれない．もちろん将来，新たな関数型言語が誕生し世界的に普及する可能性はある．

宣言型言語（declarative language）は，コンピュータにどのように動いてほしいか書くのではなく，人がほしいものを宣言することで，コンピュータに計算を実行させる言語だ．代表的なものに，リレーショナルデータベースを操作する SQL がある．SQL では，人がほしい結果を羅列するだけで，コンピュータが検索や情報の統合など必要な計算を実行して結果を返してくれる．命令型言語と大きく違うこの特徴は，限定的な場面でその機能が発揮される．データベースが適切に設計され，データがテーブルと呼ばれる表の形に整理されているという条件のもとで，はじめて SQL を使ったデータ処理が可能となる．データサイエンスの分野では，データがリレーショナルデータベースに格納されていれば，ほとんどの場合は，命令型言語を使うより SQL を使ったほうがよい．はるかに短いコードで，ほしいデータを短時間で手に入れられる．

> **Memo** プログラミング言語の進化
>
> 　20世紀の終わりごろから，ソフトウェア開発ではオブジェクト指向言語が中心的な役割を果たしてきた．一方で，関数型言語の考え方も廃れずに脈々と受け継がれている．時代とともに変化するパラダイムの分類も容易ではない．たとえば，関数型言語は広

[*19] このため代入ではなく，束縛（binding）という言葉が使われる．

い意味では宣言型言語に分類される．また，1つの言語の中にいくつかのパラダイムが混在していることも多い．こうした言語は，**マルチパラダイム言語**（multi-paradigm language）と呼ばれる．たとえばプログラミング言語 Python は，オブジェクト指向型の言語でありかつ，関数型言語から影響を受けた要素も持っている．プログラミング言語は常に進化しているので，命令型言語に基礎をおきつつ，技術の進化に対応できる柔軟な姿勢を持ち続けることが重要だといえる．

- すべてのプログラムは，0と1のビット列に変換され CPU で実行される．
- プログラムが扱うデータには種類があり，整数，小数，文字列などにそれぞれデータ型が定義されている．
- 現代のコンピュータとプログラミングを支える基本的な考え方に，順次実行，条件分岐，繰り返し処理がある．
- プログラミング言語を特徴づけるパラダイムにはいくつかの種類がある．

➤ 2.2.3 アルゴリズム基礎

目 的
2.2.3
同じ結果を得る計算でも，どのような手順に従うかによってかかる時間が大きく変わることがある．こうした手順はアルゴリズムと呼ばれる．典型的な問題を例にして，具体的なアルゴリズムの理解を目指す．また，アルゴリズムの性能を評価するための指標を紹介する．

　20世紀に発明されたコンピュータは，日常生活になくてはならないものとなった．この劇的な発展を支えてきたのは，ハードウェアである半導体部品とソフトウェアの進化だ．ソフトウェアを構成する要素はいくつかあり，それらが複雑に関係することで1つのアプリケーションが動作している．本項では，この構成要素の中から，計算の手順を規定するアルゴリズムに注目する．具体例を通じて初歩的なアルゴリズムを学ぶことで，コンピュータを多用する社会がアルゴリズムに支えられている実態に迫っていこう．

● a アルゴリズムとは

コンピュータで何らかの問題を解きたいと思ったら、プログラムを作る必要がある。2.2.2.c 項で紹介したように、現在広く使われているプログラミング言語は、順次実行、条件分岐、繰り返しを基本的な構造としている。つまり、これらの要素だけを使って問題を解く手順を考える必要がある。**アルゴリズム**（algorithm）とは、ある問題を解くことができる一連の手順のことを指す。

2 つの自然数 [20] の最大公約数を計算することを考えよう。$194 = 97 \times 2$ と $1067 = 97 \times 11$ の最大公約数は 97 になる [21]。最大公約数を求める最も素直な方法は、与えられた数をそれぞれ素因数分解して、共通の約数を選び出してかけ合わせることだろう。これを実行するプログラムを作ることを考えよう。以下、この手順を言葉で書いてみる。先に断っておくと、かなりややこしいことになる。

まず、素因数分解するという作業はもう少し噛み砕く必要があるだろう。素因数分解とは、与えられた自然数を素数 [22] の積で表現することだ。幸い、これは一意に決まることが知られている。与えられた数を n として、少し手順を考えてみよう。条件分岐と繰り返しだけで実現する。まず、n 以下の数で、n を割り切る素数を探すことになる。$x = n$ からはじめよう。x が素数かどうかを確認し、素数だったら n を割ってみる。割り切れたら x を候補として残し、割り切れなかったら何もしない。次のステップのために $x = x - 1$ を計算する。x が 1 になったら素因数分解の前半は終了だ。たとえば、$12 = 2^2 \times 3$ なので、12 を割り切る素数として、2 と 3 が見つかる。素因数分解では同じ素数が複数回使われることもある。素因数分解を完了するためには、それぞれの素数が何回使われるかも調べなければならない。素因数分解を完了した後、やっと最大公約数の計算に進むことができる。

同じ問題でも解き方はさまざまである。2 つの数の最大公約数を求める問題では、世界最古のアルゴリズムとして有名な**ユークリッドの互除法**が知られている。2 つの数を a と b として、これらの最大公約数を求めるためには、以下の手順に従うだけでよい。

1. a を b で割った余りを r とする。

---

[20] ここでは自然数に 0 を含めない。
[21] 多くのプログラミング言語では、こうしたよくある計算のためにライブラリが用意されている。現代のプログラミングは、こうしたライブラリの便利な関数を組み合わせてプログラムを作ることが多い。
[22] 1 とその数自身以外の約数を持たない自然数のこと。

2. r が 0 ならば，b を最大公約数として出力して終了する．

3. a に b を，b に r を代入して 1. に戻る．

この手順に従って機械的に計算すると最大公約数を求めることができる．これが
アルゴリズムのすごいところだ．また，見てわかるように条件分岐と繰り返しの構
造からできているので，プログラミング言語で書き直すことも容易になっている．

b アルゴリズムの表現方法

アルゴリズムの表現にはいくつかの方法がある．日本語や英語など自然言語で手
順を記述する方法のほかに，条件分岐と繰り返しの記述方法を独自に定めた疑似言
語が使われる場合もある．特定のプログラミング言語でアルゴリズムを記述すると
いう方法も使われる．

言葉ではなく，アルゴリズムを図で表現する方法もある．図 2.2.9 は，ユークリッ
ドの互除法を**フローチャート**（flowchart）で表現したものだ．

フローチャートでは，長方形が何らかの処理，ひし形が条件判定を表現するという

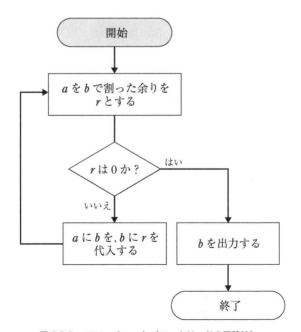

図 2.2.9　フローチャート（ユークリッドの互除法）.

きまりがあり，これは JIS[*23] にもなっている．簡単なアルゴリズムをフローチャートで記述できると視覚的にわかりやすい．しかし，アルゴリズムが複雑になるとフローチャートも複雑になるため，最近ではフローチャートを使ってアルゴリズムを記述する機会は少なくなった．

● c データの並べ替え

数値，文字列，日付や日時でデータを並べ替えることはよくある．これは**ソート**（sort）と呼ばれる．データは配列に格納されているものとしよう．表計算ソフトなどを使えばソートはすぐにできる．多くのプログラミング言語では，sort などの名前で関数が提供されているのでそれを使えばよい．このとき実行されるのが，**ソートアルゴリズム**（sorting algorithm）である．20 世紀中ごろに計算機科学という研究分野が生まれて以来，ソートにはさまざまなアルゴリズムが提案されてきた．有名なものをアルファベット順にソートして列挙してみよう[*24]．**バブルソート**（bubble sort），**挿入ソート**（insertion sort），**マージソート**（merge sort），**クイックソート**（quick sort），**選択ソート**（selection sort）などがある．

以降では，バブルソートと挿入ソートのアルゴリズムを詳しく紹介しよう．マージソート，クイックソート，選択ソートに関しては辻（2019）を参考にしてほしい．ここでは，整数の配列を昇順にソートする．まず，バブルソートを紹介しよう．バブルソートは，配列の隣接する 2 つの要素を順々に比較して順番を並べ替える．図 2.2.10 に計算の基本動作を図示する．

図に示した計算ステップでは，33 と 1 を比較している．全体が昇順にソートされるということは，33 より左に 1 が来る必要があるので，これらの順序を交換する．

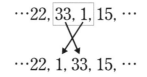

図 2.2.10　バブルソートの基本動作．

[*23] JIS は日本産業規格（japanese industrial standards）のことで，フローチャートの規格には JIS X 0121 という番号がつけられている．
[*24] ウィキペディアでこれらの項目を調べると，わかりやすいアニメーション動画が見られるものもあるので理解の助けになる．

配列の先頭から順にこの計算を繰り返し，配列の末尾まで到達したとしよう．この段階で，与えられた配列にある最大の値が配列の最後に配置され，その位置が確定する．ただ，この1回だけでは配列全体がソートされている保証はない．そこでこの計算を繰り返す．配列の要素数を n とすると，n 回繰り返せば配列全体が必ずソートされた状態になる．このアルゴリズムを Python[25] で記述すると，次のようになる．

```python
def bubble_sort(array):
    n = len(array)
    for i in range(0, n):
        for j in range(0, n-1):
            if array[j] > array[j+1]:
                array[j+1], array[j] = array[j], array[j+1]
        print(f"{i=}", array)
```

このプログラムを少し詳しく説明しよう．Python では，配列の添え字は 0 からはじまる．関数 len() は引数の配列の長さを返す．関数 range() は，1 つ目の引数から 2 つ目の引数の 1 つ手前までの整数を順に返す．この関数はアルゴリズムを説明するために書かれているので，ステップごとに途中経過を出力する．入力として要素数 10 の次のような配列を渡したときの出力を確認してみよう．

```
[39, 29, 1, 35, 29, 34, 16, 34, 23, 5]
```

```
i=0 [29, 1, 35, 29, 34, 16, 34, 23, 5, 39]
i=1 [1, 29, 29, 34, 16, 34, 23, 5, 35, 39]
i=2 [1, 29, 29, 16, 34, 23, 5, 34, 35, 39]
i=3 [1, 29, 16, 29, 23, 5, 34, 34, 35, 39]
i=4 [1, 16, 29, 23, 5, 29, 34, 34, 35, 39]
i=5 [1, 16, 23, 5, 29, 29, 34, 34, 35, 39]
i=6 [1, 16, 5, 23, 29, 29, 34, 34, 35, 39]
i=7 [1, 5, 16, 23, 29, 29, 34, 34, 35, 39]
```

---

[25] 実行には，Python3.8 以上が必要である．

```
i=8 [1, 5, 16, 23, 29, 29, 34, 34, 35, 39]
i=9 [1, 5, 16, 23, 29, 29, 34, 34, 35, 39]
```

配列の末尾から順番に位置が確定していく様子がわかる．1回の i に関するループで，少なくとも1つの要素の位置が確定するので，前述のプログラムは余計なループを回していることになる．i に関するループは range(0, n-1)，j に関するループは range(0, n-1-i) でよい．ただ，こうした小手先の改良をしたとしても，バブルソートは実用的ではないため，実際にはほとんど使われることはない．アルゴリズムの計算時間を定量的に見積もる方法については後述する．

次に，挿入ソートを紹介しよう．挿入ソートを理解するときに助けになるのは，数学的帰納法の考え方である．$n = 1$ のときに命題が成立することを確かめ，$n = k-1$ のときの成立を仮定して $n = k$ の場合を証明することで，一般的にその定理が成り立つことを証明する方法だ．まず，配列の先頭要素だけに注目する．これを要素が1つだけの配列と考えればソートされているとみなせる．この考えのまま進んで，今5番目の要素に注目しているとしよう．つまり，1番目から4番目はソートされている．この状態で，5番目の要素をどこへ挿入すると全部で5つの要素がソートされた状態になるだろうか（図 2.2.11）．

図 2.2.11　挿入ソートの途中（5番目の要素に注目した段階）．

1〜4番目の要素はソートされているので，注目している5番目の要素 29 について，後ろから順番に比較していけばよい．まずは 39 と比較して，29 のほうが小さいのでこれらを交換する．次は 35 との比較になる．これも注目している 29 のほうが小さいので位置を入れ替える．その次は 29 どうしの比較になり，これは位置を入れ替える必要はない [*26]．よって 35 の左側に注目している 29 を挿入することにな

[*26] 2つの 29 は同じ数字だが，前にあった 29 と後ろにあった 29 を区別して考えてみよう．このとき，挿入ソートでは計算の途中で，もともと前にあった 29 を後ろにあった 29 が追い越すことはない．つまり，これらの前後関係がソートした後でも保持される．このようなソートアルゴリズムを**安定ソート**（stable sort）という．ちなみに，バブルソートも安定ソートである．

る．これを繰り返していくと配列全体がソートされる．挿入ソートのアルゴリズム
を Python で記述すると，次のようになる．

```python
def insertion_sort(array):
    for i in range(1, len(array)):
        for j in range(i, 0, -1):
            if array[j-1] > array[j]:
                array[j-1], array[j] = array[j], array[j-1]
            else:
                break
        print(f"{i=}", array)
```

このプログラムを少し詳しく説明しよう．i に関するループは，1 からはじまる．
Python で配列の最初の要素番号は 0 なので，先頭要素だけからなる配列をソート
されていると考え，2 番目の要素から計算をはじめる．j に関するループでは，3 つ
の引数をとる関数 range() が使われている．たとえば，range(10, 0, -1) は 10
から 1 まで降順に整数を返す．Python の break は for や while などのループを
抜けるために使われる．ここでは，j のループを抜けて，次の i のループへ移る．

バブルソートの実行例で使ったものと同じ配列を入力とすると，次のような実行
結果になる．

```
i=1 [29, 39, 1, 35, 29, 34, 16, 34, 23, 5]
i=2 [1, 29, 39, 35, 29, 34, 16, 34, 23, 5]
i=3 [1, 29, 35, 39, 29, 34, 16, 34, 23, 5]
i=4 [1, 29, 29, 35, 39, 34, 16, 34, 23, 5]
i=5 [1, 29, 29, 34, 35, 39, 16, 34, 23, 5]
i=6 [1, 16, 29, 29, 34, 35, 39, 34, 23, 5]
i=7 [1, 16, 29, 29, 34, 34, 35, 39, 23, 5]
i=8 [1, 16, 23, 29, 29, 34, 34, 35, 39, 5]
i=9 [1, 5, 16, 23, 29, 29, 34, 34, 35, 39]
```

バブルソートは配列の末尾から順に要素の位置が確定していったが，挿入ソート
では先頭から順に要素の位置が確定されていくわけではないことに注意しよう．先

頭からソートされた配列ができあがってはいくが，それは完成版ではない．あくまでも一部の要素がソートされているにすぎず，要素が挿入されれば，挿入位置より後ろにあった要素の位置は 1 つ後ろにずれることになる．たとえば，i=6 のとき，16 が 2 番目の要素として挿入され，29 より右の要素は 1 つずつ後ろにずれる．

　挿入ソートとバブルソートのアルゴリズムが似ているように見えるかもしれない．しかし，挿入ソートにはバブルソートにはない特徴がある．挿入ソートでは，入力となる配列がソートされた状態に近いと計算のステップが少なくなる．このため，実際のプログラミングで使われるソートのアルゴリズムでは，挿入ソートの考え方が使われることも多い[*27]．

　Memo　実践的なプログラミング

　前述したバブルソートと挿入ソートの Python プログラムは，実践的なプログラミングの手法という視点で考慮すべき点がある．それぞれの関数が引数で受けとった array をそのまま上書きしている，つまり関数を実行すると，元のソートされていなかった配列がなくなってしまう点に注目しよう．このような処理を「破壊的」と呼ぶことがある．関数を呼び出した後，元のソートされていない配列も利用したい場合は，関数を次のように書き換える．挿入ソートを例にする．

```python
def insertion_sort(array):
    result = array.copy()
    for i in range(1, len(result)):
        for j in range(i, 0, -1):
            if result[j-1] > result[j]:
                result[j-1], result[j] = result[j], result[j-1]
            else:
                break
    return result
```

　引数で受けとった array をコピーして，新たに result という変数を用意した．こうすると，関数を呼び出しても引数の array は変更されず，新たにソートされた配列が関数の戻り値となる．どちらを使うべきかは状況によって考え方が変わる．引数を

[*27] Python の組み込み関数 sorted() や sort() メソッドで実行される Timsort は，挿入ソートとマージソートをもとにしたアルゴリズムになっている．

上書きしてソートした配列に変更すれば, 余計なメモリを使わなくて済む. 一方で, コンピュータが豊富なメモリを搭載するようになった現代のプログラミングスタイルでは, この程度のメモリ消費は気にしないという考え方もある. ライブラリを利用する場合には, ドキュメントをよく読んでどのような仕様になっているのかを必ず確認する必要がある. また自分で関数を作る場合には, たくさんのコードを書いて失敗しながら実践的な技法を学んでいくとよいだろう.

d データの探索

さまざまな本や書類が散らかった机の上から, 目的のものを探しているとき, 片づけておけばよかったと後悔するのは筆者だけではないかもしれない. コンピュータを使ったデータ処理においても, たくさんのデータの中から特定のものを**探索**（**サーチ**）（search)したいと思うことはよくある. ソートの場合と同じように, **探索アルゴリズム**（search algorithm)にもいくつかの種類がある. 今, データが配列になっているものとしよう. 配列から特定のデータを探し出すアルゴリズムは, **リスト探索**（list search)と呼ばれる. このリスト探索の中から, **線形探索**（linear search)と**二分探索**（binary search)を紹介しよう.

線形探索のアイディアはいたってシンプルだ. 配列の先頭から順番に目的のデータを探していく. 計算の1ステップを「配列の要素と目的のデータの比較」として, 探索を完了するまでに何ステップの計算が必要かを考えてみよう. 配列の要素数を n とする. 目的のデータが配列のどこにあるかはわからないので, 最悪の場合を考えると, n ステップの計算が必要だとわかるだろう.

机の上が整理されていると目的の書類を発見するのも早い. 同じことが探索アルゴリズムでもいえる. 配列がソートされていると線形探索よりよい方法がある. それが二分探索だ. 二分探索は, 探索の対象になる配列から, 真ん中にある値を選び, これと目的のデータを比べる. 目的のデータが真ん中の要素よりも小さければ左側にあるし, 大きければ右側にあることがわかる. これは, 配列が昇順にソートされているためだ. また, 1ステップの計算で探索の領域が半分になることがわかる. ここで最悪の場合, 何ステップの計算が必要になるか考えてみよう. n を何回2で割れば1を下回るかを計算すればよい. その回数を k とすると, 次のようになる.

$$\frac{n}{2^k} < 1 \qquad (2.2.1)$$

$$n < 2^k \qquad (2.2.2)$$

$$\log_2 n < k \qquad (2.2.3)$$

$\log_2 n$ 回の計算ステップで二分探索が完了することがわかる．配列がソートされているという条件[*28] はあるものの，n ステップと $\log_2 n$ では，n が大きくなったときに計算回数に大きな違いが出てくる．図 2.2.12 にこれら 2 つを n の関数としたときのグラフを示す．log は単調増加の関数であるが，$y = n$ と比べるとほとんど x 軸に平行な直線に見えるほど，両者の増加率には違いがある．

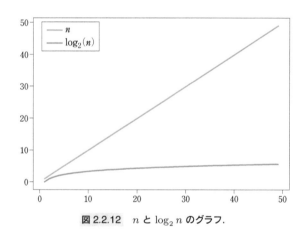

図 2.2.12 n と $\log_2 n$ のグラフ.

▶ e 二分探索と木構造

配列がソートされていれば，データの探索に二分探索が使えるので計算が速い．しかし，配列にデータが追加されることになったら，再び配列をソートしておかなければ二分探索が使えなくなってしまう．データの追加や削除が頻繁に起こることになると，そのつどソートするという余計な作業が重くのしかかる．こうした問題を木構造を使って解決する方法がある．具体例を使っておおまかな考え方を説明しよう．

[*28] ここでは配列をソートするという手間を考慮していない．後で見るように配列のソートには線形探索よりも多くの計算ステップ数が必要になる．つまり，ソートされていない配列から 1 回だけデータを探すなら線形探索でよい．だから机の上を片づけないのかもしれない．

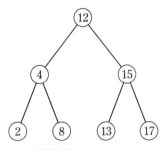

図 2.2.13 二分探索木．

要素が 7 つのソートされていない次のような配列を考える．

[12, 4, 15, 8, 17, 2, 13]

この配列から，図 2.2.13 に示す木を作る．これを**二分探索木**（binary search tree）と呼ぶ．

　まず，この木の使い方を説明しよう．この木を使うと，二分探索と同じ計算ステップ数で探索ができる．たとえば目的の値を 13 としよう．まず親ノードの 12 と 13 を比較する．13 のほうが大きいので，右の子ノードへ進む．今度は 15 との比較になり，13 は 15 より小さいので左の子ノードへ移動し，ここで 13 が配列の中にあるということがわかる．これは二分探索とほとんど同じアルゴリズムだ．二分木の左右バランスがとれていれば，1 回の計算ステップで，探索の領域が半分に減ることがわかるだろう．配列がソートされていなければ，二分探索が使えなかったように，二分探索木にも 1 つ大きな制約がある．あるノードにぶら下がる 2 つの子ノードは，左側が親ノードより小さく，右側が親ノードより大きくなっていなければならないというものだ．また，図 2.2.13 の木は，このルールを満たすように作ったものである．

　配列をソートしておけば二分探索のアルゴリズムが使える．また，ソートされていなくても，その配列から二分探索木を作っておけば，線形探索より短い計算ステップで探索ができる．また，二分探索木には簡単にデータを追加できる．探索と同じ方法で木を葉の方向へ進んでいき，そこにデータを追加すればよい[*29]．この計算は，配列全体のソートよりも負担が少ない．しかし，二分探索木にも欠点はある．もし木の左右バランスが崩れると，探索のステップ数が線形探索に近づいてしまう．

[*29] 今は，すでに木に存在するデータを追加することは想定していない．

木を作るために使った元の配列の要素の並び順や，その後のデータの追加によって，根から葉までの距離が場所によって大きく変わってしまうと木のバランスが崩れ，根から遠くにあるノードに到達するのに時間がかかるようになってしまう．そのため探索の速さを維持するには，定期的に木のバランスを見直す必要がある．実際の社会でコンピュータを使った検索は日常的に行われている．検索を速くするために，ここで紹介した二分探索木と同じように木構造を使ったアルゴリズムが使われている．たとえば，データベースの探索を高速化するB木や空間内の近傍探索に役立つkd木などが考案されていて，これらは**探索木**と総称される．このように木構造は，計算機科学における重要なデータ構造の1つで，コンピュータに支えられた現代社会の欠かせない構成要素になっている．

▶ f アルゴリズムと計算量

　入力となる配列の要素数によって，線形探索と二分探索の計算ステップ数がどのように変化するかを図 2.2.12 に示した．ここから単純に，二分探索のほうが速いとはいえないことに注意しよう．まず，このグラフは実際の計算時間をプロットしたものではなく，計算のステップ数をプロットしたものである点に注意しよう．1ステップの意味は，配列のある要素と探索する値の比較なので，1ステップにどれくらいの時間がかかるかは，プログラムを実行する計算機に依存する．また，線形探索の場合は1ステップの比較で値が見つからなかったら，隣の要素へ比較の対象を移動する．一方，二分探索では比較した要素を基点として配列を左右に分割した後，どちらか一方の配列の真ん中の要素を新たな比較対象とする．このように，アルゴリズムが違うので，1ステップといっても細かな作業には違いがある．このような細部にとらわれず，入力データのサイズによってアルゴリズムの性能を統一的に評価することを考えよう．これを研究するのは，**計算複雑性**（computational complexity）と呼ばれる分野である．計算複雑性の理論は，20世紀に誕生した計算機科学と数学が融合した分野で，つき詰めていくと非常に難解なので，基本的な用語の紹介にとどめることにする．

　今はアルゴリズムの実行時間に注目しているので，**時間複雑性**（time complexity）を考えることになる．これは単に計算量と呼ばれることも多い．計算量の表記にはギリシャ文字に由来する $\mathcal{O}$ という記号が使われ，通常はオーダーと読む．入力となるデータのサイズを n として，線形探索の計算量は $\mathcal{O}(n)$ と書き「おーだーえぬ」

と読む. 計算量を記述するとき, 定数倍は同一視する. アルゴリズムの計算ステップを調べて $2n$ ステップになったとしても, そのアルゴリズムの計算量は $\mathcal{O}(n)$ だ. 対数は底の変換に対して定数倍しか違わないので, 計算量の表記では底は省略される. また, 最も速く増加する項にしか注目しない. つまり, あるアルゴリズムの計算ステップが, $n^2 + n$ 回だとすると $\mathcal{O}(n^2)$ となる.

この記法を使うと, バブルソート, 挿入ソート, 選択ソートの計算量は $\mathcal{O}(n^2)$ となる. また, マージソートとクイックソートは $\mathcal{O}(n \log n)$ となり, 前者 3 つのソートアルゴリズムよりも計算量が小さくなる [*30].

アルゴリズムの計算量に関しては, そのオーダーが多項式かどうかで理論的には大きく話が分かれる. 対数は多項式より増加が遅いので, ここでは多項式に含まれている. a と b を定数としたとき, $\mathcal{O}(n^a)$ のアルゴリズムと $\mathcal{O}(b^n)$ のアルゴリズムはまったく違うということだ [*31]. 具体例を見てみよう. 表 2.2.1 に, $n \log n$, n^2, n^3, 2^n, $n!$ について n を 2 から 20 まで増やしたときの具体的な数を示す. $n!$ は階乗と呼ばれる計算で n から 1 まですべての整数をかけ算する [*32]. また, $n \log n$ は小数点以下を切り捨てて整数にしている.

多項式ではないアルゴリズムの場合, 入力データサイズ n の増加に対して圧倒的なスピードで計算量が増加することになる. 入力データがそれほど大きくなくても, 計算の終わりより宇宙の終わりが先にくる可能性がある. また, 表 2.2.1 の比較では n^2 と n^3 の間にもう 1 つの壁があると考えてほしい. $\mathcal{O}(n^3)$ のアルゴリズムは実務上は遅いほうに入るので, 入力データサイズに注意する必要がある. 計算量について詳しく学べば, こうした判断を的確に下すための基礎的なスキルを身につけることができる.

◉ g 数理最適化

東京から名古屋まで移動することを考えよう. 新幹線, 夜行バス, 自転車の 3 つの選択肢があるとする. 移動時間を最小にしたければ新幹線, コストを最小化したければ自転車を使うことになるだろう. この簡単な意思決定を**数理最適化** (mathematical

---

[*30] ここでは深入りしないが, ある種のクイックソートに対してソート済みの配列を渡すと, 計算量が $\mathcal{O}(n^2)$ まで悪化する. またこれは, クイックソートのアルゴリズムを変更することで, 比較的簡単に改善できる. 一方, マージソートではソート済みの配列が入力となっても計算量の増加は起きない. 興味がある読者はこれらのアルゴリズムの詳細を調べてみてほしい.

[*31] ここでは $a > 0$, $b > 1$ を想定している.

[*32] 1.5 節に数学の基本事項の解説がある.

表 2.2.1 $n \log n$, n^2, n^3, 2^n, $n!$ の比較.

n	$n \log n$	n^2	n^3	2^n	$n!$
2	1	4	8	4	2
3	3	9	27	8	6
4	5	16	64	16	24
5	8	25	125	32	120
6	10	36	216	64	720
7	13	49	343	128	5040
8	16	64	512	256	40320
9	19	81	729	512	362880
10	23	100	1000	1024	3628800
11	26	121	1331	2048	39916800
12	29	144	1728	4096	479001600
13	33	169	2197	8192	6227020800
14	36	196	2744	16384	87178291200
15	40	225	3375	32768	1307674368000
16	44	256	4096	65536	20922789888000
17	48	289	4913	131072	355687428096000
18	52	324	5832	262144	6402373705728000
19	55	361	6859	524288	121645100408832000
20	59	400	8000	1048576	2432902008176640000

optimization)の言葉で書き直してみよう. まず, 最適化したいことに関して**目的関数** (objective function) f_t を用意する. 目的関数の入力となる変数は, **決定変数** (decision variable)と呼ばれる. この例では, 決定変数は, 新幹線, 夜行バス, 自転車のどれかになる. 目的関数は移動時間を最適化したい場合 (f_t) と, コスト (f_c) を最適化したい場合で異なる. それぞれ次のような関数になる [33]. 移動時間の単位は分, コストの単位は円だ.

$$f_t(\text{新幹線}) = 95 \qquad (2.2.4)$$

$$f_t(\text{夜行バス}) = 420 \qquad (2.2.5)$$

$$f_t(\text{自転車}) = 1500 \qquad (2.2.6)$$

---

[33] 細かい条件によっては所要時間やコストは変わるが, 今は単純化している.

$$f_c(新幹線) = 11500 \qquad (2.2.7)$$

$$f_c(夜行バス) = 3000 \qquad (2.2.8)$$

$$f_c(自転車) = 0 \qquad (2.2.9)$$

関数 f_t，f_c はともに単純なので，すぐに**最適解**（optimal solution）がわかる．このように，目的関数が最適値（最小値）をとる決定変数の値を求める問題が数理最適化の問題である．目的関数を最大化したいときは，目的関数に -1 をかければ関数を最小化することになるので，これらの間に本質的な違いはない．また，移動時間とコストを同時に最適化しようとすると，多目的最適化になる．現実に解決したい問題は多目的最適化になることが多いが，本書の範囲を大きく超える内容なので，今は 1 つの目的関数だけを考える．

もう少し実践的な例を挙げよう．図 2.2.14 は，データサイエンスでよく使われるアヤメのサンプルデータから，virginica 種の sepal（萼，がく）の長さと petal（花弁）の長さで散布図を作り，回帰直線を重ねて描画したものである．一部で点が重なってしまっているが，元のデータは全部で 50 個ある．

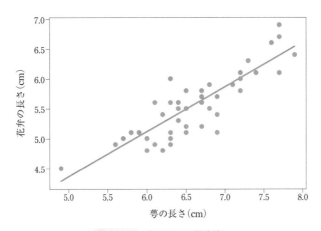

図 2.2.14　散布図と回帰直線．

回帰直線とは，データに最もよく当てはまる直線のことで，機械学習アルゴリズムのライブラリなどを使えば簡単に求めることができる．この直線の式を求める計算は，数理最適化問題になる．

sepal(萼, がく)の長さを x, petal(花弁)の長さを y とする．直線の式を $y = a + bx$ とすると，a と b を決めればよい．$x = 0$ のとき $y = 0$ と考えて差し支えないので，$a = 0$ でよいだろう．データに最もよく当てはまるという状態を，目的関数を最小化する問題に書き直そう．個別のデータを添え字 i で区別し，決定変数 b に対する関数を考える．

$$f(b) = \sum_i \left(y_i - bx_i \right)^2 \tag{2.2.10}$$

式 (2.2.10) は，実際の petal（花弁）の長さと回帰直線で計算された長さの差を 2 乗して，すべて足し合わせたものである[*34]．この量を最小にできる直線をデータに最もよく当てはまる直線としよう．b は連続値なので，こうした問題は**連続最適化問題**（continuous optimization problem）という．

式 (2.2.10) に 50 個のデータを代入し，展開して整理すれば b の 2 次関数になることがわかる．もちろん，こうした計算はコンピュータにやらせればよい（図 2.2.15）．

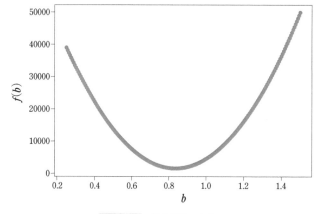

図 2.2.15　目的関数の変化．

下に凸な 2 次関数なので，最小値を求めることは容易だ．直線の式が求まれば，それを予測モデルとして利用することもできる．線形回帰を使った機械学習モデルの構築は，数理最適化にほかならないことがわかる．

もう 1 つ**ナップサック問題**（knapsack problem）を紹介しよう．重量制限がある

[*34] これは最小二乗法と呼ばれる方法で，1.4 節に解説がある．

ナップサックに，制限内で品物を詰めることを考える．それぞれの品物には，価値と重さがあり，価値を最大にする品物の組合せを求めるという問題だ．たとえば，重量制限が12kgだとしよう．品物として金の塊（10kg，1億円），岩（11kg，2円），ノートパソコン（1.2kg，20万円）がある．可能な組合せは，（金の塊，ノートパソコン）と（岩）の2通りになる．最適解は前者となる．

　問題を数式で表現してみよう．品物は全部で n 個あり，1から順に数字がつけられているとする．これを添え字 i で区別する．w_i を品物 i の重さ（weight），v_i を価値（value）としよう．$x_i = 0$ ならば品物 i はナップサックに含まれず，$x_i = 1$ ならば含まれるとする．ナップサックの重量制限を C としよう．

$$目的関数（最大化）：\sum_{i=1}^{n} v_i x_i$$
$$制約条件：\sum_{i=1}^{n} w_i x_i \leq C \qquad (2.2.11)$$
$$x_i \in \{0, 1\}$$

　目的関数はナップサックに含まれる品物の価値を合計したものだ．これを最大化したいと思うとき，守らなければならない条件が2つある．これを**制約条件**（constraint）という．一般的な数理最適化問題は，このように目的関数と，いくつかの制約条件で定式化される．今は1つ目の制約条件が，ナップサックの重量制限だ．ナップサックに含まれる品物の合計重量が C 以下になるようにする．2つ目の制約条件は，決定変数 x が 0 か 1 のどちらかに限定されるという意味だ．つまり，連続値ではなく離散的な値となる．このため，こうした最適化問題は，**離散最適化問題**（discrete optimization problem）または**組合せ最適化問題**（combinatorial optimization problem）と呼ばれている．

　ナップサック問題を解くことを考えてみよう．たとえば，こんな方法はどうだろうか．各品物の価値を重さで割って，単位重さ当たりの価値を計算する．品物を，この単位重さ当たりの価値で降順に並べ替える．最も価値がある品物から順にナップサックに入るか試し，入れられればその品物は含めることにする．これをすべての品物について行う[*35]．比較的単純なアルゴリズムなので，プログラミングも簡単にできる．ただ残念なことに，ナップサック問題の場合はこの方法で常に最適解を得

[*35] 価値が高くよさそうな方法を順に試していくこうしたアルゴリズムを総称して**貪欲法**（greedy algorithm）と呼ぶ．貪欲法で最適解にたどりつける問題もある．

られるとは限らない．別の解法を考えてみよう．n 個ある品物すべてについて，入れるか入れないかを試すとどうなるだろうか．組合せは 2^n 通りある．$n!$ ほどではないが，n の増加に対して計算量が尋常ではない速度で大きくなってしまう．ナップサック問題には，計算量を抑えつつ，常に最適解を得ることができるアルゴリズムが知られている．興味のある読者は，辻（2019）などを参考にしてほしい．

　数理最適化の分野では，20 世紀の半ばごろから活発な研究成果が出るようになり，問題を解くためのアルゴリズムも進化してきた．こうしたアルゴリズムを実装したソフトウェアはソルバーと呼ばれ，最近では無料で使えるものもある．つまり，問題を数式で的確に表現できれば，以降の計算をコンピュータに任せることができる．しかし，実際には自分が解かなければならない目の前の問題を定式化することはそれほど簡単なことではない．多くの場合は，これまで研究されてきた問題の中から，自分が解きたい問題と似た問題を探して，定式化の参考にすることになるだろう [36]．いくつかの工場と店舗の間の商品の輸送（輸送問題），航空会社におけるパイロットと客室乗務員の業務計画（スケジューリング問題）など，よく知られている典型的な問題がいくつもある．詳しくは，久保ら (2012) のような書籍を参考にするとよい．

> **まとめ 2.2.3**
> - ある問題を解くための一連の計算手順をアルゴリズムと呼ぶ．
> - データの並べ替え（ソート）や探索には効率的なアルゴリズムが知られている．
> - アルゴリズムの実行にどれくらいの計算時間がかかるかは，計算のステップ数を定量化した計算量で評価する．

参考文献

辻真吾 (2019)，Python で学ぶアルゴリズムとデータ構造，講談社．
久保幹雄・J.P. ペドロソ・村松正和・A. レイス (2012)，あたらしい数理最適化：Python 言語と Gurobi で解く，近代科学社．

---

[36] 定式化の困難を緩和する新たなアプローチ（機械学習モデルを応用したデータ駆動型の数理最適化手法）も研究されている．データサイエンスが社会に浸透することで，こうした新しい数理最適化の方法論に注目が集まることが期待される．

➤ 2.2 節　練習問題

2.2.1　1 バイトを 8 ビットとする．1 バイトでいくつの異なる状態を表現できる
かを次の中から選べ．

① 2×8
② 8^2
③ 2^8
④ 8^8
⑤ $\log_2 8$

2.2.2　あるプログラミング言語で次の式を評価したところ False が返された．考
えられる理由を 1 つ選べ．ここで，*は乗算，==は両辺が等しいかどうか
を評価する演算子であり，浮動小数点数と整数の演算では浮動小数点数が
返るものとする．

```
0.1 * 3 == 0.3
```

① 10 進数の 0.1 は 2 進数では循環小数になるため．
② 32 ビットの浮動小数点数が使われているため．
③ 数値を変数に代入してから計算していないため．
④ 0.3 == 0.1 * 3 と書いていないため．
⑤ 数学的に 0.1×3 は 0.3 ではないため．

2.2.3　変数に変数を代入するコードを書いた際，新たなメモリ領域が確保されず，
それらの変数が同じ実体を参照するプログラミング言語において，配列 a
の最終的な状態を次の中から選べ．ここで，配列の添え字は 0 からはじま
り，要素の参照は角括弧 [] が使われるものとする．

```
a = [901, 992, 718]
b = a
a[1] = 997
b[0] = 911
```

① [901, 997, 718]
② [992, 901, 718]
③ [901, 992, 718]
④ [911, 992, 718]
⑤ [911, 997, 718]

2.2.4 プログラミング言語とそのパラダイムに関して誤っている記述を1つ選べ.

① 命令型言語（手続き型言語）は多くのプログラミング言語を支える基本的なパラダイムになっている.

② アセンブリ言語を使ったプログラミングは20世紀半ばのコンピュータ向けで現在は実施できない.

③ C++言語はオブジェクト指向をサポートしている.

④ 多くのプログラミング言語は複数のパラダイムの影響を受けており, これをマルチパラダイムと呼ぶ.

⑤ 一定の条件下では宣言型言語を使って計算の実行方法をコンピュータに任せることができる.

2.2.5 アルゴリズムに関して正しい記述を1つ選べ.

① ユークリッドの互除法は20世紀の終わりごろに考案された.

② 要素数 n の配列をソートするアルゴリズムの計算量は常に $\mathcal{O}(n^2)$ となる.

③ ソートされていない配列に対して二分探索のアルゴリズムを実行しても正しい結果は得られない.

④ 実際のプログラミング言語を使う以外にアルゴリズムを記述する方法はない.

⑤ ナップサック問題の最適解を常に得ることができるアルゴリズムは存在しない.

{ 2.3 }

データの収集と加工, データベース

 ウェブクローラー, スクレイピング, アノテーション, クライアント技術
(SDK, API など), 通信技術 (HTTP, FTP, SSH など), 集計処理, 四
則演算処理, 整列処理, サンプリング, クレンジング処理 (外れ値, 異常値,
欠損値), 結合処理 (内部結合, 外部結合), データ型変換, データの標準化,
ダミー変数, フィルタリング処理, 正規表現, ジオコード変換, ビッグデータ
の分散処理 (Hadoop, Spark など), テーブル定義, ER 図, 主キーと外
部キー, リレーショナルデータベース (RDB), データ操作言語 (DML),
SQL, NoSQL

　本節では, 以下のようなシナリオを考える. あなたは地球温暖化の状況を心配し
ているが, ニュースなどを見ているだけではなかなか詳しいことがわからないとも
感じている. そこで, どれくらい温暖化が進んでいるのか, また世界のどの地域で
深刻なのか, 自分でも調べてみようと考えた. さて, そのためにはいったい何をす
ればよいのだろうか.

　このような場合, 分析材料となるデータがなければ話がはじまらない. まずはデー
タの収集 (2.3.1 項) を行うことになるだろう. しかし, 収集したデータはそのまま
では分析しにくいことが多い. たとえば, 当面の分析には不要な情報が含まれてい
たり, 逆に必要なデータが欠けていたりする. このような問題を解消するためには,
データの整形や加工 (2.3.2 項) が必要になる. こうして得られたデータを集計する
(2.3.3 項) ことで, ようやく分析ができる. また, 収集したデータを保管したり, 基
本的なデータ操作を効率よく行ったりするためには, そのための専用のソフトウェ
アであるデータベース管理システム (2.3.4 項) の活用も欠かせない.

　このようなシナリオはデータサイエンスでは一般的なものだ. 私たちはデータを
うまく活用してさまざまなこと, たとえばパターン発見や機械学習などをしたいと
考えている. もちろんそのためには, 「パターン発見」や「機械学習」のための知識

や技術が必要になる．しかし，それと同時に，「データ」そのものをとり扱うための技術も求められる．本節の目的は，これらの技術を知ることだ．

➤ 2.3.1 データの収集

> **目的 2.3.1** 分析対象のデータを得るための典型的な方法と，その際に気をつけなければならないことを理解する．

さて，まずは地球温暖化の状況を知るためのデータを手に入れたい．どうすればよいだろうか．

1つの方法は，自分でデータを作ることだ．たとえば，毎日気温を測り続ければ，そのうち地球温暖化が分析できるようなデータが手に入るかもしれない．この方法ではなかなか十分なデータが集まらないので，あまりよくないと感じる人もいるだろう．確かに，地球温暖化の状況を知るためには，世界中の，しかも何十年にもわたるデータがほしいので，個人で気温を測るだけでは厳しい．とはいえ，このような方法が必要になることも多い．たとえば新商品についての顧客の反応や，先駆的な科学技術に関するデータ，狭い特定地域や自分自身についてのデータなど，他の人がまだ調べていないデータや調べそうにないデータであれば，自分で作るしかない．

もう1つの，そして現代では特に重要になっている方法は，他の人がすでに作ったデータを収集してくることだ．現代では，さまざまな組織が多くのデータを公開している．それらを収集することで，自分でデータを作るよりはるかに効率的に，大規模なデータを得ることができる．たとえば，気温に関しては米国海洋大気局（national oceanic and atmospheric administration）が Global Historical Climatology Network monthly（以下 GHCNm と呼ぶ）という非常に大規模なデータを公開している（図2.3.1）．これには世界中の1万地点以上の気温がかなり長期間にわたって——場所によっては100年以上も——記録されている．今回はこれを利用することにしよう．

もし，まとまったデータが見つからなかったとしてもあきらめるのは早い．インターネット上には潜在的に利用可能な多数の情報があり，これを集めたり加工したりすることで所望のデータが得られることも多い．たとえば，世界の天気予報ウェブサイトを調べれば，世界中の今日や明日の気温がわかるだろう．さらに，過去の

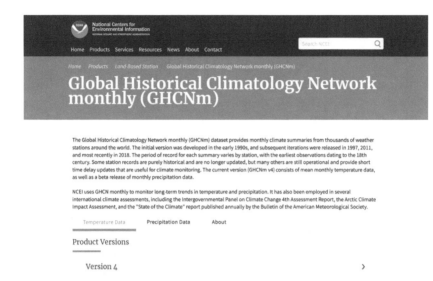

図 2.3.1　米国海洋大気局の GHCNm のウェブサイト.

（出典：https://www.ncei.noaa.gov/products/land-based-station/global-
historical-climatology-network-monthly）

新聞の天気予報欄を調べれば，過去の気温も収集できるはずだ．このようなことは気温データに限らない．たとえば，インターネット上にある大量のテキストや画像などは，それ自身がテキスト分析や画像処理などのためのデータとなりうる．また，ソーシャルネットワーク上での友達関係や，友達間でやりとりされるメッセージは，人間関係やコミュニケーションを分析するための材料にできるだろう．このように，大量の雑多な情報から目的に合致したデータを抽出することで，私たちがほしい情報が手に入ることは多い．このような形でデータを抽出する処理は**スクレイピング**（data scraping）と呼ばれる．特にインターネットを巡回しながらデータを自動的に集めるソフトウェアは**ウェブクローラー**（web crawler）と呼ばれ，広く使われている．たとえば検索エンジンでさまざまなウェブサイトを見つけることができるのも，ウェブクローラーが事前に多くのウェブサイトを訪れ，その情報を収集しているからだ．

　自分でデータを作成するにせよ，他の人が用意したデータを利用するにせよ，またスクレイピングをするにせよ，データの収集において**サンプリング**（sampling）という観点は欠かすことができない．サンプリングとは，分析対象の中からデータ

を得る対象を選ぶことである．例として気温を考えよう．気温自体は世界中どこにでも，またどんな日時にもある．私たちが本当に分析したいのはこの「気温」全体だが，これらすべてをデータとして扱うのは不可能だ．そこで，私たちは世界中の特定の地点・特定の日時を**選んで**気温を測り，そのデータを代わりに分析する．気温に限らず，分析したい対象全体のデータが手に入ることはほとんどないし，もし手に入ったとしても量が多すぎて分析しきれないことが多い．そのため，データを収集・分析する際には必ずサンプリングを行うことになる．要するに，私たちは分析対象を調べる代わりに，サンプリングを介して得られたデータを分析するのだ．

しかし，サンプリングしたデータを調べて，本当に分析対象の全貌がわかるのだろうか．これは見過ごされがちだが非常に大事な視点だ．大雑把にいえば，分析対象全体から偏りなく選ぶようなサンプリングでデータを得れば，データから分析対象のことを知ることができる．しかし，偏ったサンプリングでは，分析対象のことを正しく知ることはできない．再び気温の例に戻ろう．もし南極と北極の気温だけを使って分析したらどうなるだろう．当然，世界の気温が非常に低いと誤解してしまうだろう．逆に赤道直下の地域の気温だけを使って分析すれば，世界は常夏だと

図 2.3.2 星印の地点を選んでデータを収集する場合の，偏ったサンプリング（上）と比較的偏りの少ないサンプリング（下）．

201

2.3 データの収集と加工, データベース

誤解してしまう．また，真夏の気温だけしか手に入らなかった場合や，真冬の気温だけしか手に入らなかった場合も，１年を通しての気温の変化を調べることはできない．世界中の，年間通しての気温について知りたければ，世界中のさまざまな地域の，さまざまな季節のデータが必要なのだ（図 2.3.2）．

自分でデータを作成する場合，知りたいことがわかるデータが手に入るように，適切なサンプリング方法を設計しなければならない．また，他の人が用意したデータを使う場合も，そのデータが私たちの知りたいことに対する適切なサンプリングとなっているかを確認する必要がある．適切なサンプリングのために，手に入ったデータの一部をあえて除いたり，または追加で他のデータを加えたりしなければならないことも多い．この点をおろそかにすると，分析結果は信頼できないものとなってしまう．

Memo スクレイピングのための技術

インターネット上には膨大な情報があるので，プログラムを使ってうまくスクレイピングできれば，豊富なデータを得ることができるはずだ．しかし実際には，インターネットからの情報収集のためにはいろいろと乗り越えなければならないハードルがある．

まず，インターネットで通信するためには，適切なプロトコルに従う必要がある．プロトコルとは，通信を行う上での約束事だ．たとえば，通信の宛先をどのように指定するか，通信相手への要望をどのように記述するか，エラーが起こったときにはどうなるか，などがプロトコルには規定されている．インターネット，特にワールド・ワイド・ウェブ上で最もよく使われているプロトコルは HTTP（hypertext transfer protocol）とその拡張である HTTPS だが，ファイル転送に特化した FTP など他のプロトコルが用いられることもある．

SNS や乗り換え案内，地図情報サービスなど，インターネット上で提供されているサービスからデータを取得したい場合，単にプロトコルに従った通信をするだけでは不十分なことも多い．普段，人手でこれらのサービスを利用する場合には，フォームに検索したいものを入力したり特定のボタンをクリックしたりするだろう．このような操作は人間にはわかりやすいが，プログラムにとってはかえって面倒なものとなる．そこで，これらのサービスでは，その機能を他のプログラムから利用するための方法（一般に API（application programming interface）と呼ばれる）を用意している場合

が多い．つまり，APIを介してそのサービスを利用するプログラムを作らなければ，スクレイピングは実現できないのだ．

さらに，入手できた情報には私たちの目的には必要ない雑多な部分が大量に含まれているだろう．そのような雑然とした情報から，必要な部分をうまく抽出しなければならない．このときに使われる技術は目的次第でさまざまだが，**正規表現**（regular expression）は特に広く使われている．正規表現とは，文字列が特定の形式に合致しているか，また文字列中で特定の形式に合致している部分はどこか，などを調べることに特化したプログラミング言語のようなものだ．これを使うことで，特定の単語が現れている場所や回数を調べる，メールアドレスだと思われる部分を抽出する，といったことを簡単に行うことができる．

また，セキュリティへの配慮も忘れてはならない．短時間に何度もウェブサイトにアクセスしようとしたり，大量のデータを収集しようとするのは，大量の通信を要求したりサービスに過負荷をかけたりするため，セキュリティに対する攻撃だとみなされうる．そのため，スクレイピングを行うプログラムは，ある程度意図的に通信の頻度を減らす必要がある．

以上のような技術の詳細は本書の範囲を超える．興味のある方はそれぞれの分野の専門書を参考にしてもらいたい．また，このような技術，ひいてはそれを用いたスクレイピングをサポートするためのライブラリもたくさんあるので，探してみるのもよいだろう．

- データの典型的な収集方法には，自分で必要なデータを計測・収集する方法，他の人がすでに作成したデータを利用する方法，そしてインターネットなどから必要な情報を抽出するスクレイピングがある．
- データを収集する際には，偏りなくサンプリングすることが重要である．

➤ 2.3.2 データの整形・加工

目的
2.3.2
収集したデータが含む典型的な問題点と，それを分析に適した形式に整える方法を理解する．

表 2.3.1　GHCNm の生データ.

識別 ID	年	1 月	2 月	$\cdots$	12 月
ACW00011604	1961	−1.42	1.83	$\cdots$	−0.92
ACW00011604	1962	0.60	0.32	$\cdots$	−1.79
$\vdots$					
ACW00011604	2013	−1.04	−0.93	$\cdots$	−99.99
AE000041196	1933	−99.99	−99.99	$\cdots$	19.80
AE000041196	1934	16.40	18.90	$\cdots$	21.10
$\vdots$					
AE000041196	2021	18.99	21.29	$\cdots$	−99.99
AEM00041184	1979	−99.99	−99.99	$\cdots$	19.92
$\vdots$					

　さて，表 2.3.1 が GHCNm から入手したデータだ [*1]．各行がある計測地点のある年のデータで，その地点の識別 ID と年に続いて 1 月から 12 月の各月の平均気温（°C）が並ぶ．このデータをよく見てみると，これをそのまま分析するわけにはいかないことがわかる．たとえば，識別 ID が ACW00011604 の地点については 1961 年から 2013 年までのデータがあるが，識別 ID が AE000041196 の地点では 1933 年から 2021 年までデータがある．この違いを意識せずに，単純に両者の気温を集計するとまずい．たとえば，1933 年から 1960 年までは相対的に気温の高い AE000041196 のデータだけになるため，1961 年から 2013 年までに比べ気温が高くなってしまう．また，このデータには「−99.99」というあり得そうにない気温がいくつも含まれている．GHCNm では，この値は「データが記録されていない」という状況を表しているが，このことに気づかずに集計してしまうと，平均気温はかなり低く算出されてしまうだろう．これらの問題を解消し分析に適したデータを抽出しない限り，分析をはじめることはできない．

　このような問題は GCHNm に限ったものではない．収集したデータは多くの場合さまざまな問題をはらんでおり，そのままでは分析に適さない．このような問題を解消し分析に適したデータに変換する処理を**データクレンジング**（data cleansing）と呼ぶ．データクレンジングで解消すべき代表的な問題としては，以下のようなも

[*1] 本物の GHCNm のデータは，さらにデータの計測状況を表す情報なども含まれているが，ここでは簡単のために除いてある．

のがある.

　GHCNm ではすべての計測地点・年月の気温データがあるわけではなかった. このように, 必要なデータが欠けている状況を**欠損値**（missing value）（あるいは欠測値）があるという. 欠損値の理由はさまざまである. そのデータを計測していない場合もあるし, 計測機器の不具合などでそのデータが計測できなかった場合もある. 欠損値がデータ中でどう表現されるかはさまざまだ. 単に空欄となっている場合もあれば, 欠損値を表す特別な記号が記載されている場合もあり, また GCHNm のように欠損値を表す特別な値が記録されている場合もある.

　欠損値と似たものとして**異常値**（abnormal value）がある. これは, 明らかにおかしなデータが記録されている状況だ. たとえば, 日本の気温のデータの中に「−70°C」とか「60°C」などといったものが含まれていればおかしいだろう. 異常値は欠損値と同様に計測機器の不具合などでもたらされるのだが, 欠損値とは異なり, データ処理プログラムがそれと気づかずにそのまま処理してしまう可能性があるため注意が必要だ.

　外れ値（outlier）は, 異常値と同じく不自然なデータが記録されている状況なのだが, 原因が異なる. 外れ値は, 計測は正しく行われているが, 計測対象が他と大きく異なるものだった場合に起こる. たとえば, 気温のデータの中に火山の火口で計測したものが含まれていれば, それは他のデータに比べて異様に高くなってしまうだろう. また逆に, 非常に高い山の頂上の気温は異様に低くなるだろう. このような特殊なデータを意図せず含めてしまうことは, サンプリングに偏りをもたらす. そのため, それ以外の普通の場所を分析したいと考えている場合には, 分析結果の信頼性をむしろ下げてしまう.

　欠損値・異常値・外れ値がある場合, それらのデータを除くというのが単純な対処になる. これは**フィルタリング処理**（filtering）と呼ばれる最も基本的なデータの整形方法だ. しかし, フィルタリング処理が適切でない場合もある. たとえば, 暑い日には不具合が起こりやすい計測機器を使っていた場合, 不具合のあるデータを除くと暑い日のデータが多く除かれることになる. つまり, フィルタリング処理によってサンプリングにかえって偏りが生じてしまい, 気温は全体としては実態より低く見えてしまう. このような場合にはデータの補間がよく用いられる（図 2.3.3）. 補間とは前後や周囲の値から判断して適切だと思われるような値で欠損値・異常値・外れ値などを置き換えることである. 具体的には, 周囲の値の平均値を用いるのが典型的な補間方法である.

図 2.3.3　データの問題とその整形.

　さて，GHCNm のデータに対してどのようなクレンジングをすべきかは，分析の方針や内容次第だ．ここでは「1950 年から 2009 年までの 60 年分のデータが，欠損なくすべてそろっている計測地点」のデータを抽出しそれ以外のデータは破棄する，というフィルタリング処理を行うことにしよう．温暖化の状況を知るためには，ある程度長期間のデータがきちんと記録されていることが望ましいためだ．なお，このフィルタリング処理ではかなりのデータを捨ててしまうことになる．捨てるデータ量を少しでも減らすため，欠損値を少量含むだけの計測地点には補間を使うという方法も考えられる．しかし，GHCNm はもともとのデータが膨大なので，補間を用いなくても十分多くのデータが利用できるだろう．実際にこの方針を用いてクレンジングを行ったところ，878 地点のデータが手に入った（表 2.3.2）．

　実は，このデータクレンジングを行うと，サンプリングに偏りが生じてしまう．60年間欠損なくデータを記録できているような計測地点は先進国に偏っているのだ．たとえば，全 878 地点には日本の都市が 49 地点も含まれている．そのため，世界の状況を正確に把握するためには，クレンジング後のデータから再度サンプリングを行う必要がある．しかし，表 2.3.2 を見てもどのデータを選べばよいかはよくわからない．

　このような場合には，元データには含まれない情報を追加する必要がある．このような処理は**アノテーション**（annotation）と呼ばれることが多い．アノテーションは今回の例以外でもさまざまな状況で現れる．たとえば，テキストデータの処理をしたい場合，その文章そのものに加え，著者や執筆年代などの情報も加えられていると望ましいだろう．また，機械学習で犬と猫の画像を区別できるようなシステムを作りたい場合，犬や猫の画像を集めてくるのに加えて，それぞれの画像が「犬」なのか「猫」なのかの情報を追加することになるだろう（図 2.3.4）．

表 2.3.2　GHCNm のクレンジング後のデータ.

識別 ID	年	1 月	2 月	…	12 月
AG000060390	1950	10.40	11.90	…	10.00
AG000060390	1951	10.80	12.00	…	12.90
⋮					
AG000060390	2009	11.59	10.60	…	13.96
AR000087534	1950	26.26	25.32	…	22.66
AR000087534	1951	25.31	21.18	…	22.56
⋮					
JA000047401	1950	−5.70	−4.83	…	−2.81
JA000047401	1951	−6.63	−6.58	…	−0.32
⋮					
JA000047402	1950	−7.30	−6.10	…	−4.19
JA000047402	1951	−8.24	−9.40	…	−1.26
⋮					

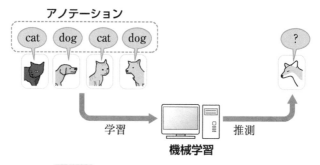

図 2.3.4　機械学習におけるアノテーションの例.

　さて，GHCNm では，各計測地点の情報は表 2.3.3 のような形式で別途提供されている．これを用いて表 2.3.2 に対して計測地点の情報を付加したい．このような目的のためには**結合処理**（join）を行う．結合処理は，複数のデータをつき合わせ，関連するデータどうしをまとめる．たとえば，表 2.3.2 を表 2.3.3 と結合すると表 2.3.4 となる．表 2.3.2 の識別 ID それぞれに対して，それと対応する識別 ID のデータを表 2.3.3 から見つけ，それを加筆した形になっている．これにより，どのデータがどの場所のものなのかを知ることができる．なお，今回のように，地理情報に関連し

表 2.3.3　GHCNm の識別 ID と計測地点の対応データ.

識別 ID	緯度	経度	標高	計測地点名
ACW00011604	57.7667	11.8667	18.0	セーヴ空港
AE000041196	25.3330	55.5170	34.0	シャールジャ国際空港
AEM00041184	25.6170	55.9330	31.0	ラアス・アル＝ハイマ国際空港
⋮				
AG000060390	36.7167	3.2500	24.0	アルジェ ダルエルベイダ
⋮				
AR000000011	−30.2670	−57.6500	53.0	モンテ・カセロス空港
⋮				
JA000047401	45.4170	141.6830	12.0	稚内
JA000047402	44.9330	142.5830	8.0	北見枝幸
⋮				

表 2.3.4　表 2.3.2 と表 2.3.3 を結合して得られるデータ.

識別 ID	年	1 月	2 月	⋯	12 月	緯度	経度	標高	計測地点名
AG000060390	1950	10.40	11.90	⋯	10.00	36.7167	3.2500	24.0	アルジェ ⋯
AG000060390	1951	10.80	12.00	⋯	12.90	36.7167	3.2500	24.0	アルジェ ⋯
⋮									
AG000060390	2009	11.59	10.60	⋯	13.96	36.7167	3.2500	24.0	アルジェ ⋯
AR000087534	1950	26.26	25.32	⋯	22.66	−30.2670	−57.6500	53.0	モンテ ⋯
AR000087534	1951	25.31	21.18	⋯	22.56	−30.2670	−57.6500	53.0	モンテ ⋯
⋮									
JA000047401	1950	−5.70	−4.83	⋯	−2.81	45.4170	141.6830	12.0	稚内
JA000047401	1951	−6.63	−6.58	⋯	−0.32	45.4170	141.6830	12.0	稚内
⋮									
JA000047402	1950	−7.30	−6.10	⋯	−4.19	44.9330	142.5830	8.0	北見枝幸
JA000047402	1951	−8.24	−9.40	⋯	−1.26	44.9330	142.5830	8.0	北見枝幸
⋮									

たデータ（たとえば，都市名や駅名，施設名など）から，その地理的な位置を明示するデータ（たとえば緯度・経度）を得る処理は，一般に**ジオコード変換**（geocoding）と呼ばれ，分析結果を地図上に表示したりする場合などには必須の技術である．

Memo さまざまな結合処理

　結合処理は複数のデータをあわせて大きなデータを作る際の典型的な方法だ．そのため，結合処理にはさまざまな種類が知られており，それぞれ名前がついている．なお，結合処理はもともとは表形式のデータに対するものなので，以下ではそれを前提として説明を行う．

　結合処理では2つの表の**対応する**行をつなげる．そのため，どのような行どうしが対応しているとみなすかによって結合処理の結果は変わりうる．最もよく使われるのは**自然結合**（natural join）と呼ばれるものだ．自然結合では，2つの表に同じ名前の列が共通してあることを前提にして，その列の値が同じ行どうしが対応しているとする．表 2.3.2 と表 2.3.3 から表 2.3.4 を得た処理はまさに自然結合であり，「識別 ID」という共通の列の値が等しい行どうしをつなげている．

　また，対応する行がない場合にどうするかも，結合の結果に影響を与える．例として表 2.3.5 を考えよう．左側はある講義の履修者名簿，右側はその講義の試験の点数表だ．ボブとデイビッドは試験を欠席したために右側の表にはない．さて，講義の履修者の成績をつけるには，どのように2つの表を結合するのがよいだろうか．**内部結合**（inner join）は，対応する行があるもののみからなる表を作る（表 2.3.6 左）．そのため，ボブやデイビッドは結果に含まれない．一方，**外部結合**（outer join）では，対応する行がない場合には，データがない行が連結される（表 2.3.6 右）．もし試験を受けた人だけ成績をつければよいなら，内部結合が便利だろう．一方，試験を欠席した人には「欠席」という成績をつけなければならないなら，外部結合が適切だろう．

表 2.3.5　履修者名簿（左）と試験点数表（右）．

名前	学年	クラス
アリス	2	A
ボブ	1	C
チャーリー	3	A
デイビッド	2	B
エバ	1	A
⋮		

名前	点数
アリス	82
チャーリー	66
エバ	91
フランク	57
⋮	

表 2.3.6　表 2.3.5 に対する内部結合（左）と外部結合（右）の結果.

名前	学年	クラス	点数
アリス	2	A	82
チャーリー	3	A	66
エバ	1	A	91
フランク	3	C	57
⋮			

名前	学年	クラス	点数
アリス	2	A	82
ボブ	1	C	
チャーリー	3	A	66
デイビッド	2	B	
エバ	1	A	91
フランク	3	C	57
⋮			

まとめ
2.3.2

- 収集したデータは，欠損値・異常値・外れ値などのためにそのままでは分析に適さないことが多い.
- データの**整形**には，フィルタリング・補間・アノテーションがよく用いられる.

➤ 2.3.3　データの集計

目的
2.3.3

データの集計に用いられる典型的な方法について理解する.

　さて，今までの処理で表 2.3.4 が得られた．このデータから温暖化の状況を知るためには，少なくとも以下の 2 点を解決しなければならない.

- 現状のデータを全部使うのはサンプリングとして偏っている.
- 現状のデータは 878 地点・60 年分，つまり $878 \times 60 \times 12 = 632,160$ 個の気温が並んでいるが，これを眺めるだけでは温暖化の状況はよくわからない.

このために，本項では**データの集計**（data summarization）をやっていこう.

　まずはサンプリングの方法を考えよう．一番避けたいのは，狭い範囲で計測された大量のデータを使ってしまい，その結果として世界全体の状況がわからなくなってしまうことだ．そこで，緯度と経度が近いデータは 1 つしか使わないことにしよう．具体的には，緯度経度を 10 度ごとに区切ったマス目を作り，それぞれのマスで

表 2.3.7　各マスから 1 地点ずつ選んだデータ.

識別 ID	年	1 月	2 月	⋯	12 月	緯度 / 10	経度 / 10
AG000060390	1950	10.40	11.90	⋯	10.00	4	3
AG000060390	1951	10.80	12.00	⋯	12.90	4	3
⋮							
AG000060390	2009	11.59	10.60	⋯	13.96	4	3
AR000087534	1950	26.26	25.32	⋯	22.66	−3	−6
AR000087534	1951	25.31	21.18	⋯	22.56	−3	−6
⋮							
JA000047401	1950	−5.70	−4.83	⋯	−2.81	5	14
JA000047401	1951	−6.63	−6.58	⋯	−0.32	5	14
⋮							
JA000047402	1950	−7.30	−6.10	⋯	−4.19	4	14
JA000047402	1951	−8.24	−9.40	⋯	−1.26	4	14
⋮							

最大 1 地点だけのデータを使うことにする．このためには以下の処理を行えばよい．

1. まず，緯度と経度をそれぞれ 10 で割り，小数点以下を四捨五入する．この値がその計測地点の属するマスを表すことになる．
2. 10 で割った緯度・経度の値の順番にデータを**整列**（sorting)する．こうすることで同じマスのデータは連続して並ぶようになる．
3. 10 で割った緯度・経度の値がどちらも一致する地点が複数ある場合，そのうち 1 つだけを残し，残りを削除する．

割り算のような基本的な数値計算（特に足し算・引き算・かけ算・割り算は**四則演算処理**（arithmetic operations)と呼ばれる）や，データを一定の順番に並べ替える整列処理は，今回に限らず集計では最もよく用いられるものだ．この処理を実際にやってみると，878 地点から 136 地点を選ぶことになった（表 2.3.7）．なお，計測地点名などの不要なデータは除いており，また表 2.3.4 との対応が見やすいように識別 ID 順に整列し直している．

　これによってサンプリングの偏りは正されただろうか．これは少々難しい話にはなるが大切な論点だ．よく考えてみると，このサンプリングには以下のような問題

があり，偏りがないとはいいがたい．

- 緯度・経度は遠近に完全に対応するわけではない．極付近では緯度・経度が大きく異なっても距離は近いし，赤道付近なら緯度・経度が少し違えばかなり遠い．
- 緯度・経度は必ずしも地球上の場所の多様性に対応するわけではない．たとえば，高い山の頂上とふもとは，緯度・経度で見ればあまり違わないだろうが，気候という観点からは大きく異なる．
- 今回の 878 地点のデータは，そもそも地球上のあらゆる場所を網羅しているわけではない．理想的には，サンプリング後のデータは $\frac{360}{10} \times \frac{360}{10} = 1296$ 地点分のデータになるはずだが，実際には 136 地点分しかない．

　一方で，このサンプリングにも合理性はある．今回のデータは人が住んでいるような地域に偏っている．つまり，海上，極付近，砂漠，高山の頂上などのデータは少ない．しかし，このような地域のデータは私たちの興味——地球温暖化の「私たち」への影響——からはやや遠い．たとえば，広大な太平洋の海上のさまざまな計測地点からデータを収集し使った場合，むしろ「海上の温暖化の調査」に偏ってしまい，私たちが本当に調べたいものから遠ざかってしまわないだろうか．もちろん「砂漠における温暖化」「高山における温暖化」などを調べたいという状況も考えられるし，その場合にはそのようなデータを集中的に分析する必要があるが，今回はそのようなつもりはない．要約すると，何を調べたいかによってサンプリングの方針は変わり，人間に対する影響を調べたいなら今回のサンプリングは一概に悪いとはいえないということだ．

　さて，次は全体のデータを集計しよう．今回は一番単純な分析として，世界全体の平均気温の推移を確認しよう．このためには，たとえば以下の手順でデータを処理すればよい．

1. 各地点・各年について，12 ヶ月分の気温の平均を求める．これによって，季節の違いによる気温の上下が無視できるようになり，温暖化の状況がわかりやすくなる．
2. 年でデータを整列する．こうすることで同じ年のデータが連続して並ぶようになる．
3. 年ごとに，136 地点すべての気温の平均を求める．

これも先ほどと同様に整列と四則演算の組合せになっている．

図 2.3.5 は，以上の処理で求めた各年の平均気温を折れ線グラフとしてプロットしたものだ．年による差も小さくはないが，全体としては 60 年通して多少気温が上がっているように見える．なお，もう少し正確に気温の推移を理解したいなら，時系列解析（1.4 節）の考え方を用いるとよりよいだろう．

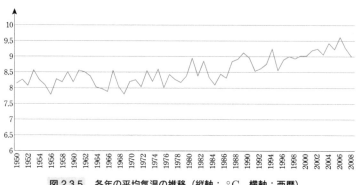

図 2.3.5　各年の平均気温の推移（縦軸：°C，横軸：西暦）．

Memo データの標準化

今回は世界全体での平均気温の推移を調べたが，本当はより高度な分析もしたいところだ．四則演算・整列・結合などをうまく使うことでさまざまな分析ができるが，場合によってはもう少し高度なデータ処理技法が必要になることもある．ここでは一例として，ある地域の温暖化が他の地域に比べて深刻かどうかを調べることを考えよう．

仮に，この地域の平均気温は 60 年間で 0.6°C 上がっていたとしよう．1 つの考え方は，この気温上昇が世界平均よりも大きければ，温暖化が深刻だと判断するものだ．たとえば，他の地域の平均気温が 0.8°C 上がっていたとすれば，相対的にはこの地域の温暖化の程度は低いと判断する．この考え方は本当に適切だろうか．もし仮に，ほとんどの地域の気温は実は 0.5°C 程度しか上がっておらず，一部の地域で 1.5°C 程度上がっているせいで平均気温が 0.8°C 上がっているとしよう．すると，この地域の温暖化は，温暖化が激しい一部の地域ほどではないにせよ，多くの地域よりは深刻だということになる．

このことからもわかるとおり，単純に気温を比較するだけでは，なかなかその地域の状況を正確にとらえられない．このような場合に重要となる処理が**データの標準化**

（data normalization）だ．標準化とは，そのままでは扱いが難しいデータを一定の基準でそろえ，比較などができるようにすることだ．たとえば，今回のような場合には偏差値を求めるのが一法である．偏差値は，平均を 50 とし，それぞれの値が一定の意味を持つように標準化したものだ（たとえば偏差値 60 は上位約 16% に当たる）．これを使うことで，気温の偏差値が 60 年間で上昇している地域は他の地域と比べて相対的に温暖化しているというような判断ができるようになる．

偏差値以外にも，目的に応じてさまざまな標準化が使われている．たとえば，最小値が 0，最大値が 1 となるようにスケーリングする方法もある．これを使えば，最高点が 90 点で最低点が 40 点だった試験の点数の場合は，90 点を 1，70 点なら 0.6，50 点なら 0.2，40 点なら 0 というように標準化される．この方法は最小値・最大値が決まっていてほしい機械学習手法などでよく用いられている．

標準化と関連する話題としては**ダミー変数**（dummy variable）が挙げられる．ダミー変数は「陸上か海上か」といったような，「ある状況であるかないか」を，1 と 0 で表し数値化してしまうものだ．これによって「陸上」や「海上」というものが数値化されるため，平均値をとったり分散を求めたりというような統計処理や機械学習などの手法が使えるようになる．これも広い意味での標準化といえよう．

 まとめ 2.3.3 データの集計の際には，四則演算処理と整列をうまく組み合わせることが重要である．

➤ 2.3.4 データベース管理システムの利用

目的 2.3.4 データ分析のためのソフトウェアであるデータベース管理システムについて知る．

ここまで見てきたとおり，データを分析する際にはいろいろな処理が必要になる．とりわけデータの量が多い場合には，これらを手作業で行うのは大変であり，専用のシステムがほしくなる．このシステムには，以下のような機能があってほしい．

データの検索と閲覧 どのような分析をするかが最初から完全に決まっていることは

214

少ない．多くの場合は，まずはデータを見ながら仮説を立てることになる．巨大なデータであれば，その全体を一度に見て理解することは難しい．そのため，データの一部を検索・抽出し閲覧する機能が望まれる．

データの加工 分析の過程ではさまざまな加工が必要となる．フィルタリングや補間，四則演算・整列・結合などを自由に行えることが望ましい．

データの保管 巨大なデータはそれを保管しておくだけでも一苦労である．検索や加工などを効率的に行うためにはデータの保管方法にもさまざまな工夫が必要になる．さらに，障害（たとえば停電やコンピュータの破損）の際にデータが失われないことも望まれる．

以上のような機能を実現しているのがデータベースである．本項では，最も広く使われているデータベースである**リレーショナルデータベース**（relational database）をとり上げる．

　リレーショナルデータベースでは「テーブル」（「リレーション」と呼ばれることもある）でデータを管理している．テーブルは表 2.3.2 のような表形式のデータであり，各行（「レコード」や「タプル」とも呼ばれる）が 1 要素分のデータに対応する．また，各列は，各要素のさまざまな情報（「属性」と呼ばれる）に対応する．たとえば表 2.3.2 であれば，各行は各計測地点のデータに対応し，各列はそれぞれの地点の識別 ID や各月の平均気温に対応する．

　リレーショナルデータベースでデータを管理する際には，どのようなデータをどのようなテーブルで保持するかを設計しなければならない．これを**テーブル定義**（table definition）と呼ぶ．テーブル定義の際には，各列がどのようなデータを持つかを決めなければならない．たとえば表 2.3.2 であれば以下のようなテーブル定義になっている．

- 1 列目は識別 ID で，これは 11 文字の英数字からなる文字列である．
- 2 列目は年で，これは 4 桁の整数である．
- 3 列目から 14 列目までは各月の平均気温で，-99.99 から 99.99 までの，小数点以下 2 桁の小数である．

それぞれの列について，その列の名前（属性名），その列のデータが持つ値の種類（整数，小数，文字列などの**データ型**（data type）），そして具体的にとりうる値の範囲を指定している．

テーブルによっては，さらに各行の関係性についても一定のルールがある場合がある．たとえば，表 2.3.3 では同じ識別 ID の行が複数現れてはならない．また，表 2.3.2 であれば，識別 ID と年の両方が同じ行は複数現れてはならない．このように，それらの列の値が同じ行が複数現れてはならないとテーブル定義によって規定されている場合，それらの列を**主キー**（primary key）と呼ぶ．主キーは各列を特定するために使うもので，名前や ID 番号などであることが多い．

さらに，複数のテーブルが一定の関係性を持たなければならない場合もある．たとえば，表 2.3.2 に現れる識別 ID は，表 2.3.3 の識別 ID の列に現れるものでなければならない．このように，他のテーブルに対応する値が必ず現れなければならないという制約を**外部キー**（external key）と呼ぶ．今回の例であれば，表 2.3.2 の識別 ID は表 2.3.3 の外部キーとなっている．

以上のようなテーブル定義は，テーブルの数が多くなり，また関係性も複雑になってくるに従い，設計や理解が難しくなってくる．このような場合には，**ER 図**（entity-relationship diagram）を活用するとよい．ER 図はデータの関係性を簡潔に図示するものだ．例として，図 2.3.6 に表 2.3.2 と表 2.3.3 からなるデータベースを表す ER 図を示す．ER 図において，具体的なものは「実体」と呼ばれ，四角で描かれる．これに対し，ひし形は「関係」と呼ばれ，「実体」どうしの関係性を表している．また，楕円は実体や関係に付随する「属性」を表す．特に，主キーに当たる属性，つまりその実体を特定する属性には下線を引く．図 2.3.6 であれば，「気温」「地点」という 2 種類の実体があり，「気温」にはそれを測定した地点や年月が，地点にはその地理的な情報が，それぞれ属性として付随している．この 2 つの実体は「この地点でこの気温を『測定した』」という関係性によって関連づけられている．1 つの地点では何度も気温を計測できるので，これは一対一ではなく一対多の関係で

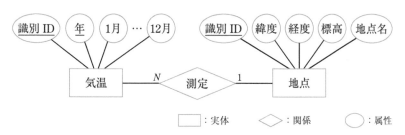

図 2.3.6　表 2.3.2 と表 2.3.3 に対応する ER 図.

あり，「測定」の左右にある N と 1 によって表されている．この ER 図から表 2.3.2 と表 2.3.3 のテーブル定義やそれらの関係性を読みとるのは容易であろう．

　無事にテーブル定義が決まったとしても，収集したデータがこの定義にぴったり当てはまるとは限らない．むしろクレンジング（2.3.2 項）などによってテーブル定義に合致するものへと整形しなければならないことのほうが多い．たとえば，GHCNm の場合，元データはすべて文字列であるため，気温や緯度経度のようなデータは，数値として解釈し直す必要がある．さらに，気温が測定できていない状況を表すには，「−99.99」ではなく，リレーショナルデータベースで「値がない」ことを表す空値（null 値と呼ばれることも多い）を使うほうが適切だろう．このように，あるデータ型の値を別のデータ型の値へと変換することを**データ型変換**（data type casting）と呼ぶ．

　テーブルに格納されたデータを操作する場合，リレーショナルデータベースでは SQL と呼ばれるプログラミング言語（データ操作に特化した言語なので**データ操作言語**（data manipulation language)に分類されることも多い）を使う．以下，2.3.2 項や 2.3.3 項で行った処理を SQL で実現してみよう．なお，プログラムの詳細は実際に利用するデータベースシステムによって少しずつ違う．本項で示すプログラムは，あくまで説明のための疑似プログラムであることに注意してほしい．

　まず，表 2.3.2 と表 2.3.3 を結合して表 2.3.4 を作成しよう．このための SQL プログラムは以下のようなものだ．

```
SELECT *
FROM    表2.3.2 JOIN 表2.3.3
```

1 行目の SELECT 句には結果として出力するテーブルにどのような列が含まれるかを記述する．ここでは*を指定しているが，これはすべての列を出力せよという意味だ．2 行目の FROM 句には，処理の入力となるテーブルを指定する．ここでは，表 2.3.2 と表 2.3.3 を結合（JOIN）したものを入力とせよと指定している．

　結合は SQL の基本的な機能として提供されているが，同様の処理を JOIN を使わずに書くこともできる．

```
SELECT 表2.3.2.*, 表2.3.3.*
FROM    表2.3.2, 表2.3.3
WHERE   表2.3.2.識別ID = 表2.3.3.識別ID
```

3行目の WHERE 句には SELECT 句で出力する行が満たすべき条件を書く．ここでは「表 2.3.2 の識別 ID と表 2.3.3 の識別 ID が一致すること」を条件としている．そのような行を表 2.3.2 と表 2.3.3 から探し（FROM 句），表 2.3.2 側の情報も表 2.3.3 側の情報もすべて表示する（SELECT 句）．なおこのプログラムの場合，「識別 ID」の列は表 2.3.2 にも表 2.3.3 にもあるため，出力結果には 2 回現れる．

　次に，表 2.3.4 の各行について，その緯度と経度を 10 で割り小数点以下を四捨五入する SQL プログラムを作成してみよう．

```
SELECT    識別ID, 年, 1月, ..., 12月,
          ROUND(緯度 / 10, 0), ROUND(経度 / 10, 0)
FROM      表2.3.4
```

このプログラムでは，SELECT 句で四則演算を行っている．緯度経度は 10 で割られ，ROUND 関数によって四捨五入される．なお，ROUND 関数の追加の引数 0 は 1 の位での四捨五入を表している．

　さて，もう少し複雑な例として，表 2.3.7 を用いて年ごとの平均気温を求めるプログラムを考えよう．

```
SELECT    年, AVERAGE((1月 + 2月 + … + 12月) / 12 )
FROM      表2.3.7
GROUP BY  年
```

このプログラムでは，GROUP BY 句を用いて，同じ「年」の値を持つ行をグループ化している．そして SELECT 句では，「年」の値と，その「年」を持つ行の「1 月から 12 月までの平均」の平均値を出力する．ここで用いられている AVERAGE は集約関数と呼ばれるもので，グループごとにそのグループに属する行の値を集約する．

　以上見てきたように，SQL を用いることで，簡潔でわかりやすいプログラムによってデータ加工を行うことができる．本項で見てきたもの以外にも，出力される行を整列する ORDER BY 句など，SQL にはさまざまな便利な機能がある．興味のある方は専門の参考書を調べてみてほしい．

Memo　NoSQL

　データベースにはリレーショナルデータベース以外にもさまざまな種類がある．特に，巨大なデータを扱いたい場合には，リレーショナルデータベース以外の種類のデー

タベースが使われることが多い.

　データが巨大になってくると，1台のコンピュータではすべてのデータを処理しきれなくなってくる．そのため，巨大データの扱いに特化したデータベースでは，複数台のコンピュータにデータを分配し，それぞれのコンピュータが自分の持っているデータに対する処理を担当する，という形で設計される．なお，このような処理方針は一般に**分散処理**（distributed processing）と呼ばれる.

　分散処理では，複数台のコンピュータがうまく協調動作できなければ意味がない．そのため，1台のコンピュータで処理する場合に比べ，できることが限られてしまう．特にSQLの機能すべてを完全に実現するのは現実的ではない．そのため，巨大データの扱いに特化したデータベースは，リレーショナルデータベースに比べ単純な機能だけを持つ場合が多い．それ以前はリレーショナルデータベースとSQLが当たり前だったため，このようなデザインは当初驚きをもって迎えられた．そのこともあり，このようなデータベースは **NoSQL** と総称されることがある.

　NoSQLデータベースの代表例はMapReduceに基づくものだ．MapReduceは，Google社がインターネット検索エンジンのためのデータを管理・分析するためのシステムとして開発した．本家MapReduceはGoogle社内で使われているだけだが，これに影響を受けた多くのシステムが開発・公開されており，Apacheソフトウェア財団のHadoopは特に有名で広く使われている．MapReduceやその亜種では，すべての要素に独立に処理を行う「Map」と，一定の条件でグループ化された要素を集約する「Reduce」という2つの機能を基礎とする．これはSQLよりは貧弱だが，その代わり分散処理を効率よく行うことができる.

まとめ 2.3.4

- 代表的なデータベースとして，リレーショナルデータベースが挙げられる.
- データベースを利用する際には，テーブルの構造や各行の関係性などをテーブル定義によって適切に指定することが重要である.
- リレーショナルデータベースに保持しているデータの処理にはSQLを用いる.

➤ 2.3節　練習問題

2.3.1 スクレイピングとはどのような処理のことか. 最も適切なものを1つ選べ.

① インターネットを巡回し多くのデータを収集する処理

② 情報から目的に合致したデータを抽出する処理

③ 分析対象の一部をデータの計測対象として選ぶ処理

④ データから欠損値や異常値などを除き分析に適した形にする処理

2.3.2 自分が通っている大学の学生のインターネットの利用実態について調べたい. 以下の方法の中で, 最も適切なサンプリング処理を1つ選べ.

① 大学での友達に声をかけて調査に協力してくれる人を募った.

② インターネットで協力してくれる人を募集して, 自分と同じ大学だと答えた人を抽出した.

③ 自宅の最寄り駅の前で無作為に声をかけて, 自分と同じ大学だと答えた人を抽出した.

④ 大学の正門で無作為に声をかけて, 自分と同じ大学の学生で協力してくれる人を募った.

2.3.3 以下の説明で正しいものを1つ選べ.

① 外国語の試験の結果に, その外国語を母語とする留学生の結果が混じっていた. これは異常値だ.

② うまく体温計を脇の下ではさめていなかったため, 体温が $34.5°C$ と表示された. これは外れ値だ.

③ 毎日育てている朝顔の高さを測っているが, 昨日は旅行中だったために測れなかった. これは欠損値だ.

2.3.4 リレーショナルデータベースに関する以下の説明の中で正しいものを1つ選べ.

① テーブルが集まってリレーションを形成する.

② 主キーの値が同じ行が複数あってはならない.

③ SQL の WHERE 句では処理結果の書き込み先を指定する.

④ SQL では複数のテーブルを入力とするような処理は記述できない.

2.3.5 表 2.3.5 に対する ER 図として最も適切なものはどれか.

① 図 2.3.7
② 図 2.3.8
③ 図 2.3.9
④ 図 2.3.10

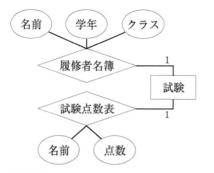

図 2.3.7 表 2.3.5 に対応する ER 図の候補 1.

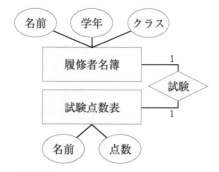

図 2.3.8 表 2.3.5 に対応する ER 図の候補 2.

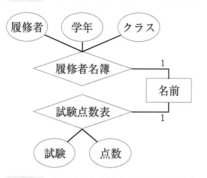

図 2.3.9 表 2.3.5 に対応する ER 図の候補 3.

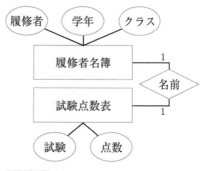

図 2.3.10 表 2.3.5 に対応する ER 図の候補 4.

{ 2.4 }

ITセキュリティ

 情報セキュリティの三要素（機密性，完全性，可用性），データの暗号化，復
号，データの盗聴，改ざん，なりすまし，電子署名，公開鍵認証基盤（PKI），
ユーザー認証とアクセス管理，マルウェアによるリスク（データの消失・漏
洩，サービスの停止など），プライバシー保護，個人情報の取り扱い

➤ 2.4.1 情報セキュリティの基礎概念

目 的 2.4.1 いろいろな情報がデータで入手される現在では，データを保護する情報セ
キュリティ技術が不可欠である．ここでは，情報セキュリティの三要素と
身近な攻撃について説明する．

　本節ではデータ利用時には避けて通ることができない情報セキュリティ技術につい
て紹介する．情報セキュリティ技術は**盗聴**（eavesdropping），**改ざん**（falsification），
なりすまし（spoofing)などのデータに対する攻撃の回避技術としての側面だけに
とどまらない．2009 年に提案された**ビットコイン**（bitcoin)を可能にした**ブロック
チェーン**（blockchain），あらゆる企業のビジネスを変革する技術である**スマートコ
ントラクト**（smartcontract)も情報セキュリティ技術である．情報セキュリティ技
術とはデータを素材として，さまざまなサービスを安全かつ安心に構築する技術で
ある．

　情報セキュリティの三要素は**機密性**（confidentiality），**完全性**（integrity），**可用
性**（availability)である．機密性とは限られた人以外にはデータを機密にすることを
意味し，**秘匿性**と呼ばれることもある．完全性とは，データの完全性（正しさ）を
保証することを意味する．可用性とは，必要なときにデータにいつでもアクセスで
きることを意味する．

　私たちの身近な事例でこれらの技術がいかに重要か説明しよう．多くのみなさ

んは，パソコンやスマートフォン，タブレットなどのデバイスからインターネットに常時接続しているのではないだろうか．これはつまり，多くの読者が**マルウェア**(malware)に感染するリスクがあることを意味する．マルウェアとは「悪意のある」を意味する英語 malicious（マリシャス）と software（ソフトウェア）の2つの単語が組み合わさった造語である．ウイルス（コンピュータウイルス）やワーム，トロイの木馬，スパイウェアなど，デバイスに不利益をもたらす悪意のあるプログラムやソフトウェアの総称である．スマートフォンしか使わないから，マルウェアは関係がないと思う人もいるかもしれない．しかし，スマートフォンでもマルウェア被害が多数報告されており，今や，すべての人がマルウェア対策を導入する必要がある．さまざまなマルウェアの感染経路のうち，身近な感染経路として以下がある．

- メールの添付ファイル
- 不正サイトや悪意のあるサイトへのアクセス
- 不正なソフトウェアやアプリのインストール

次に，パソコンやスマートフォン，タブレットがマルウェアに感染すると起こる被害について，簡単にまとめる．

1. デバイスの中のデータの**漏洩**（leak）
2. デバイスの中のデータの**改ざん**（falsification）
3. デバイスの中のデータが暗号化され，元のデータを入手できない
4. デバイスの中のデータの**消失**（erasure）により，元のデータを入手できない

これまでのマルウェアは上記1，2のようにパソコン内のデータに深刻な被害を与えた．一方，上記3は一般に**ランサムウェア**と呼ばれるマルウェアとなり，上記1，2とは被害の形態が異なる．ランサムウェアとは「ransom（身代金）」と「software（ソフトウェア）」が組み合わさった造語である．ランサムウェアに感染すると，デバイスの中のファイルやハードディスクが暗号化され，アクセスができなくなる．一度暗号化されたファイルやハードディスクを元に戻すことは，非常に難しい．ランサムウェアは，ファイルを利用できない（暗号化）状態にし，身代金を要求するため，この名前がつけられた．たとえば，病院の患者情報が入ったパソコンがランサムウェアに感染すれば，患者の情報にアクセスすることが困難になる．このようにランサムウェアは**サービスの停止**（denial of service）にまで発展するマルウェアである．上記の例は主にマルウェアの観点での攻撃だが，上記以外にも，以下の攻撃

が存在する.

5. **盗聴**（eavesdroppoing）
6. DoS（denial of service)**攻撃**
7. **なりすまし**（impersonate）

　盗聴とは，会話や通信などを当人らに知られないようにその内容をひそかに聴取・録音する行為である．DoS 攻撃はサイバー攻撃の一種であり，攻撃目標のウェブサイトやサーバーに対し，過剰なアクセスや大量のデータを送付することで，サイトやサーバーに対して過剰な負荷をかけて，ウェブサイトへのアクセスができなくしたり，サーバーアクセスの遅延を発生させたりするなど，サービスを停止させる攻撃である．なりすましは，インターネット上で第三者が別の人になりすまして不正行為を行う攻撃である．インターネットバンキングの不正利用や，SNS などで他人のアカウントをのっとり，勝手に投稿する行為もなりすましの一種である．

　以下では，これらの脅威に対して，情報セキュリティの三要素はどのように関係するかを記載する．まず 1 のデータ漏洩はデータの機密性が損なわれたことを意味する．2 のデータ改ざんはデータの完全性が損なわれたことを意味する．3 のランサムウェアはデータ自体が漏洩したわけでもなく，またデータが改ざんされたわけでもない．しかし，暗号化され，元のデータを入手できないので，可用性が損なわれたことを意味する．4 のデータ消失も同様に，元のデータを入手できないので，可用性が損なわれたことを意味する．5 の盗聴は，会話あるいは通信の機密性が損なわれたことを意味する．6 の DoS 攻撃は，サービスが停止されて必要なデータにアクセスできなくなるので，可用性が損なわれたことを意味する．また 7 のなりすましは，別の人になりかわって不正行為を行うのだから，たとえば，本人と偽って不正送金を行えば完全性が損なわれたことになる．あるいは，本人と偽って，本人の情報を入手すれば，機密性が損なわれたといえる．

　このように，情報セキュリティの三要素である機密性，完全性，可用性は現在の

表 2.4.1　情報セキュリティ三要素 CIA.

要素	英語名	防御する事象
機密性	confidentiality	漏洩，盗聴，なりすまし
完全性	integrity	改ざん，なりすまし
可用性	availability	ランサムウェア，消失，DoS 攻撃

デジタル社会においては満たすべき必至の技術であることがわかる．これらはまとめて **CIA**（confidentiality integrity availability）と呼ばれる．表 2.4.1 にはそれぞれの防御する事象をまとめたので，参考にしてほしい．

> **まとめ**
> **2.4.1**
> ● 情報セキュリティの三要素は，機密性，完全性，可用性である．
> ● さまざまなサイバー攻撃の回避には，三要素の実現が重要である．

➤ 2.4.2 暗号化

> **目 的**
> **2.4.2**
> 情報セキュリティの三要素の1つである機密性を実現する技術が暗号である．ここでは，暗号化について説明する．

2.4.1 項では CIA の重要性について説明した．本項では，機密性を実現する基本技術である**暗号**（cryptosystem）について紹介する．暗号は，**秘密鍵暗号**（secret key cryptosystem）と**公開鍵暗号**（public key cryptosystem）に大別される．これら秘密鍵暗号と公開鍵暗号について，その原理を解説する．

暗号は秘密鍵や公開鍵を用いて情報を操作する技術であり，**秘匿**（encryption）と**認証**（authentication）の機能がある．秘匿とはあらかじめ決められたユーザー以外に対してデータの秘密を守る機能であり，認証とはデータの正当性や通信相手の正当性を確認する技術である．

● a 暗号モデル

図 2.4.1 を用いて暗号を説明しよう．送信者 A が受信者 B に重要な文章（**平文** [*1]）m を送りたいとする．このとき A は関数 Enc を用いて m ともう1つの入力値 K（**暗号鍵**（encryption key））に対する出力値

$$\mathsf{Enc}(K, m) = c$$

を求め，c（**暗号文**（ciphertext））を B に送信する．この操作を**暗号化**（encryption）という．受けとった B は，Enc の逆関数に相当する関数 Dec を用いて，暗号文 c

---

[*1] 文章を表す用語として平文，メッセージの2つがある．それぞれ plaintext，message の日本語訳であるが，前者は暗号の記述に，後者はそれ以外の記述に用いる慣習がある．

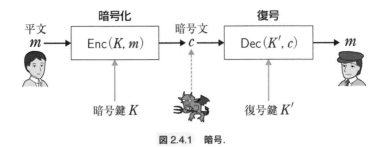

図 2.4.1 暗号.

ともう 1 つの入力値 K' (**復号鍵** (decryption key)) に対する出力値

$$\mathsf{Dec}(K', c) = \mathsf{Dec}(K', \mathsf{Enc}(K, m)) = m$$

を求め，元の平文 m を得る．この操作を**復号** (decryption) という．ここで，$K = K'$ である関数 Enc を**秘密鍵暗号** (secret key cryptosystem) と呼び，$K \neq K'$ である関数 Enc を**公開鍵暗号** (public key cryptosystem) と呼ぶ．また，秘密鍵暗号は**対称鍵暗号** (symmetric cryptosystem)，公開鍵暗号は**非対称鍵暗号** (asymmetric cryptosystem) と呼ばれることもある．

▶ b 秘密鍵暗号

秘密鍵暗号の性質について述べる．秘密鍵暗号は，暗号鍵と復号鍵が同じ K であることから，送信者 A も受信者 B も鍵 K を秘密に保持しなければならない．また，A が B 以外の人に対して平文を送りたいときには，B との間で利用した鍵を用いることができない．つまり，n 人と異なる内容の秘密通信を行うには，n 個の鍵を秘密に管理しなければならない（図 2.4.2）．

このように鍵管理は煩雑になるが，公開鍵暗号に比べ，処理速度が圧倒的に速くなる．またソフトウェアで実現した場合，ソフトウェアのサイズや必要なメモリ量を小さく，ハードウェアで実現した場合，ハードウェアの大きさを小さくできるという特徴がある．秘密鍵暗号は**ブロック暗号**と**ストリーム暗号**に分けられる．ブロック暗号はブロック単位ごとに暗号化するため，暗号化のブロックサイズと異なる平文の暗号化には，データを分割し，暗号化させるなどの処理が必要になる．一方，ストリーム暗号では，データの長さに依存せずに暗号化可能なため，追加の処理は不要である．ここでは，ストリーム暗号について簡単に紹介する．

ストリーム暗号は，送信者と受信者が同じ（疑似）乱数生成器を持ち，（疑似）乱

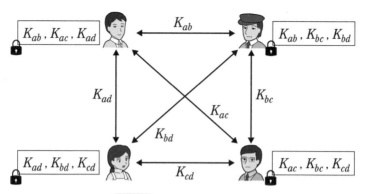

図 2.4.2 秘密鍵暗号の鍵管理.

表 2.4.2 排他的論理和.

x \ y	1	0
0	1	0
1	0	1

数生成器の出力との排他的論理和により，平文をビットや文字などの小さい単位で逐次処理する暗号である．ストリーム暗号では排他的論理和という操作が頻繁に行われる．排他的論理和は 2 入力のデータ x, y に対して，$x \oplus y$ で表され，ビットごとの処理となる．ビットごとの処理を表 2.4.2 で表す．

ストリーム暗号は**同期式暗号**と**非同期式暗号** に分けられる．同期式暗号とは送信者側と受信者側で（疑似）乱数生成の同期をとる必要がある方式である．一方，非同期式暗号とは，送受信者側と受信者側で同期をとる必要がなく，仮に同期がずれても暗号自身で同期を回復することが可能な方式である．

Memo ブロック暗号

ブロック暗号は，平文を 64 ビットや 128 ビットなどのブロック単位ごとに処理する暗号である．一般に処理単位は，コンピュータの性能に合わせられることが多い．その構造は，鍵スケジュール部とデータ攪拌部からなる．データ攪拌部は 1 ブロックの暗号化を行う最小単位の繰り返し構造になっており，鍵スケジュール部で生成される副鍵を用いて平文の暗号化を行う．

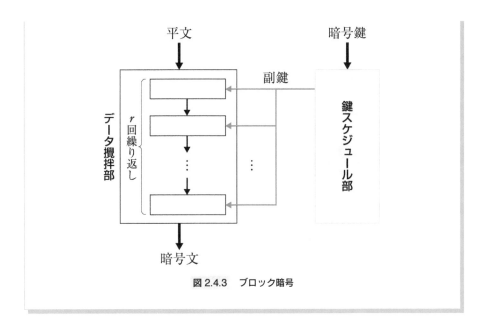

図 2.4.3 ブロック暗号

▸ c 公開鍵暗号

　公開鍵暗号は，暗号鍵と復号鍵が異なる暗号方式である．受信者 B は暗号鍵 PK_b と復号鍵 SK_b のペアを生成し，復号鍵 SK_b のみを秘密に保持し，暗号鍵を公開することが可能である．実際，PK_b を用いて暗号化された平文は SK_b を持つ人以外は見ることはできない．このため，送信者 A ですら暗号文を復号できない．公開鍵暗号では復号鍵は秘密にするが暗号鍵を公開できることから，暗号鍵は**公開鍵**，復号鍵は**秘密鍵**[*2] と呼ばれる．この性質を活用し，公開鍵暗号では図 2.4.4 のように，各ユーザーは自分の秘密鍵のみ秘密に管理し，公開鍵は電話帳のような公開のリストに保管し，秘密に管理する必要がない．これにより，鍵管理が容易なことから，公開鍵暗号は企業や学校などの多数のユーザー間の秘密通信に適している．

　公開鍵暗号の性質について，図 2.4.5 をもとに説明する．平文 m に対して，受信者 B の公開鍵 PK_b を用いた暗号化操作を $\mathsf{Enc}(PK_b, m)$ とし，暗号文 c に対して，受信者 B の秘密鍵 SK_b を用いた復号操作を $\mathsf{Dec}(SK_b, c)$ とすると，公開鍵暗号アルゴリズムに必要な性質は以下のようになる．

[*2] 公開鍵暗号に対して，秘密鍵暗号は暗号鍵と復号鍵が同一になり，同一の 1 つの鍵を秘密に管理する必要がある．このため，秘密鍵暗号の鍵は秘密鍵となる．

図 2.4.4　公開鍵暗号の鍵管理.

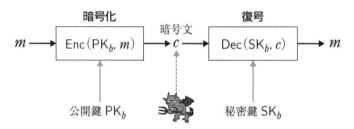

図 2.4.5　公開鍵暗号の原理.

（実現容易性） PK_b, m が与えられたとき, $Enc(PK_b, m)$ の計算が容易である. また, SK_b, c が与えられたとき, $Dec(SK_b, c)$ の計算が容易である.

（安全性） PK_b および $c = Enc(PK_b, m)$ が与えられたとき, m を求めることは計算量的に困難である.

　公開鍵暗号の安全性を「（攻撃者が利用できる知識）×（被害レベル）」で考える. 攻撃者が利用できる知識と被害レベルは, 以下のように分類される.

攻撃者が利用できる知識（小→大の順）

1. 公開鍵などの公開情報のみが利用できる
2. 公開鍵などの公開情報に加えて, 選択した暗号文の復号結果が利用できる

被害レベル（大→小の順）

1. 秘密鍵が計算できる
2. 任意の暗号文が復号できる
3. 暗号文から平文の部分情報が解読できる

　安全な暗号を構築するには，攻撃者の知識を最大限にしても，最も弱い被害レベルが防げることが重要である．

まとめ
2.4.2
- 暗号化には，公開鍵暗号と秘密鍵暗号の２つが存在する．
- 秘密鍵暗号とは，送信者と受信者が同じ鍵を共有して，データを秘匿する方式である．
- 公開鍵暗号とは，暗号鍵と復号鍵が異なり，公開した暗号鍵を用いてデータを秘匿する方式である．

➤ 2.4.3　電子署名

目 的
2.4.3
情報セキュリティの三要素の一つである完全性を実現する技術が電子署名である．ここでは，電子署名について説明する．

　2.4.2 項では機密性を実現する暗号化について説明した．本項では，完全性を実現する基本技術である**電子署名**（digital signature）について紹介する．なお，可用性については暗号化や電子署名など，さまざまな技術の組合せで実現される．たとえば，なりすましを防止する技術の１つである**認証**（authentication）は，暗号化技術あるいは電子署名でも実現できる．

　電子署名とは，文書に対する印鑑の機能を，電子データに対して実現したものである．つまり，電子署名とは，以下の性質を満たす．

署名生成： 電子データの発信者のみが，そのデータに対する正しい電子署名を生成できる．

署名検証： 任意の第三者が，そのデータに対する電子署名の正当性を，公開された情報のみを用いて確認できる．

　公開鍵暗号は，秘密鍵と公開鍵が異なる暗号システムであった．そこで，暗号化操作と逆の操作，すなわち，電子データ m に対して，送信者の秘密鍵 SK_a を用い

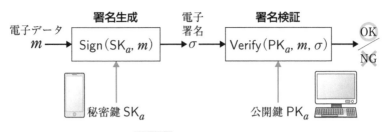

図 2.4.6　電子署名の原理.

て処理を施した結果

$$\mathsf{Sign}(\mathsf{SK}_a, m) = \sigma$$

を電子データに対する電子署名とし，電子署名 σ に送信者の公開鍵 PK_a を用いて処理を施した結果

$$\mathsf{Verify}(\mathsf{PK}_a, m, \sigma)$$

により，その正当性を確認する（図 2.4.6）.

a ハッシュ関数

　ここでは，電子署名や安全な暗号の構築にも利用される**ハッシュ関数**について述べる．ハッシュ関数 H は任意長の長さの入力 m から固定長 ℓ の長さに圧縮する関数である．暗号学的ハッシュ関数とはさらに 3 つの性質，**原像計算困難性**（preimage resistance），**第二原像計算困難性**（second preimage resistance），**衝突困難性**（collision resistance）を満たす必要がある．簡単に説明すると，原像計算困難性とはハッシュ値から元の入力を求めることが困難であることを意味する．第二原像計算困難性とは，与えられた入力とそのハッシュ値から，与えられた入力のハッシュ値と一致する異なる入力を求めることが困難であることを意味する．最後に，衝突困難性とは，ハッシュ値が等しくなる 2 つの異なる入力を求めることが困難であることを意味する．

　公開鍵暗号，電子署名ともに，さまざまな数学的困難な課題に基づき構築されているが，以降では機械学習の応用にも重要になる，**準同型性**（homomorphism）を満たす暗号として，**エルガマル暗号**（ElGamal encryption）を紹介する．また，同じ安全性の根拠を持つ電子署名として，**DSA 署名**（DSA signature）を紹介する．公開鍵暗号や電子署名は代数学の基本的な概念に基づき構築される．ここでは暗号に

必要な概念を最小限の数学の知識を紹介してから，具体的な DSA 署名について紹介しよう．

> **Memo** 計算困難性
>
> 　一般に，情報セキュリティでは，全数探索すれば攻撃可能となることから，安全な方式とは全数探索より少ない計算量で求められることがないことを意味する．ℓ の長さに圧縮するハッシュ値の場合，原像計算困難性と第二原像計算困難性では 2^{ℓ} より小さい計算量で求めることが困難であること，また，衝突困難性では**誕生日パラドックス**（birthday paradox）で，$2^{\ell/2}$ で求めることが最大計算量となるので，これより少ない計算量で求めることが困難であることを意味する．誕生日パラドックスとは「何人集まると，その中に誕生日が同一の 2 人（以上）がいる確率が 50% を超えるか」という問題に関するパラドックスである．直感的には相当な人を集めないと，同一の誕生日の人はいないと思いがちである．しかし，実は 23 人いると 50% を超える．この 23 という人数が直感よりも小さいという意味で誕生日パラドックスと呼ばれる．

▶ b 数学的準備

　公開鍵暗号や電子署名を構築する際に必要となる数学の知識について簡単に説明する．暗号とは平文に公開鍵で処理を施して暗号文を構築することであり，復号とは暗号文に秘密鍵で処理を施して元の平文に戻すことであった．この元の平文に戻すという操作に，数学の**群**（group）の概念で利用する**逆元**（inverse）を利用する．ここでは，整数の例を使って，簡単に理解しよう．まず，記号として，整数の集合は $\mathbb{Z}$ で表す．$\mathbb{Z}$ にはかけ算と足し算を考えることができる．かけ算，足し算は数学的には**加算**（addition），**乗算**（multiplication）と呼ばれる．ここで，$\mathbb{Z}$ の元を 4 で割った余りの集合を考えよう．4 で割った余りの集合は $\mathbb{Z}/4\mathbb{Z}$ と表され，$\mathbb{Z}/4\mathbb{Z} = \{0, 1, 2, 3\}$ となる．そこで，$\mathbb{Z}/4\mathbb{Z}$ に含まれる元の加算と乗算を，それぞれ整数の元として考えた加算と乗算を 4 で割った余りを対応させることにする．例 2.4.1 は $\mathbb{Z}/4\mathbb{Z}$ の上の加算と乗算の結果を表す．ここで，通常の乗算，加算と区別するために，乗算および加算を行った後に，4 で割った余りを対応させる操作を (mod 4) で表す．一般に，2 整数 a, b に対して，

$$a - b \text{ が } m \text{ で割り切れる} \iff a \equiv b \pmod{m}$$

と表す．ここで，上述の暗号の重要な要素である逆元について述べる．整数の元 $a \in \mathbb{Z}$ の逆元とは，a にかけて 1 になる整数の元を意味する．たとえば，$1 \cdot 1 = 1$ なので，1 の逆元は 1 である．実は整数で逆元を持つ元は $\{1, -1\}$ の 2 つに限られ，整数の逆元を持つ集合 $U(\mathbb{Z})$ は，$U(\mathbb{Z}) = \{1, -1\}$ となる．たとえば $3 \in \mathbb{Z}$ には整数の逆元はない．では，$\mathbb{Z}/4\mathbb{Z} \ni 3$ は逆元を持つだろうか．

$$3 \cdot 3 = 1 \pmod 4$$

なので，3 の逆元は 3 となる．このように見た目が整数と同じでも，演算の方法を変えるだけで，逆元が存在する演算を構築できる．なお，$U(\mathbb{Z}/4\mathbb{Z}) = \{1, 3\}$ となる．

例 2.4.1 $\mathbb{Z}/4\mathbb{Z}$ における加算と乗算は以下のようになる．

+	0	1	2	3		×	0	1	2	3
0	0	1	2	3		0	0	0	0	0
1	1	2	3	0		1	0	1	2	3
2	2	3	0	1		2	0	2	0	2
3	3	0	1	2		3	0	3	2	1

次に，一般に，任意の正整数の m に対して，整数の元を m で割った余りの集合 $\mathbb{Z}/m\mathbb{Z} = \{0, 1, \cdots, m-1\}$ を考える．そこで，$\mathbb{Z}/4\mathbb{Z}$ と同様に $\mathbb{Z}/m\mathbb{Z}$ の上に加算，乗算を考える．つまり，$\mathbb{Z}/m\mathbb{Z}$ の 2 元 a, b に対して，

$$a \cdot b = a \cdot b \pmod m$$
$$a + b = a + b \pmod m$$

と定義すると，$\mathbb{Z}/m\mathbb{Z}$ で加算と乗算を考えることができる．特に m を 3, 5, 7 というような素数 p とするとき，$\mathbb{Z}/p\mathbb{Z}$ に含まれるすべての 0 でない元に逆元が存在する．これは難しい言葉では，有限体と呼ばれ，$\mathbb{F}_p$ で表される．大切なことは，$\mathbb{F}_p$ から 0 を除いた集合 $\mathbb{F}_p^*$ は乗法に関して群になり，公開鍵暗号や電子署名が作られることになる．

> **Memo** 群の定義

$\mathbb{F}_p^*$ は乗法について群になるが，簡単に群の定義について述べよう．集合 G が**群**（group）であるとは，次の 4 つの条件を満たすことである．

(1) G の任意の 2 元 a, b に対して，$ab \in G$ が定義されている．

(2) **（結合律）** $(ab)c = a(bc)$

(3) **（単位元の存在）** $1 \in G$ で，任意の $a \in G$ に対して，$a1 = 1a = a$ となるものが存在する．

(4) **（逆元の存在）** 各 $a \in G$ について，$aa^{-1} = a^{-1}a = 1$ となる $a^{-1} \in G$ が存在する．

上述の 4 つの条件を群の公理と呼ぶ．

● c エルガマル暗号

ここでは**離散対数問題**（discrete logarithm problem，DLP）に基づく暗号方式について述べる．具体的な暗号方式を紹介する前に，DLP について定義しよう．

定義 2.4.1 離散対数問題

有限体 $\mathbb{F}_p$ の元 y, g に対して

$$y = g^x = g \times \cdots \times g \, (g \text{ の } x \text{ 回の積})$$

となる x が存在するならば，その x を求める問題を**離散対数問題**（DLP）という．

では，有限体上の離散対数問題（DLP）を利用した**エルガマル暗号**（ElGamal encryption）について説明する．

【ユーザーの鍵生成】 ユーザー B は次のように公開鍵と秘密鍵のペアを生成する．

1. 有限体 $\mathbb{F}_p$（p は素数）と位数[*3] ℓ のベースポイント $g \in \mathbb{F}_p$ を生成する．

[*3] 位数とは $g^\ell = 1 \pmod{p}$ となる最小の整数である．たとえば，$\mathbb{F}_3 \ni 2$ は $2^2 = 1 \pmod 3$ より位数 2 である．暗号では位数が素数になるようにとる．

2. 乱数 $x \in \mathbb{Z}_\ell^*$ を生成して秘密鍵とし,

$$y = g^x \pmod{p}$$

を計算する.
⟨ システムパラメータ [*4] ⟩ $p, \ g, \ \ell$
⟨ 公開鍵 ⟩ y
⟨ 秘密鍵 ⟩ x

【暗号化】 ユーザー A が平文 $m \in \mathbb{Z}_p$ を暗号化してユーザー B に送るとする.

1. 乱数 $r \in \mathbb{Z}_\ell^*$ を生成し,

$$u = g^r \pmod{p}$$

を計算する.

2. B の公開鍵 y を用いて

$$c = y^r m \pmod{p}$$

を計算し,暗号文 $(u, c) \in \mathbb{F}_p \times \mathbb{F}_p$ を B に送信する.

【復号】 暗号文 (u, c) を受信した B は

$$m = c/u^x \pmod{p}$$

を計算し,m を復号する.

　エルガマル暗号は同じ平文に対する暗号文が異なる.このような暗号を**確率的公開鍵暗号**(probabilistic public encryption)という.なお,同じ平文に対する暗号文が同じ暗号を**確定的公開鍵暗号**(deterministic public encryption)という.たとえば,RSA 暗号が確定的公開鍵暗号となる.

Memo 準同型暗号

　エルガマル暗号は秘匿した統計データの構築に重要視される.その理由について簡単に説明する.エルガマル暗号の暗号関数を

$$\mathsf{Enc}(y, m) = (u, c)$$

と表すと，Enc は平文 m に対する準同型写像となる．すなわち，

$$\mathsf{Enc}(y, m \cdot m') = \mathsf{Enc}(y, m) \cdot \mathsf{Enc}(y, m')$$

が成り立つ．さらにスカラー倍算 $k \in \mathbb{F}_p^*$ に対しても可換となる．すなわち，

$$k\mathsf{Enc}(y, m) = \mathsf{Enc}(y, k \cdot m)$$

となる．準同型性を利用すると，2 つの暗号文 $\mathsf{Enc}(y, m)$ と $\mathsf{Enc}(y, m')$ が与えられたとき，元の平文 m と m' に復号することなく，これらの平文の積 $m \cdot m'$ の暗号文を次のように計算できる．

$$\mathsf{Enc}(y, m) \cdot \mathsf{Enc}(y, m') = \mathsf{Enc}(y, m \cdot m')$$

エルガマル暗号は乗法準同型であるが，加法準同型の暗号もある．たとえば，複数の平文の平均値を求めたいが，それぞれの平文を開示したくないとしよう．このとき，加法準同型で暗号化すれば，元の平文を開示することなく，平均値を求めることができる．

▶ d DSA 署名

ここでは，DSA 署名について説明する．

【ユーザーの鍵生成】 ユーザー A は次のように公開鍵と秘密鍵のペアを生成する．

1. 有限体 $\mathbb{F}_p$ と素数位数 ℓ のベースポイント $g \in \mathbb{F}_p$ を生成する．
2. 乱数 $x \in \mathbb{Z}_\ell^*$ を生成して秘密鍵とし，

$$y = g^x \pmod{p}$$

を計算する．
3. （暗号学的）ハッシュ関数 [*5]

[*5] $\{0,1\}^*$ は任意の長さの元の集合を表し，$\{0,1\}^{|\ell|-1}$ は ℓ のビット長より 1 つ小さいビット長を意味する．暗号学的ハッシュ関数 H とは，与えられたハッシュ値 $H(x)$ に対し，$H(x) = H(x')$ となる $x' \neq x$ を見つける衝突困難性などを満たす．

$$H : \{0,1\}^* \longrightarrow \{0,1\}^{|\ell|-1}$$

を全ユーザーに公開する.

〈システムパラメータ〉 p, g, ℓ, H
〈公開鍵〉 y
〈秘密鍵〉 x

【署名生成】 ユーザー A はメッセージ $m \in \{0,1\}^*$ に以下のように署名する.

1. メッセージ m に対して,そのハッシュ値 $m' = H(m)$ を生成する.
2. 乱数 $r \in \mathbb{Z}_\ell^*$ を生成し,

$$u_1 = g^r \quad (\bmod\ p)$$
$$u = u_1 \quad (\bmod\ \ell)$$

を計算する.ここで $u = 0$ ならば乱数 r をとり直す.

3. ユーザー A の秘密鍵 x を用いて,

$$v = r^{-1}(m' + xu) \quad (\bmod\ \ell)$$

を計算する.ここで $v = 0$ ならば乱数 r をとり直す.

m に対する署名は,$(u, v) \in \mathbb{Z}_\ell^* \times \mathbb{Z}_\ell^*$ である.

【署名検証】 ユーザー A の m の署名 (u, v) を以下のように検証する.

1. $(u, v) \in \mathbb{Z}_\ell^* \times \mathbb{Z}_\ell^*$ でなければ,NG を出力する.
2. ユーザー A の公開鍵 y を用いて,

$$m' = H(m)$$
$$u' = (g^{m'/v} y^{u/v} \bmod p) \bmod \ell$$

を求める.

3. $u \equiv u' \pmod{\ell}$ ならば OK を出力し,そうでなければ NG を出力する.

まとめ 2.4.3
- 電子署名は，公開鍵暗号の概念の秘密鍵を用いて，データに署名を生成し，公開鍵を用いて署名の正しさを検証する．
- 安全な電子署名には，ハッシュ関数が不可欠である．

➤ 2.4.4 認証

目的 2.4.4 暗号や電子署名の技術を活用して，どのように安全な情報社会を実現するのであろうか．ここでは，公開鍵暗号や電子署名を社会システムで構築するための枠組みやいろいろな場面で利用される認証技術について紹介する．

本項では，この公開鍵暗号の枠組みを社会システムとして運用するための枠組みである**公開鍵認証基盤**（public-key infrastructure，PKI）と公開鍵暗号や電子署名の社会システムへの応用として，**認証**（authentication）をどのようにして実現するかを説明する．

◗ a 公開鍵認証基盤（PKI）

公開鍵暗号や電子署名を用いた技術を社会システムとして運用するには，公開鍵の正当性を保証する必要がある．公開鍵が正当であるとは，その公開鍵の持ち主が意図するユーザーであることを意味する．つまり，意図した受信者だけが暗号文を復号でき，正当な送信者のみが電子署名を生成できるためには，公開鍵の正当性の保証が必須となる．公開鍵の正当性を保証する枠組みが**公開鍵認証基盤**（PKI）である．簡単に原理を述べよう．信頼できる第三者 **CA**（certification authority）はユーザーとその公開鍵の正当性を確認し，公開鍵が正当であるという保証として，公開鍵に CA の秘密鍵による電子署名を施した**公開鍵証明書**（digital certificate）を発行する．公開鍵の正当性を確認するには，公開鍵証明書を CA の公開鍵で検証するとよい．公開鍵証明書には，ユーザーの名前，ユーザーの公開鍵，CA の名前，有効期限などの仕様に関する情報が記載されている．これにより，公開鍵の正当性は保証され，公開鍵を用いた暗号，認証，電子署名などが運用できる．

▶ **b 認証**

社会システムのさまざまな場面で利用される技術が**認証**（authentication）である．たとえば，銀行の ATM でお金を下ろすときに，ATM はカードの持ち主が正しい持ち主であるかを認証する．飛行機会社などのウェブサイトにログインする際にも，ユーザーが正しいユーザーであるかを認証する．このような仕組みにもセキュリティ技術，特に，これまで説明した秘密鍵暗号や公開鍵暗号の技術が利用されている．ここでは，認証に秘密鍵暗号，公開鍵暗号のそれぞれの技術を利用する際の違いについても考えよう．なお，認証には正規のユーザーであることを証明するユーザー認証，正しいクライアント（端末）であることを証明するクライアント認証などがあるが，ここではユーザー認証について説明する．

秘密鍵暗号を用いたユーザー認証の場合，通信相手どうしが共通の秘密鍵を保持していることを利用する．2 人のユーザーを A, B とし，A, B が秘密鍵 K を共有しているとする．アルゴリズムを以下に示す（図 2.4.7）[6]．

アルゴリズム 2.4.1　**秘密鍵暗号を用いたユーザー認証のアルゴリズム**

1. A は，乱数 r を生成し，B に送信する．
2. B は，$c = \mathsf{Enc}(K, r)$ を計算し，A に送信する．

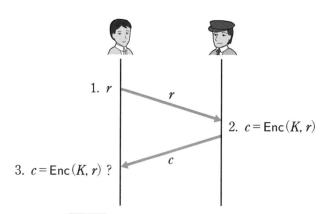

1. r
   r
2. $c = \mathsf{Enc}(K, r)$
3. $c = \mathsf{Enc}(K, r)$?
   c

図 2.4.7　秘密鍵暗号を用いたユーザー認証．

---

[6] 一般には A がクライアント，B がサーバーになる．

3. A は，$c = \mathsf{Enc}(K, r)$ が成り立つことを検証する．

　上記アルゴリズムでは認証が終了するまでに，2 回の通信が行われる．このような方式を **2 パス認証方式**と呼ぶ．

　次に，公開鍵暗号を用いたユーザー認証について説明しよう．2 人のユーザー A，B によるユーザー認証のアルゴリズムを以下に示す（図 2.4.8）．

> **アルゴリズム 2.4.2**　**公開鍵暗号を用いたユーザー認証のアルゴリズム**
>
> 1. A は乱数 r を生成し，B の公開鍵 PK_b を用いて $c = \mathsf{Enc}(\mathsf{PK}_b, r)$ を計算し，c を B に送信する．
> 2. B は，自分の秘密鍵 SK_b を用いて $r' = \mathsf{Dec}(\mathsf{SK}_b, c)$ を計算し，A に送信する．
> 3. A は，$r = r'$ が成り立つことを検証する．

　上記のアルゴリズムも 2 パス認証方式である．公開鍵暗号を用いたユーザー認証と秘密鍵暗号を用いたユーザー認証の違いの 1 つが前者が平文を検証に用いるのに対し，後者は暗号文を検証に用いることである．前項で述べたように，エルガマル暗号は平文に対して暗号文が一意的に定まらない公開鍵暗号（確率的公開鍵暗号）である．このため，暗号文を検証に利用せずにアルゴリズム 2.4.2 のように復号結果

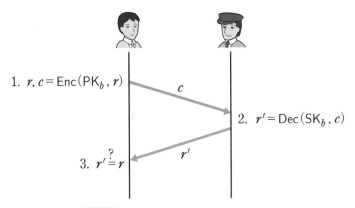

1. $r, c = \mathsf{Enc}(\mathsf{PK}_b, r)$

c

2. $r' = \mathsf{Dec}(\mathsf{SK}_b, c)$

3. $r' \overset{?}{=} r$

r'

図 2.4.8　公開鍵暗号を用いたユーザー認証．

で検証する.

まとめ 2.4.4
- 公開鍵暗号を安全に利用するには, 公開鍵の正当性を保証することが必要である.
- 認証技術には, 秘密鍵暗号を用いる方法や公開鍵暗号を用いる方法がある.

➤ 2.4.5 プライバシー保護

目的 2.4.5
SNS などでさまざまな情報が発信されるに伴い, プライバシー保護の重要性が高まっている. プライバシー保護技術と暗号技術はデータ保護の考え方が少し異なる. ここでは, プライバシー保護技術について紹介する.

　ここまではセキュリティの観点からデータの取り扱いについて説明した. 本項では, **個人情報**(personal data)と**プライバシー保護**(privacy)の観点からデータの取り扱いについて説明する.「個人情報」とは, 生存する個人に関する情報で, その情報に含まれる氏名や生年月日などによって特定の個人を識別できる情報を意味する. 氏名だけでも個人情報に該当するが, 誰の声であるかを識別できる音声録音情報, 氏名と社名が含まれるメールアドレス, 防犯カメラに記録された顔画像(本人が判別できる程度には大きく鮮明に写っているもの)なども, 個人情報に該当する.

　現在, 個人情報を含むさまざまな属性情報がデータ収集者によって保管されている. ここでは, **個人**, 個人情報を収集する**データ収集者**, データ収集者からデータの統計値を入手したい**データ解析者**, 解析結果を利用する**データ利用者**の 4 人の登場人物を想定する. データ解析者がデータ収集者に, 統計解析(クエリ)を依頼し, クエリに応じた統計解析の結果を入手するケースを考える. このとき, データ解析者が個人情報以外のデータの統計値を入手した場合, 個人に関する情報はどれぐらい推測可能だろうか. たとえば, 名前, 住所, 職業, 飲酒歴, 既往症, 年収のデータが保管されているとしよう. このとき, 個人情報だけを秘匿すれば, 該当個人のプライバシーは保たれるだろうか.

　仮に, データ解析者はこのデータベースに 10 人が登録されており, 大阪太郎さんがいることを知っており, 大阪太郎さんの年収を知りたいとしよう. このとき, デー

タ収集者に「大阪太郎さんを除く全ユーザーの年収の平均」を聞いて，「500 万円」という情報を入手し，次に，「全ユーザーの年収の平均」を聞いて，「600 万円」という情報を入手したとしよう．データ解析者は太郎さんの個人の情報は聞いてないが，2 つの情報と自分が知っている情報を利用すると，太郎さんの年収は 1,500 万円であることを求めることができる．つまり，収集されたデータベースから，その平均値などの統計量を入手するケースのデータのプライバシー保護においては，以下の制御ができるプライバシーのモデルの構築が必要である．

- 攻撃者がどのような背景知識を持っていても，個人の情報が推測されるリスクが制御できる．
- さまざまなクエリによる統計解析結果からも，個人の情報が推測されるリスクが制御できる．

このようなモデルにおいては，これまでに述べたセキュリティ技術では個人情報は秘匿できないことがわかる．上記のような状況下においても，統一的な安全性指標を与えるプライバシー保護の枠組みを**差分プライバシー**（differential privacy）と呼び，さまざまなプライバシー保護手段に対して，統一的な安全性指標を与える．なお，差分プライバシーは特定のプライバシー保護手段を指すものではない．差分プライバシーを満たす保護手段は**メカニズム**（mechanism）と呼ばれる．よく利用されるメカニズムとして，データが連続値の場合は**ラプラスメカニズム**（Laplace mechanism），データが離散値の場合は PRAM（post radomization）などがある．

　では，簡単に差分プライバシーの定義について述べよう．D, D' をデータベースとし，データベース間の距離 $d(D, D')$ を同一でないレコードの数で表す．$d(D, D') = 1$ であれば，1 つのレコードのみが違っており，それ以外のレコードは一致していることを意味する．データ解析者がデータ収集者に聞くクエリを Q で表し，クエリに応じて，データに修正を加えて，応答値を構成する関数をメカニズム $\mathcal{M}$ と呼び，

$$\mathcal{M} : \mathcal{D} \times Q \longrightarrow Y$$

で定義する．ここで，$\mathcal{D}$ はとりうるデータベースの集合，Y はクエリに対する回答の値域となる．そこで，1 つのレコードのみが変わる 2 つのデータベース D, D' が与えられたとき，D に対する質問に対する回答と D' に対する質問に対する回答に区別がつかないことが，差分プライバシーで要求される性質になる．上記事例で

は，太郎さんが入っているデータベースと入ってないデータベースに対して，全ユーザーの年収の平均を聞いた場合，年収の平均値をそのまま返信するメカニズムでは，差分プライバシーの要求が満たされないことになる．つまり，差分プライバシーでは，クエリに対して，そのまま回答するのではなく，ノイズを付加した結果が回答されることになる．

- 差分プライバシーとは攻撃者の前提知識を仮定せずに，プライバシーの漏洩の危険性を数学的に評価する技術である．
- プライバシー保護とデータ利活用はトレードオフの関係にあり，それぞれを状況に応じて適切に設定することが重要である．

➤ 2.4節　練習問題

2.4.1 ストリーム暗号により平文を暗号化することを考える．2ビットの平文 $m = 10$ を2ビットのストリーム暗号の出力 $K = 11$ で暗号化した暗号文は次のどれか．

① 11
② 10
③ 01
④ 00

2.4.2 素数7を用いた有限体 $\mathbb{F}_7 = \{0, 1, 2, 3, 4, 5, 6\}$ を考える．このとき，$\mathbb{F}_7 \ni 3$ の逆元は次のどれか．

① 3
② 4
③ 2
④ 5

2.4.3 エルガマル暗号で，$(p, g, y) = (23, 2, 8)$ とするとき，平文 $m = 3$ を乱数 $r = 2$ で暗号化した暗号文は次のどれか．

① $(1, 2)$

② $(7, 21)$

③ $(4, 21)$

④ $(4, 8)$

2.4.4 DSA 署名（ハッシュなし）で，$(p, g, x, \ell) = (23, 2, 3, 11)$ とする．平文 $m = 2$ をハッシュ値を用いずに乱数 $r = 2$ で暗号化した暗号文は次のどれか．

① $(1, 2)$

② $(4, 7)$

③ $(4, 21)$

④ $(4, 8)$

2.4.5 10 名の学生の定期試験の結果が保管されているデータベースがある．データベースはプライバシーの観点から，個人の点数は開示しないが，統計処理のために，平均点などは開示する．次郎君は，競争相手の太郎君の点数を入手したいとする．このとき，データベースに全員の試験結果の平均点を聞き，その結果が 63 点であることを入手し，次に，太郎君を除く 9 人の平均点を聞き，その結果が 60 点であることを入手した．このとき，太郎君の点数は次のどれか．

① 60 点

② 90 点

③ 85 点

④ 63 点

第 3 章

AI基礎

AI（artificial intelligence，人工知能）の厳密な定義
はないが，コンピュータあるいはロボットに人工的に知
能を持たせることを目指した研究領域である．最近のAI
は機械学習の1つの手法である深層学習を用いること
が一般的になっているが，深層学習を用いるには膨大な
データが必要であり，データサイエンスとAIの関係はと
ても密接になっている．本章では，AIの基礎として，
まずAIの歴史，基本的な考え方などを説明し，次にAI
がデータから何をどう学ぶかという機械学習全般の基礎
について説明する．さらに機械学習で中心となっている
手法である深層学習の基礎を学ぶ．最後にAIの中心的
な領域である，ロボット，画像・音声認識，自然言語処
理についてその基礎を説明する．

=========={ **3.1** }==========

AI と社会

キーワード AI の歴史，推論，探索，トイプロブレム，エキスパートシステム，汎用 AI ／
特化型 AI（強い AI ／弱い AI），フレーム問題，記号接地問題，人間の知的
活動と AI 技術（学習，認識，予測・判断，知識・言語，身体・運動），AI 技
術の活用領域の広がり（製造，流通，金融，インフラ，公共，ヘルスケアな
ど），実世界で進む機械学習の応用と発展（需要予測，異常検知，商品推薦な
ど），実世界で進む深層学習の応用と革新（画像認識，自然言語処理，音声
認識など），AI クラウドサービス，AI と知的財産権，AI の学習と推論，評
価，再学習，AI の開発環境と実行環境，AI の社会実装

目的
3.1 AI についての基本的な事項を知る．

➤ 3.1.1 AI の歴史

　AI（artificial intelligence，人工知能）が何かという厳密な定義はないが，コン
ピュータあるいは身体を持つコンピュータとしてのロボットに知能を持たせること
を目指した研究領域である．コンピュータが発明されたのは1940年代のことで，当
初のコンピュータは文字通り数を速く正確に計算する，コンピュートすることを目
的として作られた．日本語でも計算機と訳された．そのコンピュータが数だけでな
く記号（人間が使っている日本語などの言語や概念など）を扱えるということに注
目したシャノンとチューリングが独立に1950年前後にコンピュータに人間の行っ
ている知的作業を行わせる研究領域の開始を提唱する論文を発表した．このときが
AI のはじまりとされているが，1956年に米国のダートマス大学で開催された会議
（通称，ダートマス会議）のときにマッカーシーがこの領域を AI と名づけた．

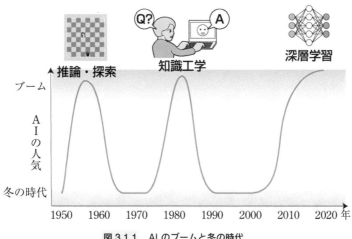

図 3.1.1 AI のブームと冬の時代.

　知能にはさまざまな側面があるが，AI の初期はもっぱら**推論**（inference）の機能に焦点を当てて研究が行われた．推論の代表的なものとして多くの候補の中から適切なものを探し出す**探索**（search）の研究が行われた．チェスの強いプログラムを作ることが例題として広く用いられた．当時のコンピュータはまだ能力が低かったので，実世界の問題を直接扱うことが難しかった．代わりに机の上に直方体，立方体，円錐などがおいてある積み木の世界を対象として研究が進められた．これは**トイプロブレム**（toy problem，おもちゃの問題）とも呼ばれた．

　AI の研究がはじまった 1950 年前後から 1960 年代前半までは人工知能研究の草創期に当たり，1 回目のブームで欧米を中心に研究費と研究者が増えた（図 3.1.1）．その後の AI の基礎を築いた重要な時期であったものの，トイプロブレムを対象としていたこともあって世の中が期待するような成果は出なかった．たとえば米国は国策として英語とロシア語の翻訳をコンピュータに行わせる機械翻訳の研究開発に膨大な人と金をつぎ込んだが，当時の AI 技術とコンピュータの能力で期待外れの結果に終わった．1960 年代半ば以降にそれまでのブームの反動で（1 回目の）冬の時代を迎えた．

　1970 年代になって AI に新しい動きがはじまった．1 回目のブームは推論の機能に焦点が当たっていたが，知能にとって推論機能だけでなく知識の量と質が重要であるという見方が有力になったのである．ファイゲンバウムらが知識に焦点を当て

た**知識工学**（knowledge engineering）を提唱した．専門家の知識を聞きとってプロダクションシステムやフレーム理論などの知識表現の枠組みを使ってコンピュータ内にその知識を埋め込んだ**エキスパートシステム**（expert system）が試作された．化学組成式同定システム Dendral や医療診断システム MYCIN が作られて，それぞれの領域の専門家並みの能力を示した．その結果 1980 年代に入って世界中でエキスパートシステムの開発が盛んになり，AI は 2 回目のブームとなった．日本で AI が一般的になったのはこの 2 回目のブームからである．1982 年から 1992 年まで当時の通商産業省を中心に「考えるコンピュータ」の実現を目標に掲げた「第 5 世代コンピュータプロジェクト」が大規模に行われた．具体的には Prolog という AI 用のプログラミング言語を専用に処理できる専用コンピュータを開発した．1986 年に日本の人工知能学会が発足した．

　2 回目のブームも結果的に世の中が期待したような成果が出なかった．「第 5 世代コンピュータプロジェクト」も「考えるコンピュータ」は実現できなかった．うまくいかなかった理由はいくつかあるが，エキスパートシステムの作り方の方法論に問題があった．専門家にインタビューをして彼らが持っている知識を聞き出して，それを形式化するという方法をとっていた．この方法は丹念にインタビューすれば専門家が意識して使っている知識はとり出せるが，無意識に使っている知識はとり出すことができない．専門家だけでなく人間は一般に無意識に多くの知識を使っており，それが場合によっては意思決定に大きくかかわっている．エキスパートシステムにはそのような人間が無意識のうちに使っている知識を埋め込むことができず，それらの知識が必要となる問題を解くことができないのである．1990 年代から 2000 年代は AI にとって 2 回目の冬の時代であった．

　神経回路網をコンピュータの中でシミュレートする試みは AI の研究がはじまった直後から進められた．最初のモデルが，ローゼンブラットが 1957 年に提唱したパーセプトロン（perceptron）である．これは入力層と出力層の 2 層からなるネットワークであった．機械学習の走りといえるが，2 層しかないために線形問題しか扱えないなどの限界があった．1980 年代の AI の 2 回目のブームのときにパーセプトロンを入力層，中間層，出力層の 3 層に拡張したニューラルネットワークがルーメルハートらによって提唱された．学習にはルーメルハートらが開発した誤差逆伝播法が用いられた（3.3.3.d 項参照）．2 層から 3 層となったことでニューラルネットワークはパーセプトロンよりかなり強力であったが，それでもできることは限定的であった．2006 年にヒントンが深層学習を提唱した．3 層だったニューラルネッ

トワークを 4 層以上に拡張したのである．単に深くするだけでは勾配消失問題など
があってうまく動かなかった．勾配消失問題とは，ニューラルネットワークで提案
された誤差逆伝播法が，ネットワークの層が深いと誤差が伝播するときに徐々に小
さい値になっていって影響を伝えにくいというものである．深層学習はこの勾配消
失問題などをさまざまな工夫によってうまく動くようにしている．深層学習の詳細
は 3.3 節で述べる．

Memo 線形問題

$f(x)$ が線形であるとは，

1. 入力が x_1 と x_2 の和のときに出力が $f(x_1)$ と $f(x_2)$ の和になること，すなわ
   ち $f(x_1 + x_2) = f(x_1) + f(x_2)$ が成り立つこと，
2. 入力が x_1 の c 倍のときに出力が $f(x_1)$ の c 倍になること，すなわち $f(c \cdot x_1) = c \cdot f(x_1)$ が成り立つこと，

である．直感的には線形は直線で非線形は曲線ということになる．

2010 年代になって深層学習の手法がきっかけになり，AI の 3 回目のブームが訪
れた．2012 年に Google が猫の概念を学習できたと発表したことが大きなニュース
としてとり上げられた．深層学習により数万枚の猫の写真からひげや形状など猫の
特徴を学習し，テスト画像が猫かどうかを高い精度で判別できるようになった．従
来はコンピュータに猫かどうかを判別させるときは人間が猫の特徴をあらかじめ教
えておいて，それらの特徴を有するものを猫と判別するという仕組みであった．特
徴量を人間が与える必要があったのである．深層学習によって人間が特徴量を与え
ることなくコンピュータが特徴を抽出できるようになった．これは AI の技術とし
て大きな進歩であった．その後さまざまな分野で深層学習の技術が大きな成果を上
げた．一例がコンピュータ囲碁である．Google の子会社の DeepMind が 2016 年
に開発した AlphaGo というコンピュータ囲碁は，深層学習，モンテカルロ木探索
（以前からコンピュータ囲碁で使われていた統計的な手法），強化学習（以前からある
機械学習の一手法）の 3 つをうまく組み合わせたものであった．AlphaGo は 2017
年に人間の世界チャンピオンに勝利してコンピュータ囲碁で AI が人間を超えたこ
とを示した．深層学習には，学習データ数が膨大に必要であること（AlphaGo は人
間の打った 3000 万局面の棋譜のデータを用いた），なぜその出力結果が出てきたか

を人間がわかるように説明できないという問題点はあるものの，広く一般的な技術として普及しつつある．これらの問題点は AI の研究課題として盛んにとり上げられて対応策が検討されている（たとえば人間に説明可能な「説明可能 AI」の開発が進められている）．AlphaGo はその後人間の棋譜なしで AlphaGo よりも強くなった AlphaZero，さらには囲碁のルールなしで AlphaZero よりも強くなった MuZero へと発展した．

➤ 3.1.2　AI の諸領域

　AI は知能を人工的に実現することを目指す研究領域である．我々人間が知っている限りで最も高度な知能を有しているのは人間なので，人間の知能が AI の（とりあえずの）目標になっている．人間の知能はさまざまな機能から成り立っており，代表的な機能には**学習**（learning），**認識**（recognition），**予測**（prediction）・**判断**（judgement），**知識**（knowledge），**言語**（language），**創造**（creation），**コミュニケーション**（communication），**身体**（body），**運動**（action）などがある（図 3.1.2）．身体については次の 3.1.3 項で述べる．AI の中の領域はそれらの機能に対応しており，機械学習，パターン認識（画像認識，音声認識），推論，知識表現，自然言語処理，知能ロボットなどとなっている．AI の代表的な領域を表 3.1.1 で説明する．

　従来の AI は個別の知的作業ができるようなプログラムを開発することを目指してきた．たとえば日本語の質問に応答する，将棋を指す，A 地点から B 地点へ行く経路を求める，などの作業である．日本語の質問に応答する AI は将棋を指すことはできない．将棋を指す AI は経路探索ができない．このような個別の作業をこなすものを**特化型 AI**（narrow AI）と呼ぶ．人間の知能は汎用性を有している．（日本語が母国語であれば）日本語の質問に応答することができ，（ルールを学べば）将棋を指すことができ，経路探索もそれなりにできる．人間のような汎用性を持つ AI を**汎用 AI**（artificial general intelligence）と呼び，汎用 AI の実現を目指すプロジェクトがいくつも進められている．AI の研究がはじまった当初は汎用 AI を目指していたのでその意味で原点回帰といえるが，どうすれば汎用 AI が実現できるかはまだ研究の途上である．

　汎用 AI と特化型 AI に関連して，強い AI と弱い AI という概念を説明する．強い AI ／弱い AI は 1980 年前後に哲学者のサールが提唱した概念で，知的作業をこ

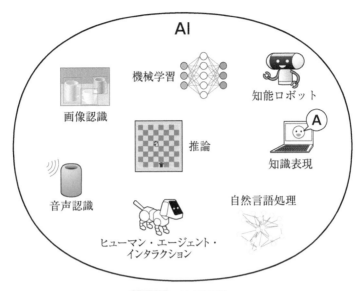

図 3.1.2　AI の諸領域.

なす AI が存在するときに，その AI が（単に計算しているだけでなく）人間のよう
に考えているとみなすのが強い AI で，考えているのではなく単に計算しているだ
けとみなすのが弱い AI である．このように元は哲学的な概念であるが，AI が考え
ているとみなすためにはその AI が汎用的であることが必要なのではないかという
ことから強い AI と汎用 AI（その対比として弱い AI と特化型 AI）が関連づけて言
及される場合がある．必ずしも汎用 AI が強い AI で特化型 AI が弱い AI ではない
ことに注意する必要がある．

　深層学習を中心に AI は 3 回目のブームではじめて実世界での本格的な応用が可
能になり，AI 技術の活用領域が大幅に広がった．

表 3.1.1　AI の代表的な領域.

領域	概要
機械学習 machine learning	コンピュータがデータなどから学習するための方法を研究する．深層学習は機械学習の一手法である．
画像認識 image recognition	カメラなどの画像が何であるかを認識する方法を研究する．顔認証や自動運転の技術として用いられている．
音声認識 speech recognition	音や声が何であるかを認識する方法を研究する．スマートフォンの音声対話や AI スピーカーはこの領域の成果である．
推論 inference	多くの候補の中から適切なものを選び出す探索や演繹的推論，帰納的推論などを行う方法を研究する．将棋 AI や囲碁 AI は，機械学習の成果も使っているものの，この領域の成果である．
知識表現 knowledge representation	コンピュータ上にどのように知識を表現すべきかを研究する．コンピュータにとって操作しやすい形式であること，人間にとって理解しやすい形式であることなどが評価基準になる．
自然言語処理 natural language processing	人間が使っている日本語や英語などをコンピュータで扱うための方法を研究する．日本語と英語をコンピュータで翻訳する機械翻訳（machine translation）は，ここに含まれる．
ヒューマン・エージェント・インタラクション human agent interaction	人間とコンピュータの間のインタラクションのあり方について研究する．表情やしぐさなどの非言語情報も含まれる．
知能ロボット intelligent robot	AI を搭載したロボットに関する研究を行う．後で述べる身体性を持った AI を扱う場合には知能ロボットが対象になる．

➤ 3.1.3　AI と身体性

AI の研究がはじまった当初は知能の本質は記号処理にあると考えられていた．ニューエルとサイモンは**物理記号システム仮説**（physical symbol system hypothesis）を提唱した[*1]．世の中のすべての事項は記号で置き換えることができ，その記号を操作することで説明できる，という仮説である．この仮説が正しければ，事項をいったん記号に置き換えることによって，その記号が何を指しているか，その記号の意味は何か，などを考慮しないで，記号の処理だけで知能が実現できることになる．言い方を変えると，コンピュータ上に適切なプログラムを書ければ人工的

[*1] A.Newell and H.Simon(1963), GPS: A Program that Simulates Human Thought, in E.A.Feigenbaum and J.Feldman (eds.), Computers and Thought, McGraw-Hill.

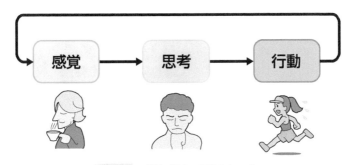

図 3.1.3　感覚・思考・行動のループ.

な知能は実現できるということである．初期の AI 研究は意識的にあるいは無意識的にこの物理記号システム仮説に基づいて行われていた．もっぱら思考のみに焦点が当たっていたのである．

　1980 年代になって知能は思考のみではないという考え方が注目されるようになってきた．AI ではブルックスが代表的な研究者である．ブルックスは，知能は感覚・思考・行動という 3 つの要素の繰り返しからなると主張した（図 3.1.3）．環境を感覚によって認識し，その認識結果の情報に基づいて思考し，思考の結果に基づいて行動（身体を動かす，声を発するなど）するというのがひとまとまりで，行動の結果によって変化した環境を感覚によって認識するというように，このまとまりを繰り返す過程が知能ということである．ブルックスは感覚・思考・行動の繰り返しを実現する機構として**包摂アーキテクチャ**（subsumption architecture）を提案した．チェスを指すことよりも環境の中でちゃんと動けることが重要と主張し（「象はチェスを指さない」という題名の論文も執筆した），包摂アーキテクチャに基づいて障害物にぶつかると方向を変えて動き続ける虫型ロボットを試作した．その後，この延長線上でルンバという掃除ロボットが開発されて販売されている．

　あるシステムが感覚・思考・行動という繰り返しを行うためには，そのシステムは身体を持っている必要がある．身体がなければ行動できないからである．心理学においても人間の知能は人間の身体と密接に結びついていると考えられるようになってきた．今では人間のような高度な知能を AI に持たせるためには AI に身体を持たせることが必要であるという考え方が主流になっている．知能のすべての側面に身体性が必要であるとはいえない．たとえばチェス，将棋，囲碁のようなゲームでは身体を持たない AI が身体を持つ人間よりも強くなっている．しかし，知能の多く

の側面において身体の役割が欠かせないという認識である.

➤ 3.1.4 AIとゲーム

ゲームはよい例題として AI の研究のはじめから用いられてきた（デジタルゲームも用いられているが思考ゲームを中心に考えることとする）．ゲームは,

1. ルールが明確で問題として範囲が限定されている.
2. 勝敗によって評価が容易である（評価に人間が関与しない）.
3. さまざまな難しさのゲームが存在する.
4. 代表的なゲームには目標となる強い人間が存在する.
5. 代表的なゲームはそれ自体が面白い.

という AI の研究の例題にふさわしい特徴を有している.

AI 研究のはじまりであった 1950 年前後のシャノンとチューリングの論文は，両方とも例題としてチェスをとり上げた．チェスというゲームは西欧では知性の象徴とされており，チェスの強いプログラムを作ることは AI 研究にとってよい目標となったのである．とはいえ 1950 年代前半のコンピュータの能力では正式な 8×8 の盤面のチェスを指すことができなかったので，1956 年に 6×6 のミニチュアの盤面でコンピュータが指したのが最初である．1950 年代はまだルールどおり指せるかどうかのレベルだったにもかかわらず，強気だった開発者の 1 人のサイモンは 10 年後にはコンピュータチェスが世界チャンピオンになると予言した．一方で AI 批判派（コンピュータはけっして人間のような知能は持てないとする立場）の代表的な哲学者であったドレイファスは，コンピュータチェスは未来永劫けっして世界チャンピオンに勝てないと予言した．その根拠（の 1 つ）は，チェスに強くなるには身体性が必要で身体を持っていないコンピュータは強くなれないというものであった．さらにドレイファスは，世界チャンピオンはおろか自分にも勝てないとまで主張した（図 3.1.4）.

しかしサイモンが予言したとおりにはならなかった．1960 年代後半に MacHack というコンピュータチェスが 1670 のレーティングの実力になった．これはある程度強いアマチュアのレベルである．この MacHack は前述のドレイファスと対局をして話題になった（MacHack が勝利した）．コンピュータチェスの研究がはじまって

	場合の数	AI が名人に 勝った年
● チェッカー	10^{30}	1994
● オセロ	10^{60}	1997
♛ チェス	10^{120}	1997
将棋	10^{220}	2017
囲碁	10^{360}	2017

図 3.1.4　ゲームの場合の数と AI が名人に勝った年.

この頃までは次の手を決める際に，多数の候補手の中から見込みの高いいくつかの手だけを選んでその先を読むという「枝刈り先読み」方式が採用されていた（AI における探索技術の多くの手法はコンピュータチェスを通して編み出された）. 1970 年代になって開発された chess X.Y（X と Y はバージョンを表す数字が入る）がルール上指せる手を全部先読みするという「全数探索」方式で強くなったため，ほとんどのコンピュータチェスが全数探索方式を採用するようになった. 1980 年代になってスーパーコンピュータやチェス専用コンピュータを用いることが一般的になってきた. 全数探索方式では限られた持ち時間に深く読むために，高性能のコンピュータが必要になるためである. 1980 年代後半には米国のカーネギーメロン大学（CMU）で開発された Deep Thought（チェス専用コンピュータを用いている）が人間のグランドマスター（トップレベルのプレイヤーの称号）に勝った. Deep Thought の開発チームが IBM にスカウトされて Deep Blue という名称に変更した. Deep Blue は 1996 年に世界チャンピオンのカスパロフと 6 回戦を戦い 1 勝 3 敗 2 引き分けと負け越したものの，はじめて世界チャンピオンに 1 勝した. 1997 年に再度 6 回戦を戦い今度は 2 勝 1 敗 3 引き分けと勝ち越した. Deep Blue は高性能のスーパーコンピュータに 512 台のチェス専用コンピュータを備えて 1 秒間に約 2 億手を読み，3 分間で平均 14 手先まで読むことができた. 機械学習の技術を一部に使ってはいたものの，基本的には探索の技術が中心になっていた. 1997 年のこの対決は Deep Blue が運よく勝ったといえる（実力としてはまだカスパロフのほうが強かった）が，2000 年代になってコンピュータチェスが人間より確実に強くなった.

　将棋は敵の一番大事な駒を詰めることを目指すという点でチェスと似たゲームであるが，敵からとった駒を持ち駒として再利用できるというのが大きな違いである．この違いのためにチェスの場合の数が 10^{120} なのに対して将棋は 10^{220} とはるかに大きい．コンピュータ将棋ではコンピュータチェスで使われた手法の一部が使えないので，強くするのが難しかった．最初のコンピュータ将棋は 1970 年代に開発されたがずっと弱い時代が続いた．1990 年代になってようやくアマチュアの有段者レベルになって 2000 年代前半にアマチュア高段者まで到達した．ブレークスルーは 2005 年開発のボナンザ（Bonanza）というコンピュータ将棋がもたらした．ボナンザは局面の形勢判断をする評価関数のパラメータを人間の指した棋譜から機械学習で求めたのである．同時にコンピュータ将棋で標準的だった「枝刈り先読み」方式から「全数探索」方式に切り替えた．このボナンザがコンピュータ将棋でトップになったので，ほとんどのコンピュータ将棋がボナンザの方法（ボナンザメソッドと呼ばれた）を採用した．2010 年代になってコンピュータ将棋がプロ棋士に勝つようになり，2017 年にポナンザ（Ponanza）が佐藤天彦名人に勝った．その後もコンピュータ将棋は人間をはるかに超えて強くなっている．その後コンピュータ将棋にも深層学習が取り入れられてその方式のプログラムがトップになった．

　囲碁は 19×19 という広い盤面で場合の数が 10^{360} とチェスや将棋よりはるかに大きいこともあって長い間強いプログラムを作るのが難しかった．最初の開発は 1960 年代と将棋より早かったが，数十年間にわたってとても弱い時代が続いた．ブレークスルーの 1 つ目は 2006 年に提案されたモンテカルロ木探索である．以前からあるモンテカルロ法という統計的手法に探索手法を組み合わせたものである．この手法によってコンピュータ囲碁は 2010 年代半ばまでにアマチュア高段者のレベルにまで一気に強くなった．将棋の例からすればそれから世界チャンピオン（名人）のレベルになるまで 10 年程度かかると思われたが，Google の子会社である Deep Mind が開発した AlphaGo が 2016 年に韓国のイ・セドル，2017 年に中国の柯潔（カ・ケツ）に相次いで勝利し，一気に世界チャンピオンを超えた．AlphaGo は前述のモンテカルロ木探索と深層学習，そして強化学習という 3 つの技術をうまく組み合わせて開発された．深層学習への入力データとして人間の打った 3000 万局面の碁の棋譜が使われた．将棋と囲碁は AI が人間に勝つために機械学習の技術が本質的だったといえる．

　チェス，将棋，囲碁で AI が人間を超えてからも研究は進められている．2017 年には AlphaZero という人間の知識（棋譜）なしにルールだけから強化学習などで強

くなるプログラムが開発され，チェス，将棋，囲碁のそれぞれでそれまでの最強プログラムより強くなった．さらに 2020 年には MuZero というルールも教えずに強化学習などで強くなるプログラムが開発され，それぞれのゲームで AlphaZero より強くなった．チェス，将棋，囲碁のプログラムが人間に勝つまでの開発プロセスにおいては人間の知識が必要であったが，すでに人間の知識なしに人間よりも高いレベルに達することができるようになっている．

➤ **3.1.5 AI の難問**

AI の難問，すなわち人間は対応できているが AI はまだ対応できていない問題としてフレーム問題と記号接地問題の 2 つがある．

フレーム問題（frame problem）は 1969 年にマッカーシーとヘイズが提唱した問題で，もともとは形式論理で行為をコンピュータ上に表現するときの難しさを表したものであった．「電話帳で電話番号を調べてその番号に電話をかける」という一連の行為を例として考える（図 3.1.5）．ある行為を行うことによってその前の状態の中で一部が変化して残りの大部分は変化しない．それをまともに記述しようとすると，「電話帳を調べても電話の位置は変わらない」，「電話帳を調べても電話帳の色は変わらない」，「電話帳を調べても相手の電話番号は変わらない」と変わらないことを膨大に記述する必要があり，それは無理であるというのがフレーム問題の発端で

図 3.1.5　電話帳で電話番号を調べて，その番号に電話をかける．

ある．この例だけであれば行為によって変わることだけを記述して，記述していないことは変わらないとみなせばよいように思えるが，話はそう簡単ではなく，その工夫では一般的には解決できない．マッカーシーらが提唱した変化しない膨大なことをどう記述すればよいかという問題は，今対象としていることの答えを得るために膨大な知識の中からどの部分（それがフレーム（枠）に相当する）に着目すればよいかという問題の一部であるという認識が広まり，フレーム問題は後者の問題，すなわち膨大な知識の中から関係するものだけに枠を囲うにはどうすればよいかという問題としてとらえられている．このようにとらえると，人間は常にフレーム問題を解けて AI は解けないという単純な構図ではなく，人間は多くの場合にフレーム問題を解いているがときには解けないということになる．例として「人に迷惑をかけるな」という親や先生が子どもにいいがちなセリフを考えよう．迷惑とは何であろうか．明らかな暴力や暴言は誰もが迷惑と感じる．しかし微妙な場合もある．たとえば 1 人しか当たりがない抽選があったとしよう．ある人がその抽選に応募して当たったとする．どうしてもその抽選に当選したかった他の人から見れば，当選した人がその抽選に応募したこと自体を迷惑に感じるかもしれない．一方で当選した人からすれば，応募するのは自由であって，それを迷惑というのは逆恨みでしかないと感じるであろう．何が迷惑かについて多くの場合は判断が一致するが，場合によっては判断が分かれる．迷惑というものの枠が人によって微妙に異なり，境に近いところでは人によっては迷惑になって人によっては迷惑にならないのである．こういう状況はまれではあるが，そのような状況においては人間もフレーム問題に直面する（そして直面してしまうと解けずに苦しむことになる）．AI を人間と同じような（だいたい解けてときどき解けない）状態にするにはどうすればよいかが研究課題となる．この研究課題が難問でまだ解けていないのである．

　記号接地問題（symbol grounding problem）は 1990 年にハルナッドが提唱した問題である．人間において記号は実体と結びついている，すなわち接地しているが，コンピュータにおいて記号は実体と接地しておらず，そのことがコンピュータが知能を持てない理由であると主張した．りんごの例を考えてみよう．人間においては「りんご」という記号はりんごの実体と接地している．りんごは赤くて大きさはどのぐらいで重さはどのぐらいでかじると甘酸っぱいものだという現実の感覚が「りんご」という記号と結びつけている．「りんご」の意味がわかっているのである．コンピュータは「りんご」について辞書的な知識は持っているとしても，その知識は現実の感覚と結びついていない．結びついていないと，すなわち接地していないと

「りんご」の意味がわからず，「りんご」に対して人間のような対応ができないのである．どうすればコンピュータにおいて記号と実体が接地できるようになるかが研究課題となる．

フレーム問題と記号接地問題に対しては深層学習を用いるアプローチなどがあるものの，まだ AI は人間のようには対応できていない．多くの研究者はこれらの問題に対応するためには前述した身体性が必要と考えている．

➤ 3.1.6 深層学習と実世界問題

深層学習は AI のさまざまな領域で高い性能を示している（図 3.1.6）．最初に AI で注目されたのは**画像認識**（image recognition）の領域である．2010 年に ILSVRC（ImageNet Large Scale Visual Recognition Challenge）という画像認識アルゴリズムのコンテストがはじまった．2010 年と 2011 年はサポートベクトルマシン（support vector machine，SVM）という従来の手法を使ったプログラムが優勝したが，2012 年に深層学習を提唱したヒントンらのグループが開発した AlexNet がそ

図 3.1.6　AI の実世界問題.

れまでの記録を大幅に上回る圧倒的な記録で優勝した．AlexNet は深層学習の一種である CNN（convolutional neural network，畳み込みニューラルネットワーク）を用いていた．このことが深層学習に関心が集まるきっかけになっている．CNN は 3.3 節で説明する．

　このコンテストに使われているテスト画像を人間が認識したときの精度は約 95％である．2015 年には深層学習を用いた ResNet が優勝し，その精度は人間の 95％を超えた．その後 2017 年でこのコンテストは終了している．

　音声認識（speech recognition）も深層学習によって性能が大きく向上した．前述したように深層学習は適切な特徴量を自動的に抽出できる．従来の音声認識は特徴量を人間が AI に与える必要があったが，人間の扱える特徴量は量的にも質的にも限界があり，そのことが精度を下げる原因になっていた．深層学習がたくさんのデータから適切な特徴量を抽出して，それに基づいて認識をすることによって精度がはるかに向上したのである．スマートフォンの音声対話や AI スピーカーに使われているほかにも，声による本人認証や会議の文字起こしなどにも使われるようになっている．画像認識には CNN が用いられているが，音声認識には 時系列を扱える RNN（recurrent neural network，リカレントニューラルネットワーク）が使われている．適宜 3.3 節を参照してほしい．

　深層学習は画像認識，音声認識のパターン認識に比べて**自然言語処理**（natural language processing）への対応が遅れていた．RNN の一種である長期短期記憶（long short term memory，LSTM）を利用した自然言語処理が最初に試みられた．その後 2017 年に新たに**アテンション**（attention）の概念に注目したトランスフォーマー（transformer）という手法が発表されて，自然言語処理ではその後このトランスフォーマーを用いるのが一般的になった．BERT，GPT-2，GPT-3 などのトランスフォーマーを用いた自然言語処理のシステムがいくつも開発されている．深層学習を用いた自然言語処理技術によって文章校正，対話システム，文章生成などさまざまな応用が進められている．機械翻訳も深層学習によって急速に進歩し，たとえば日本語と英語の翻訳については日本人の標準的な能力をすでに超えているといえる．音声認識の技術と組み合わせれば，こちらが日本語で話せばスマートフォンが聞きとって英語で発話して相手に伝え，相手が英語で話せばそれをスマートフォンが日本語に翻訳して聞かせてくれるということもそう遠くない将来に可能になる．

　1950 年代から 1960 年代にかけての 1 回目のブームのときの AI はトイプロブレムしか扱うことができず，当然ながら社会実装はほとんどなされなかった．1980 年

表 3.1.2　AI が活用される分野.

分野	活用例
製造（manufacture）	需要予測（demand forecast）による最適化など
流通（distribution）	倉庫の配置最適化など
金融（finance）	株価予測など
インフラ（infrastructure）	異常検知（anomaly detection）など
マーケティング（marketing）	商品推薦（product recommendation）など
公共交通(public transformation)	配車の最適化など
ヘルスケア（health care）	健康状態の管理など
教育（education）	外国語発話聞きとり訓練など
スポーツ（sports）	戦略分析など

代から 1990 年代にかけての 2 回目のブームのときは医療など一部の実世界の問題が扱われたものの，それはかなり限定的であった．2010 年代からの 3 回目のブームでようやく本格的に実世界の問題が扱われるようになった．膨大なデータから学習する深層学習の枠組みが結果的に広範囲で有効であったためである．表 3.1.2 に示すように，およそあらゆる分野で AI が活用されるようになってきた．今後は我々人間の生活のすべてに AI がかかわってくるのが確実である．

➤ 3.1.7　AI と知的財産権

　深層学習は一般に膨大なデータを学習用に利用する．元のデータ所有者は多数に及ぶ可能性が大きい．利用に当たってすべてのデータ所有者に許諾をとるのは現実的ではないという理由で，日本の法律では 2019 年の改定によっていちいち許諾をとらずに利用してよいことになっている（国によって対応が異なる）．たとえば将棋プログラムにおいて大量の棋譜から深層学習で学習する場合には棋譜の権利者に許諾を得る必要はないということである．ただし，利用して得られたものが元のデータの特徴を明示的に反映している場合には，元のデータの所有者に許諾をとる必要がある．たとえば手塚治虫のマンガ（だけ）を大量に学習してマンガを生成させると，できたマンガは手塚治虫の画風を明らかに反映している．この場合は手塚治虫のマンガの権利者に許諾を得る必要がある．深層学習で膨大なデータから学習済みパラメータが組み込まれたプログラムを学習済みモデルと呼ぶ．この学習済みモデルが実際に使われる AI プログラムということになる．学習済みモデルには知的財

図 3.1.7　AI が絵を描く？

産権が及ぶというのが一般的な見方である（どのようなデータを選んで学習させるか，どのようなモデルに学習させるかなどは学習をさせる人間の創意工夫によるものという解釈による）．

　AI が音楽，絵画，文学などの創作にかかわるようになってきた（図 3.1.7）．AI が創作した作品の著作権については，仮にすべてを AI が創作した場合には著作権は存在しないという見方が法律家の間で一般的である．2022 年現在の著作権の法律は人間の創意工夫に基づいて創作されたものを著作物とみなして権利を保護している．AI が 100％創作したものは著作物ではないので権利は保護されない（誰でも自由に無償で使っていい）と解釈されるのである．実際にはすべてを AI が創作することはほとんどなく，人間が何らかの形でかかわっている（たとえば AI が生成した作品候補の中から人間がよいものを選び出すなど）ので，かかわっている人間に守るべき権利が存在することになる．AI が 100％創作した作品について，その AI を開発した人間にまったく権利がないという状態はおかしいということで盛んに議論がされているが，AI そのものではなく AI を開発した人間に権利を与えるというのもまずいことになる可能性がある．人間が創作できる作品の数には制約がある（1 つの作品を作るのにそれなりの時間がかかる）．一方の AI は（作品の質はともかくとして）短時間に大量の作品を生成できる．AI が数百億，数千億もの音楽や絵画を生成してそれらすべてに著作権を認めてしまうと，人間の創作活動が阻害される危険がある．人間が創作したものが過去に AI が生成したものと偶然一致あるいは類似している可能性が高くなってしまう．著作権というのは人間が少数の優れた作品を創作することを前提に作られた制度で，多数の玉石混交の作品を生成する AI には合っていない．とはいっても AI を開発した人間に何らかの権利を与えるべきであるとして議論が行われている．

➤ 3.1.8 AI と倫理

　AI 技術の進歩に伴って AI にかかわる倫理の問題がクローズアップされるように
なってきた．AI を含めた科学技術は人間を幸福にするために使われるべきものでは
あるが，AI の技術が人間に悪をなす可能性が出てきたのである．大きく分けて 2 つ
の方向性がある．1 つは AI 自体が人間（全体）に悪をなすことで，もう 1 つは一部
の人間が AI を使って他の人間に悪をなすことである．

　AI の知能が人間の知能を超える**シンギュラリティ**（singularity，技術的特異点）
が近い将来に訪れるのではないかという議論がなされている．シンギュラリティの
概念を提唱したカーツワイルによれば，AI の能力が今後さらに上がっていくとある
段階で人間の能力に追いつき追い越す．その段階がシンギュラリティで，カーツワ
イルによればそれは 2045 年ごろに訪れる．シンギュラリティをすぎると AI は（人
間とは無関係に）ものすごい速さでさらにどんどん能力を進歩させて，人間が到底
追いつけないレベルにまで到達する．そうなると，我々人間は AI の支配下に入る
ことになる．AI によって今までにない幸福がもたらされる可能性がある一方で，こ
れまでにない不幸がもたらされる可能性もある．（個人としてではなく種としての）
人間が生き続けられるか滅亡するかの運命も AI に委ねられる．このように我々人
間の運命を決定する AI を開発すべきなのか，開発してもよいのかという議論がなさ
れている．最悪の場合を考えれば自分たちを滅亡に追い込むかもしれない科学技術
を開発すべきではないという主張がなされる．その一方で私利私欲がなく公平に判
断できる AI に任せたほうが人間にとって幸福ではないかという主張もなされてい
る．そもそもカーツワイルのいうシンギュラリティが本当に訪れるのかどうか，訪
れるとしても 2045 年ごろに訪れるのかどうかという議論も数多く存在し，決着は
ついていない．

　次に，人間の未来にとってより現実的なのは一部の人間が AI を使って他の人間に
悪をなす可能性のほうである．すでにさまざまな事例が報告されており，その 1 つ
にディープフェイクと呼ばれるものがある．深層学習の技術を用いて偽の画像と音
声であたかも現実かのような動画を作成する．政治家にいってもいないことをいわ
せたり，俳優にやってもいない演技をさせたりする．ディープフェイクも精度が向
上して人間には簡単に見破ることはできないが，ディープフェイクを見破るための
AI 技術も開発されている．AI を用いたサイバー攻撃もしばしば行われている．サ

イバー攻撃はインターネットのサイトに不正に侵入することなどであるが，サイトの穴を探す，数多くのデータを送りつけるなどの作業に AI が用いられている．サイバー攻撃の防御のほうにも AI が使われているが，双方の技術が進歩していたちごっこの状態が続いている．

　悪をなすことを意図して AI を使うのはもちろん許されないことであるが，問題は悪をなそうという意図がなくても AI を使うことによって結果的に悪をなしてしまうことである．たとえばある会社は新人採用のために過去の採用のデータを機械学習で分析してその結果に基づいて採用を行った結果，男性を女性よりも有利に判断した採用をしていた．過去の採用は男性が圧倒的に多く，その結果出世をした人も男性のほうが圧倒的に多かった．AI は男性のほうが出世しやすい（会社にとって採用のメリットが大きい）と判断してしまったのである．人間の顔の認識については AI が人間の精度を超えているが，白人男性の精度が高く，有色人種や女性の精度がそれに比べて下がることが経験的に知られている（そのために有色人種や女性は不利益を被ることになる）．

　AI と倫理の文脈でトロッコ問題がとり上げられることがある（図 3.1.8）．トロッコ問題は 1976 年に哲学者のフットが提唱した思考実験である．「制御が効かないトロッコがある．進む先には 5 人の作業員がいてこのままだとその 5 人が犠牲になる．あなたの目の前に進行方向を変えることのできるレバーがある．レバーを引いて切り替えればトロッコの軌道が変わってその 5 人は助かるが，切り替えた先には 1 人の作業員がいてその 1 人が犠牲になる．さてあなたはレバーを切り替えるべきかどうか」という問題である．もともと AI とは無関係の問題であったが，自動運転の技術の進歩によってこういう状況になったときに AI がどう判断すべきか，あるいは AI にどう判断させるように人間がすべきかということが問われるようになった．

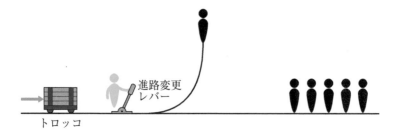

進路変更
レバー

トロッコ

図 3.1.8　トロッコ問題.

トロッコ問題に唯一の正解は存在しないので，人間が AI にどう判断させたいのかという人間の倫理観が問われていることになる．

　倫理という観点で AI が他の科学技術と異なることに注意する必要がある．それは AI の予測不可能性である．AI はそれを開発した人間の意図を超えた，あるいは意図とは異なる挙動を示す場合があるということである．このこと自体は驚くに値しない．将棋のプログラムがそのプログラムを開発した人間に思いつかない手を指すのは当たり前である（そうでなければ将棋のプログラムが名人に勝てるはずがない）．普通のシステムは開発した人間の意図の範囲内で動くようになっているが，AIシステムはどう動くか開発した人間にもコントロールできない側面がある．開発者が悪をなす意図がなくとも AI が結果的に悪をなすかもしれないのである．このことは親が子どもを育てることの難しさに似ている．どの親も子どもをよい人間になってほしいと思って教育するが，子どもが大人になってからは親がずっとコントロールできるものではない．AI の倫理は AI のメリットとデメリットを天秤にかけて，AI を使う人間が考えていく必要がある．

➤ 3.1.9　AI の開発環境と実行環境

　2 回目のブームまでの AI はまだ基礎的な研究の段階であったので，処理スピードや扱えるデータ量よりもプログラムの書きやすさや修正のしやすさが環境としては重要であった．プログラミング言語としては Lisp（1960 年代に開発された）とProlog（1970 年代に開発された）が代表的であった．AI の開発は一般のソフトウェア開発と異なりそれまでにできていないことをできるようにするので，この入力に対してこの出力を返すという仕様が明確に決まっていない．開発者が試行錯誤しながらできるだけよい出力が出るように修正を繰り返さなければならない．できたプログラムの処理スピードなどよりもプログラム修正時の試行錯誤のしやすさが重要であった．

　3 回目のブームになって深層学習を用いた社会実装が目的になったので，実行時の効率が求められるようになってきた（図 3.1.9）．深層学習は膨大なデータを学習するので，処理コストが高い．普通のコンピュータの CPU（central processing unit）よりも GPU（graphic processing unit）のほうが深層学習の実行には適している．GPU はグラフィックという名前のとおり，もともとはコンピュータグラフィックス

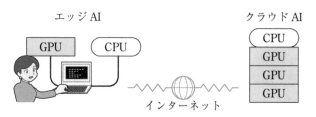

エッジ AI　　　　　　　　　　　　　　　クラウド AI

インターネット

図 3.1.9　AI の開発環境と実行環境.

の描画の計算を高速に行うために開発されたチップである（特にゲームの 3 次元描画をリアルタイムに行うことを目的としていた）．いわば偶然に GPU が深層学習を高速に走らせるのに向いていたのである．高性能の GPU はかなり高額である．高額の GPU を多数並列に走らせることによって深層学習の学習を効率的に行うことができるということで，深層学習の開発は技術力だけでなく経済力の勝負になっている．高額の GPU を多数買いそろえられる組織だけが競争に勝利することができるのである（同じ学習を 1 日でできるのと 1 年かかるのでは勝負にならない）．その後 TPU（tensor processing unit）という GPU よりさらに高性能な（そしてさらに高価な）チップも登場した．テンソル（tensor）とは多次元の配列のことで，深層学習で用いられており，TPU はテンソルを効率的に処理できる．

　高価な GPU や TPU を自前で調達できるのは資金力のある組織だけに限られるという状況から，**AI クラウドサービス**（AI cloud service）が一般的になってきた．インターネットで接続して高性能のコンピュータを有料で使ってもらうというものである．Microsoft Azure, AWS（Amazon Web Service），Google Cloud Platform などが有名である．このようなサービスで開発されるものはクラウド AI と呼ばれる．クラウドではなく手元のコンピュータで開発されるものはエッジ AI と呼ばれる．エッジとは端の意味で，コンピュータ端末を指している．クラウド AI は高性能の環境を手軽に使えるというメリットがあるものの，インターネット環境に左右される，セキュリティのリスクがある，というデメリットもある．状況に応じてクラウド AI とエッジ AI を使い分ける，あるいは両者を併用するということが行われている．

　深層学習は GPU（および TPU）向きであるが，他の機械学習手法を含めた AI の技術には従来の CPU 向きのものもある．コンピュータ将棋を例にとると，将棋の序盤と中盤は GPU を用いた深層学習のプログラムのほうがよい手を指せる場合

が多く，終盤は CPU を用いた探索中心のプログラムのほうがよい手を指せる場合が多い．そのため GPU と CPU の両方を搭載したコンピュータを使って序盤・中盤は GPU で終盤は CPU でと使い分けることがなされている．コンピュータ将棋自体が対局するときも，人間がコンピュータ将棋を使って解析するときもその方法が有効とされている．

➤ **3.1.10 AI システムの開発プロセス**

　AI，特に深層学習などの機械学習を用いたシステムの開発プロセスは，従来のソフトウェアの開発プロセスとはかなり異なる．従来のソフトウェア開発においては何を対象としてどういう入力に対してどういう出力を返すプログラムを開発するのかが事前に明確にわかっている．プロセスとしては要件定義，システム設計，システム方式設計，ソフトウェア設計，プログラミング，ソフトウェアテスト，システム統合，システムテスト，運用テスト，最終評価の工程に分かれている．前の工程を終えてから後の工程に進むことになっており，後戻りすることはない．これは，ウォーターフォール方式といわれる（滝が落ちるように一方向に開発を進めるという意味である）．

　深層学習を用いた AI システムの開発プロセスは，

1. モデルを記述した**学習**（learning）用のプログラムを作る．
2. その学習プログラムに膨大なデータを入力して学習させる．
3. できたものを**評価**（evaluation）して，モデル・プログラム・データなどを修正して**再学習**（re-learning）させる．
4. 期待した精度が出るまで 3. の工程を繰り返す．
5. 期待した精度が出たものをシステムとする．

となっている（図 3.1.10）．ウォーターフォール方式とは異なり何度も手戻りを繰り返すのが普通である．また AI システムは一般にまだ解かれていない問題に取り組むために目標とする精度を事前に設定することが難しく，最善を尽くして精度をできるだけ上げるという形になることが多い．そのために開発のコスト（費用，時間）の見積もりが従来のソフトウェア開発のようにできないことが問題である．

　AI システムの精度を上げるための方策として**ヒューマン・イン・ザ・ループ**（Hu-

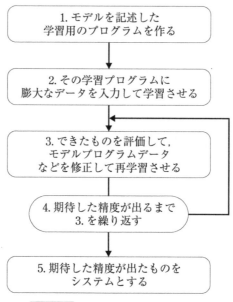

図 3.1.10　AI システムの開発プロセス.

man In The Loop, HITL, 人間参加型）の考え方が導入されている．ヒューマン・イン・ザ・ループとは文字通り上記の AI システムの開発ループに人間を関与させるというものである．コンピュータだけでは期待した精度が出ないときに人間が適宜関与してコンピュータの苦手な部分を人間の情報によってカバーする．人間と AI の共存のあり方を示す例としても注目されている．

➤ 3.1.11　AI とこれからの社会

トイプロブレムを相手にしていたときの AI は社会との直接のかかわりはほとんどなかったが，深層学習を中心とした機械学習の技術によって急速に進歩した AI は実世界の問題を直接扱えるようになってきた．AI の技術が実世界の問題に貢献できるようになったのは喜ばしい面がある一方でさまざまな懸念すべき面も生じている．

ある対象に対して AI が進歩してその対象における人間の能力に AI が追いつき追い越そうという段階になったとする．その対象を仕事にしている人間や生きがいに思っている人間にとって AI は脅威に感じられる．自分の存在価値が下がるあるい

はなくなるのではないかという危機感である．それは動物としての人間の本能から
当然の感覚である．AI が仕事を奪うことを懸念する向きもある．2013 年のオック
スフォード大学の報告で，欧米で人間がこなしている仕事の約 50％が AI に代替可
能であると発表されたのがきっかけになっている．その後，日本で人間がこなして
いる仕事についても 50％以上が AI で代替可能と報告されている．科学技術の進歩
によって人間が行う仕事が変わるのは産業革命以降ずっと起きていることである．
産業革命によって蒸気機関の機械ができ，それまで単純肉体労働をしていた人の仕
事がなくなった（それで機械の打ち壊しのラッダイト運動が起きた）．その仕事自体
は機械に代替されたが，機械ができたことによる新しい仕事もいろいろと生じたの
で，（前の仕事を失って一時的には失業したかもしれないが）仕事をしたくても仕事
がないという事態にはならなかった．AI についても，AI に代替される仕事はある
ものの AI が普及したことによる新しい仕事もいろいろと生じるので，仕事がない
という事態にはならないはずである．たとえば，かつての駅員は入り口で紙の切符
にハサミを入れて出口で切符を回収するというのが重要な仕事であったが，今は IC
カードの普及によってその仕事はほとんどなくなっている．しかし駅員という存在
がなくなったのではなく，駅員は今もかつてとは異なる仕事をしているのである．
AI が仕事を奪うのではなく仕事を変えるという表現がふさわしい．

　AI はルールが明確で範囲が限定的で評価が容易な問題が得意だが，ルールが不明
確，範囲が非限定的，評価が難しいといった問題はまだ苦手である．そういう問題
は依然として人間のほうが対応能力は高い．しばらくの間はその状態が続くと思わ
れる．人間と AI がそれぞれ得意なことを行うという相互補完が現実的である．解
くべき問題があるときに人間がそれをいくつかの部分問題に分割し，それぞれの部
分問題を AI に解かせてそれらの解答を見ながら人間が大所高所の立場から全体の
問題の解答を求めるという形である．

　将来は人間の概念が拡張して人間と AI が一体化したものが新たな「人間」とな
る（図 3.1.11）．イメージとしてはスマートフォンを持っている人間をスマートフォ
ン込みで人間とみなすということである．すでに多くの人間はスマートフォンなし
では生きられない生活を送っている．生活に必要なデータはすべてスマートフォン
に収まっている．意思決定の際にもスマートフォンで検索をしたり推薦の情報を参
考にしたりしている．自分で意思決定をしているつもりであっても，すでに人間は
意思決定の多くをスマートフォンに委ねているのである．それはけっして悪いこと
ではない．スマートフォンに頼るようになって記憶力などが低下するなどといわれ

従来　　　　　　　　将来

人間　　　　　　人間 + AI

図 3.1.11　将来の「人間」の概念.

るが，記憶はスマートフォンに任せて人間はそれでできた余裕で違うことをすれば
よいのである．無意識のうちにスマートフォンに意思決定を任せるという傾向は今
後さらに強まっていく．将来スマートフォンがどうなっているかわからないが，ス
マートフォンの将来形である AI が人間と一体となって意思決定を行う姿が将来の
拡張した「人間」ということである．

- AI の初期はトイプロブレムを対象としていたが，最近は社会実装が進ん
  でいる．
- 最近の AI は，機械学習の一種である深層学習の技術が中心になっている．
- AI の進歩によって，人間観が変化しつつある．

➤ 3.1 節　練習問題

3.1.1　AI の研究がはじまったのはいつか．正しいものを 1 つ選べ．

① 1890 年代
② 1920 年代
③ 1950 年代
④ 1980 年代
⑤ 2010 年代

3.1.2 AI の 2 つの難問は何か．正しいものを 1 つ選べ．

① 勾配消失問題と記号接地問題
② 記号接地問題とトイプログラム
③ フレーム問題と勾配消失問題
④ フレーム問題と記号接地問題
⑤ トイプログラムと勾配消失問題

3.1.3 Human In The Loop（HITL）の意味は何か．正しいものを 1 つ選べ．

① AI システムの開発ループに人間が関与して精度を上げること
② AI システムの開発を外から人間が繰り返させること
③ 輪になった人間のこと
④ ウォーターフォール方式を設計する人間のこと
⑤ AI ではなくすべて人間が行うシステムのこと

3.1.4 身体性を重視する立場では知能はどの繰り返しか．正しいものを 1 つ選べ．

① 思考・感覚・行動
② 思考・行動・感覚
③ 感覚・行動・思考
④ 行動・思考・感覚
⑤ 感覚・思考・行動

3.1.5 自然言語処理の意味として，正しいものを 1 つ選べ．

① 人間にとって自然な会話を行うことのできるシステム
② プログラミング言語をコンピュータで処理する技術
③ 人間の使っている言葉をコンピュータで処理する技術
④ 自然という言葉をコンピュータで処理する技術
⑤ コンピュータにとって自然な会話を行うことのできるシステム

======={ **3.2** }=======

機械学習の基礎と予測手法

 キーワード 機械学習，教師あり学習，教師なし学習，強化学習，学習データと検証デー
タ，ホールドアウト法，交差検証法，過学習，バイアス，予測技術の活用事
例，決定木（decision tree），混同行列，正解率（accuracy），適合率（pre-
cision），再現率（recall），MSE（mean square error），ROC 曲線，
AUC（area under the curve），ランダムフォレスト，サポートベクトルマ
シン（SVM），離散型・連続型シミュレーション，データ同化，気象予測

➤ 3.2.1 機械学習の基本的な枠組み

目的 3.2.1 機械学習の基本的な枠組みや手順を理解する．

　機械学習（machine learning）の基本手順を理解する第一歩として，自動車の速度
から停止距離を予測する問題を考えてみよう．実際にいろいろな速度でブレーキを
かけて停止距離を測定した実験データを集め，データに基づいてその関係を推測す
ることが機械学習の活用例となる．速度と停止距離の関係を表すのに最も単純なの
は，図 3.2.1 のように直線を当てはめる方法である．そのためには，1.4.2 項で説明
した単回帰モデルを用いればよい．

　機械学習ではこの例のように，速度 x を入力として受けとり，出力 y を予測す
るための変換をデータから推測するが，その変換は $y = a + bx$ のように数式で
表現されることが多い．これを**学習モデル**といい，学習モデルは a, b のように可変
なパラメータを持つ．データから学習モデルのパラメータを推測することを**学習**と
呼ぶ．学習は**平均 2 乗誤差**（mean squared error, MSE）のように何かの基準を
決めて，それを最適化（最小化）するが，その基準を**損失関数**（loss function）とい

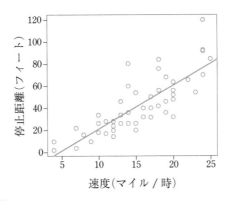

図 3.2.1 機械学習の一例（回帰）．自動車の速度と停止距離の関係．

う．また，学習に用いるデータを**学習データ**または**訓練データ**という．学習データ
を使って最適なパラメータを求めるための手順を**学習アルゴリズム**と呼ぶ．以上ま
とめると，与えられた学習データに対して，適切な学習モデルを設定し，学習アル
ゴリズムを使って損失関数を最小にするように学習モデルの学習をコンピュータ上
で行うというのが，機械学習の基本手順となる．

　自動運転のような複雑な問題の場合は，要素ごとの問題に分解し，それぞれの小
さな問題について上と同じような手順で学習を行う．実際には学習モデルは 1 次式
よりもっと複雑なものを使ったり，学習した後に学習モデルの評価・検証を行った
りというプロセスが加わるが，基本的な考え方は同じである（図 3.2.2）．

　さて，機械学習には実数値を予測するだけでなく目的に応じていろいろな枠組み
があるが，おおまかに分ければ図 3.2.3 の回帰・識別・次元圧縮・クラスタリングの
4 つの柱と，それらの中間的なバリエーションとして整理できる．以降では，個々
の枠組みについて順に詳しく説明していこう．

　速度から停止距離を予測する問題では，x と y のペアをデータとして与えた．
つまり，入力 x に対して何を出力すべきかを教えていることになる．こうした入
力と対応する出力のペアを与えてその入出力関係を学習させる枠組みを**教師あり学
習**（supervised learning）という．特に，y が実数値の場合の教師あり学習は**回帰**
（regression）と呼ばれ，そのための学習モデルを回帰モデルという．回帰モデルに
ついては 1.4.1〜1.4.8 項でも説明した．

　一方，出力 y が実数値ではない場合もある．その代表的な応用はパターン認識

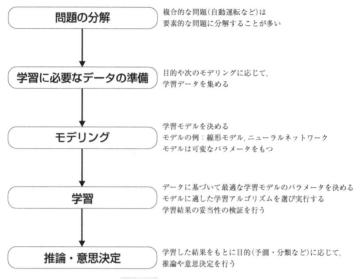

図 3.2.2　機械学習の流れ.

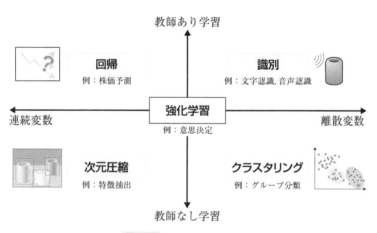

図 3.2.3　機械学習の枠組み.

で，文字や音声などを入力として，それらが表す文字や音の名前を出力する．このような場合の教師あり学習は**識別**（classification）あるいは**クラス分類**と呼ばれる．識別の出力は，数値ではない A, B, C などの名義尺度となるが，コンピュータ上で扱えるようにそれらを適宜数値化する．たとえば A か B かどちらかを出力する 2

クラス分類の場合には，一方を 0，他方を 1 という離散的な値を割り当てればよい．1.4.9 項で述べたロジスティック回帰は 2 クラス分類の一手法である．識別は機械学習の中でも最もよく研究されてきた枠組みであり，3.2.5 項で詳しく述べる．

さて，教師あり学習では x と y の両方がデータとして与えられたが，x だけをデータとして与えて，「意味のある」y を出力する枠組みを**教師なし学習**（unsupervised learning）という．出力値 y そのものは与えられないので，その代わりにどういう情報に「意味がある」のかを損失関数の形で定義する必要がある．ただし，いったん損失関数の形になってしまえば，損失関数を最小化するパラメータを見つけるという点では，教師あり学習も教師なし学習も同じである．

教師なし学習の例として，画像データを情報圧縮して近似するという問題を考える．この場合には，情報圧縮してもできるだけ元の情報を正確に近似できるということを「意味がある出力」ということとする．画像は画素がたくさん集まってできており，1 枚の画像は画素数と同じ次元を持つ高次元のデータとみなすことができる．そのような画像データを情報圧縮するには，大きく分けて 2 つの方法がある．

第一の方法は，画像をいくつかの代表的なもののどれかで置き換えてしまう方法である．たとえば図 3.2.4 のように，動物の画像 $\mathbf{x}^{(1)}, \ldots, \mathbf{x}^{(N)}$ があったとき，それらを適当に定めた K 個のグループに分ける（各 $\mathbf{x}^{(i)}$ が画素数次元の高次元ベクトルである）．そして，新たな入力画像 $\mathbf{x}^{\mathrm{new}}$ が入力されたら，どのグループに属すかの番号を出力する．これによって，画像という高次元のデータが $1 \sim K$ の数値に圧縮される．このような情報圧縮の方法を**クラスタリング**（clustering）あるいはクラスター分析という．1.4.13 項では階層的クラスタリングを説明したが，非階層

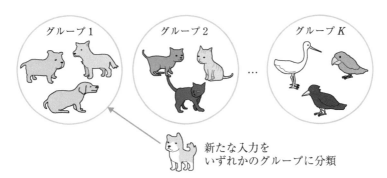

グループ 1　　グループ 2　　…　　グループ K

新たな入力を
いずれかのグループに分類

図 3.2.4　クラスタリングによる画像データの情報圧縮.

的クラスタリングの代表的な手法である**k 平均法** (k-means method)では，グループに属する学習データの平均 $\mathbf{x}_k$ $(k = 1, \ldots, K)$ が学習パラメータであり，できるだけグループ内の学習データが平均の近くに集まるように学習が行われる．新たな入力画像 $\mathbf{x}^{\mathrm{new}}$ に対しては最も近い平均画像のグループ番号を出力する．

平均画像のばらつきの大きさを表す損失関数は，

$$R(\{\mathbf{x}_k\}_{k=1,\ldots,K}) = \frac{1}{N} \sum_{i=1}^{N} \left\| \mathbf{x}^{(i)} - \mathbf{x}_{k(i)} \right\|^2 \tag{3.2.1}$$

と書ける．ここで，$\left\| \mathbf{x}^{(i)} - \mathbf{x}_{k(i)} \right\|$ というのは，学習データの画像 $\mathbf{x}^{(i)}$ と，それに一番近い平均画像 $\mathbf{x}_{k(i)}$ との距離を表す．図 3.2.4 では，犬や猫のように人間がわかりやすい形でグループ分けしたイメージ図を示しているが，実際のデータでは式 (3.2.1) の損失を最小にするように，つまり画像を平均で置き換えることで生じる誤差が小さくなるようにグループ分けされるので，結果がこのようにわかりやすくなるとは限らない．クラスタリングでは，距離をどのように定めるかで結果が大きく左右されるので，グループ分けに意味を持たせるには，適切な距離を定める必要がある．

情報圧縮の第二の方法は，図 3.2.5 のように，画像を少数個の基底画像と呼ばれるものに重みをつけた和で近似する方法である．クラスタリングがそれぞれの画像の情報をどれか 1 つの平均画像だけに集約してしまうのに対し，複数の画像の重ね合わせで表現するという点が異なる．基底となる K 個の画像を $\mathbf{v}_1, \mathbf{v}_2, \ldots, \mathbf{v}_K$ と

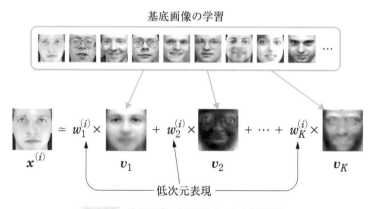

図 3.2.5 次元圧縮による画像データの情報圧縮．

おくと，学習データ $\mathbf{x}^{(i)}$ を

$$\mathbf{x}^{(i)} \simeq w_1^{(i)}\mathbf{v}_1 + w_2^{(i)}\mathbf{v}_2 + \ldots + w_K^{(i)}\mathbf{v}_K = \sum_{k=1}^{K} w_k^{(i)}\mathbf{v}_k \quad (3.2.2)$$

で近似する．重み $w_k^{(i)}$ は，近似誤差 $\|\mathbf{x}^{(i)} - \sum_{k=1}^{K} w_k^{(i)}\mathbf{v}_k\|$ ができるだけ小さくなるように決める．これは，高次元の画像 $\mathbf{x}^{(i)}$ を低次元ベクトル $(w_1^{(i)}, w_2^{(i)}, \ldots, w_K^{(i)})$ に圧縮するとみなすことができるので，**次元圧縮**（dimension reduction）または次元削減と呼ばれる．新たな入力画像 $\mathbf{x}^{\mathrm{new}}$ が与えられたときも，同様に近似誤差が小さくなるように重み w_k^{new} を求める．次元圧縮で学習するパラメータは，基底となる $\mathbf{v}_1, \mathbf{v}_2, \ldots, \mathbf{v}_K$ であり，損失関数はクラスタリングの場合と同様に，近似したときの平均2乗誤差

$$R(\{\mathbf{v}_k\}_{k=1,\ldots,K}) = \frac{1}{N}\sum_{i=1}^{N}\left\|\mathbf{x}^{(i)} - \sum_{k=1}^{K} w_k^{(i)}\mathbf{v}_k\right\|^2 \quad (3.2.3)$$

とする．これは本質的に**主成分分析**（principal component analysis）と呼ばれる方法と等価である．

さて，ここまで回帰・識別・クラスタリング・次元圧縮という4つの主要な枠組みを説明してきたが，これらは図 3.2.3 のように教師あり・なしという軸と，出力が連続値（実数）をとるか離散値（名義変数）をとるかという軸で表現される平面に配置される．教師なし学習のうちクラスタリングは，各データが属するグループの番号という離散値に縮約して出力する枠組みであり，次元圧縮は低次元の実数ベクトルを出力とみなせば連続値を出力する枠組みである．

多くの学習の問題はこれら4つの枠組みのどれかに帰着するが，それ以外にも中間的な枠組みがいろいろ存在する．その代表的なものは**強化学習**（reinforcement learning）と呼ばれ，囲碁や将棋といったゲーム AI や，ロボットや自動運転といった制御のための機械学習で用いられることが多い．ゲームの場合，現在の盤面が入力 $\mathbf{x}$ で，将棋の指し手に相当するのが出力 y である．教師あり学習と違って正解の y が与えられるわけではなく，その手を指した結果として勝敗のような報酬 r という値が得られるという設定である．強化学習では，報酬（正確にはその将来にわたる積算値）ができるだけ大きくなるように学習モデルを学習する．報酬という形で間接的に学習に役立つ情報が与えられるという意味で，教師あり学習と教師なし学習の中間的な位置づけの枠組みとみなすことができる．

まとめ
3.2.1
- 機械学習の基本手順では，学習アルゴリズムを使って，与えられたデータから損失を最小化するように学習モデルのパラメータを求める．
- 機械学習は，回帰・識別・次元圧縮・クラスタリングの4つの枠組みを中心として，それらの中間的な枠組みがいろいろある．

➤ 3.2.2 汎化能力とモデル選択

目的
3.2.2
機械学習の能力を測る上で重要な汎化という考え方や，汎化能力を高めるためのモデル選択について理解する．

最初に述べた回帰の例では1次元の入力に対する直線という単純な関数で表現される学習モデルを考えたが，機械学習ではこれがもっと複雑になっていく．ここでは，複雑になっていったときに注意すべき汎化という性質について説明する（1.4.7項も参照）．

以下ではまず，回帰で述べた直線から曲線へ，また，1次元から多次元へという2つの拡張を考える．直線で表現される式を曲線にする1つの方法は，x だけでなく，x^2 や x^3 といった項を加えた多項式回帰モデルである．式で書けば，

$$y = \alpha_0 + \alpha_1 x + \alpha_2 x^2 + \ldots + \alpha_K x^K = \sum_{k=0}^{K} \alpha_k x^k \qquad (3.2.4)$$

といったように，次数を増やしていけばいくらでも複雑な関数を表現できる．一方，1次元の入力 x が多次元になって $\mathbf{x} = (x_1, \ldots, x_K)$ になったときは，それらを重みつきで加えた重回帰モデル

$$y = \alpha_0 + \alpha_1 x_1 + \alpha_2 x_2 + \ldots + \alpha_K x_K = \sum_{k=0}^{K} \alpha_k x_k \qquad (3.2.5)$$

という学習モデルを考えることができる（ここで $x_0 = 1$ とおいた）．重回帰モデルについては1.4.6項でも説明した．多項式回帰は x を x_1，x^2 を x_2 というように次数ごとに別の変数と考えれば重回帰モデルと本質的には同じ形の学習モデル（パラメータの1次式からなる**線形モデル**）であるので，以下では重回帰モデルの式(3.2.5)を使って説明していく．

　重回帰で次元の数を増やしたり，多項式回帰の次数を十分大きくしたりするなど複雑な関数を使えば，学習データに対する誤差が 0 となるような学習モデルは得られるであろう．しかし，機械学習を実際に使う場面では，学習データ以外の入力に対して正しく予測できなければ意味がない．

　学習データだけでなくすべての入力に対して正しく予測できる能力を**汎化能力**（generalization ability）という．機械学習における究極的な目的は汎化能力の高い学習モデルを得ることだが，実際に手元にあるのは学習データだけなので，そこにはギャップが生じてしまう．

　学習において最小化する損失関数は学習データに対する平均であり，**訓練損失**と呼ぶ．一方，仮想的にすべての入力に対する損失関数の平均を考え，それを**汎化損失**と呼ぶ．汎化損失が本来最小化したいものであるが，実際に最小化するのは訓練損失なので，その違い（**汎化バイアス**）が問題となる．

　汎化バイアスを小さくするための 1 つの要素は学習データの数である．学習データを増やせば増やすほど汎化バイアスの期待値は小さくなることが理論的に証明されており，機械学習では学習データ数をできるだけ増やすことが望ましい．

　汎化能力を左右するもう 1 つの要因は学習モデルの複雑さである．複雑さには，いろいろな尺度の決め方が考えられているが，ここでは多項式回帰の次数や重回帰モデルにおける次元数のようなものと考えてよい．学習モデルの複雑さを上げれば上げるほど，訓練損失を小さくすることはできる．一方汎化損失は，学習モデルを複雑にしすぎると逆に増加してしまうという現象が起きる．これは学習データに過度に適応してしまい，それ以外のデータに対する予測値が大きなばらつきを持つ可能性が増えるからである．これを**過学習**（**オーバーフィット**）と呼ぶ．もちろん学習対象の複雑さに比べて単純すぎる学習モデルを使うと，学習データすらうまく当てはめができないことになる．これを**アンダーフィット**という [*1]．

　実際に，多項式回帰で次数を少しずつ増やしていったときの当てはめの様子を図 3.2.6 に示す．学習データを生成した 2 次式よりも小さい 1 次式ではアンダーフィットとなり，訓練損失も汎化損失もどちらも大きい値となる．一方，2 次式より大きい次数では汎化損失は逆に増加しており，オーバーフィットになっている．

　このように，機械学習では汎化能力の高い学習モデルを得るには，モデルの複雑さを適切に選ぶ必要がある．これを**モデル選択**（model selection）と呼ぶが，汎化

[*1] 本節ではアンダーフィットとの対照性からオーバーフィットという用語を主に用いる．

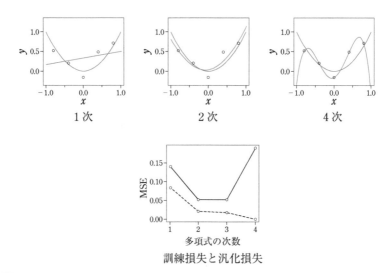

1次　　　　　　　2次　　　　　　　4次

訓練損失と汎化損失

図 3.2.6 学習モデルの複雑さ (多項式の次数) を変えたときの汎化能力．2 次関数（青線）上の 5 点に誤差を加えた学習データ（白丸の点）に対し，多項式の次数を変えて学習させた関数がオレンジ色の曲線である．下図の破線は訓練損失を表し，実線は学習データ以外の点も使って評価した汎化損失を表す．

損失は学習データ以外に適用した場合の仮想的な損失であるため，何らかの手段を使って推定を行う必要がある[*2]．1.4.7 項ではモデル選択の伝統的な方法である情報量規準について説明した．以下では正則化法や交差検証法を説明する．

- 学習データだけでなくすべてのデータへの当てはまりのよさを汎化という．
- モデルが複雑になりすぎると，学習データに対する訓練損失は減るが，汎化損失は増えてしまうという過学習（オーバーフィット）が起きる．
- 汎化能力を高くするには，モデルの複雑さを適切に選ぶモデル選択が必要となる．

[*2] 図 3.2.6 の数値実験では正解がわかっているので汎化損失を正確に評価することができたが，正解がわからない実データでは推定が必要となる．

➤ 3.2.3 正則化法とスパースモデリング

目 的
3.2.3
汎化能力を高めるための正則化法と，正則化を利用したスパースモデリングについて理解する．

汎化能力を高めるためには，訓練損失だけでなく学習モデルの複雑さも大きくなりすぎないようにする必要がある．それを行う基本的な方法に**正則化**（regularization）があり，機械学習のあらゆるところで使われている．正則化は

$$R_\lambda(\mathbf{a}) = [訓練損失] + \lambda \times [正則化項] \tag{3.2.6}$$

という損失を最小にするような学習モデルのパラメータ $\mathbf{a}$ を求める方法である．**正則化項**は学習モデルの複雑さの度合いを表す．また，訓練損失と正則化項の重みを調整する $\lambda(\lambda \geq 0)$ は**正則化パラメータ**と呼ばれ，学習時には固定しておく．正則化パラメータ λ を 0 に近づけると正則化項の寄与は小さくなるため学習モデルが複雑になってオーバーフィットになる傾向があり，逆に λ をどんどん大きくしていくと学習モデルが単純になりすぎてアンダーフィットになる傾向がある．そのため，適切に λ を設定して汎化能力の高い学習モデルを選ぶ必要がある．言い換えると，モデル選択の問題が正則化の枠組みでは λ という実数値を選ぶ問題に変換される．

λ を選ぶには次項で述べる交差検証法などを使うことができるが，ここで正則化項の代表的なものをいくつか紹介する．正則化項は以下に述べるように学習モデルの複雑さの度合いを表す正則化項が数多く考えられている．多項式の次数や重回帰で用いる変数の数が複雑さを表すとすれば，それをそのまま正則化項に用いることは自然な考え方である．重回帰モデル $y = \sum_{k=0}^{K} \alpha_k x_k$ を考えると，その係数 α_k が 0 のときその変数は使われず，0 でないとき使われると考えることができるから，用いる変数の数は「0 でない α_k の数」ということになる．指示関数（定義関数）$I[A]$ を，A が真のとき 1，A が偽のとき 0 とすると，用いる変数の数は $\sum_{k=0}^{K} I[\alpha_k \neq 0]$ と表現できる．この正則化は L_0 正則化と呼ばれ，回帰の場合に平均 2 乗誤差を訓練損失としたときに，

$$R_\lambda(\mathbf{a}) = \frac{1}{N} \sum_{i=1}^{N} \left(y^{(i)} - \sum_{k=0}^{K} \alpha_k x_k^{(i)} \right)^2 + \lambda \sum_{k=0}^{K} I[\alpha_k \neq 0] \tag{3.2.7}$$

という目的関数を最小化することとなる．できるだけ少ない変数を使ったモデルを**スパース**（sparse）なモデル[*3]と呼ぶ．

ただし，L_0 正則化の最小化を厳密に行うためには，基本的にすべてのモデルを比較する必要があることが知られている．ここで，すべてのモデルというのは，各変数 x_k を選ぶか選ばないかの 2 通りずつで K 個の変数に対して合計 2^K 通りのモデルが存在する．たとえば $K = 30$ のときモデルは 10 億通り余りもあり，それらすべてを比較してモデル選択をする必要がある．現実にはより高次元のデータを扱うことも多く，厳密に最小化することは困難である．

厳密な最適化はあきらめて準最適な解を求めることがあるが，ここでは L_0 正則化の代わりに用いられる L_1 正則化を紹介する．それは 0 でない係数の個数の代わりに係数の絶対値の和を最小化するもので，

$$R_\lambda(\mathbf{a}) = \frac{1}{N} \sum_{i=1}^{N} \left(y^{(i)} - \sum_{k=0}^{K} \alpha_k x_k^{(i)} \right)^2 + \lambda \sum_{k=0}^{K} |\alpha_k| \qquad (3.2.8)$$

を最小化することとなる．この正則化による回帰を **LASSO 回帰**と呼ぶ[*4]．

なぜ L_1 正則化が L_0 正則化の代わりに使われるかを簡単に説明する．機械学習では，目的関数を最小化するために**勾配法**（gradient method）を使うことが多い．勾配法というのはどこかの初期値からはじめて，目的関数の勾配方向に坂を下るように解を更新していく手法である．お椀のような凸な関数であればどこからスタートしても必ずお椀の底である目的関数の最小値に到達できるが，関数が凸でなければその保証はない．図 3.2.7 は，1 個のパラメータに着目して，正則化項をグラフにしたものである．青線で示したものが L_0 正則化の正則化項であり，凸な関数になっていないが，オレンジ線で示した L_1 正則化の正則化項は凸な関数となっている．また，L_1 正則化は L_0 正則化と同様にスパースな学習モデルが得られることが知られている．つまり，正則化パラメータを調節することにより少数の変数だけを使うように学習が行われる．このような理由により，現実には次元の高い問題では L_0 正則化の代わりに L_1 正則化が用いられることが多い．

次に，L_0 や L_1 といった正則化よりも基本的な L_2 正則化を紹介する．これは，L_1 正則化の絶対値を 2 乗で置き換えたもので，重回帰の場合を式で書けば

[*3] スパースとは，疎あるいはすかすかという意味である．
[*4] LASSO は least absolute shrinkage and selection operator の頭文字をとったものである．

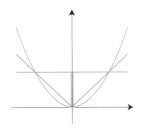

図 3.2.7　いろいろな正則化項（凸関数なら最適化が容易になる）．

$$R_\lambda(\mathbf{a}) = \frac{1}{N} \sum_{i=1}^{N} \left(y^{(i)} - \sum_{k=0}^{K} \alpha_k x_k^{(i)} \right)^2 + \lambda \sum_{k=0}^{K} \alpha_k^2 \qquad (3.2.9)$$

となる（図 3.2.7 のピンクの関数）．この正則化による回帰は**リッジ回帰**（ridge regression）と呼ばれる．

　リッジ回帰の目的関数は，凸関数なので勾配法によっても最適解を見つけることができるが，この場合は，パラメータに関する 2 次関数だから，微分して 0 とおけば 1 次式となり，正則化を入れない最小二乗法とほぼ同じ計算により最適解を求めることができる．ただし，L_0 正則化や L_1 正則化のようなスパースな学習モデルを得ることはできず，すべての変数を使った式となる．多くの変数がある場合に学習モデルの解釈は難しくなってしまうが，適切に正則化パラメータをとれば，汎化能力の高い学習モデルを得ることはできる．L_2 正則化は用いる変数の数を減らすのではなく，係数の値を全体的に小さく抑えることによって学習モデルの複雑さを小さくすることができる方法である．

　Memo　ブラックホールとスパースモデリング

　L_0 正則化や L_1 正則化を用いてスパースな学習モデルを求めるモデリングを**スパースモデリング**（sparse modeling）と呼ぶ．スパースモデリングは，回帰における変数を選ぶだけでなく，図 3.2.8 に示すブラックホールの撮像にも応用されている．一見，回帰での変数を選ぶ問題との関連性がわかりにくいが，画像 $\mathbf{a}$ が既知の変換 $\mathbf{x}$ を受けて y が観測されるという設定で，$\mathbf{x}$ と y から $\mathbf{a}$ を推定する点で共通の定式化が成立する．スパース性は画像の背景が黒いことと対応しており，観測は電波干渉計という観測系を用いることで，画像がフーリエ変換などの線形変換を受けたものとして観

測される．このように，スパース性が仮定できる問題設定で少数の観測データから画像を復元する問題は**圧縮センシング**（compressed sensing）と呼ばれ，ブラックホールのほか，MRI を使った脳の血管画像の撮像などにも応用されている．

図 3.2.8　スパースモデリングの応用例．ブラックホールの撮像．
（©EHT Collaboration）

まとめ 3.2.3
- 正則化によって学習モデルが複雑になりすぎないようにできる．
- できるだけ少ない変数を使うスパースモデリングによって，汎化能力を高めたり，学習モデルの解釈が容易になったりする．
- スパースなモデルを選ぶための L_0 正則化は最適化が困難なため，L_1 正則化を使うことが多い．

➤ 3.2.4　交差検証法によるモデル選択

目的 3.2.4　汎化損失をデータから推測する交差検証法によるモデル選択の方法を理解する．

　正則化は汎化能力の高い学習モデルを得るための手法であるが，正則化パラメータを適切に選ぶ必要があり，モデル選択の問題が正則化パラメータを選ぶ問題に置き換えられただけという言い方もできる．未知のデータに対する損失である汎化損失を，与えられたデータの情報だけから推定することでモデル選択を行う必要があり，その1つの方法が**交差検証法**（cross-validation method）である．

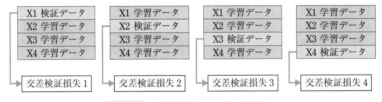

図 3.2.9 交差検証法（4-fold の場合）.

交差検証法の基本となるのは，与えられたデータすべてを学習に用いるのではなく，汎化損失の評価のために一部残しておくというアイディアである．このようにデータを学習に用いる**学習データ**（training data）と汎化損失の評価に用いる**検証データ**（validation data）に分けておく方法を**ホールドアウト法**（hold-out method）と呼ぶ．ただし，ここで 1 つのジレンマが発生する．汎化能力はデータ数が多いほど高くなるため，学習データはできるだけ多くしたい．一方，汎化損失の推定もモデル選択においては重要で，データ数が多ければ多いほどその推定精度は高くなるため検証データも増やしたいということになる．

このジレンマを解決しようとして考えられたのが交差検証法である．ここでは基本となる **K-fold 交差検証法**について述べる．まず，与えられたデータセットを K 個の部分集合に分割する．そのうち 1 つを除き，残りの $K-1$ 個の部分集合を学習データとして用いる．その学習結果を，除いておいた検証データで評価すれば汎化損失の推定量が得られる．これを K 個のそれぞれの部分集合ごとに行うことで，K 個の（ばらつきのある）汎化損失の推定量（交差検証損失）が得られることになる（図 3.2.9）．この手続きをモデルの候補についてそれぞれ行って，比較することでモデル選択を行うのが交差検証法である．K 個の交差検証損失を比較する方法として最も基本的なのは，それらの平均が最小となるモデルを選ぶ方法であり，Min 規準（最小平均）と呼ばれる[*5]．

交差検証の回数 K をいくつにするかは難しい問題であるが，一般的には K は大きいほどよいとされている．最も大きい場合は $K = N$，すなわち $N-1$ 個を学習に用い，1 個だけで検証を行うやり方であり，**1 個抜き交差検証**（leave-one-out cross-validation）と呼ばれる．ただし，交差検証にはモデルの候補の数ごとに K 回

[*5] ただし，Min 規準で選ぶとやや複雑な学習モデルとなり，解釈が難しくなることも多い．そのため，特にスパースモデリングでは 1SE 規準という発見的な方法が用いられることも多い．1SE 規準は Min 規準の平均値に交差検証損失のばらつきの標準偏差を加えた範囲に平均値があるモデルはほぼ等価な性能を持っていると判断し，そのうち最も簡易なモデルを選ぶという方法である．

の学習を行う必要があり，1 回の学習に時間がかかる場合には大幅な計算時間がかかってしまう．したがって，許容できる計算時間の範囲内で適切に K を選ぶ必要がある．また，交差検証では時間がかかりすぎるため，モデル選択のための**情報量規準**（information criterion）と呼ばれる値をモデルごとに計算して比較することもよく行われている．情報量規準で最も有名なものとして**赤池情報量規準**（Akaike information criterion, AIC）がある（1.4.7 項参照）．

　なお，交差検証法では，交差検証損失を最小にするようにモデルを選んでおり，検証データの情報が選ばれたモデルに反映されているため，モデル選択で用いた交差検証損失はもはや汎化損失の偏りのない推定量としてはそのまま使うことができない．これを防ぐための最も単純な方法は，学習データや検証データといった交差検証法を適用するデータとはまた別に**テストデータ**（test data）を用意しておき，交差検証法で得られたモデルに対する損失をこのテストデータを用いて評価することでモデルの汎化損失を推定するというものである．

> **まとめ**
> **3.2.4**
> - 学習データと検証データを分けることで汎化誤差を推定することができる．
> - 交差検証法は推定精度は高いが，必要な学習の回数が増えるという問題点もある

➤ 3.2.5　識別問題の機械学習

> **目的**
> **3.2.5**
> 識別のためのいろいろな機械学習手法を通じて，確率のとり扱いや非線形手法の基本を理解する．

　ここまでは回帰問題を通じて汎化能力やモデル選択について述べてきた．ここでは機械学習で最もよく研究されてきた識別問題を考えよう．識別においても基本的な学習の手順は同じで，学習モデルを設定し，損失関数を定義し，それを最小にするパラメータを求めるという手順をとる．以下簡単のため 0 か 1 の 2 値をとる 2 クラス識別で説明するが，より多くのクラスがある場合も 2 クラスの問題に帰着させて解くことが多い．

　まず重回帰のような線形モデル

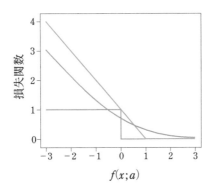

図 3.2.10 識別のための損失関数のいろいろ（$y = 1$ のとき）．青：誤り率，オレンジ：ロジスティック回帰，ピンク：サポートベクトルマシン．

$$f(\mathbf{x}) = \sum_{k=1}^{K} \alpha_k x_k \qquad (3.2.10)$$

を考えよう．ただし，このままでは出力が実数値なので，$0, 1$ にするために $f(\mathbf{x}) \geq 0$ なら 1, $f(\mathbf{x}) < 0$ なら 0 とすることで識別のモデル（**識別器**）とする．このように線形モデルに基づく識別器を**線形識別器**（linear classifier）という．

識別の場合の損失関数として最も基本となるのは**誤り率**である．図 3.2.10 の青線は，1 個のデータに対して，正解の y が 1 のとき誤り率への寄与（つまり誤りなら 1, 正解なら 0）を示す．誤り率は凸な関数になっておらず，勾配法のような最適化アルゴリズムで解くことが難しい．それに対処するために 2 つのアプローチが考えられる．1 つは，出力に 0 か 1 ではなく，中間的な確率値を導入する方法である．たとえば，雨が降るかどうかを予測するのに降水確率の形で出力する．確率値は入力に依存するため，出力 y の確率は入力に対する条件つき確率 $P(y = 1 \mid \mathbf{x})$ のような形となる．その中でも最も基本となるのは 1.4.9 項で述べた**ロジスティック回帰**（logistic regression）であり，対応する損失関数は凸関数となる．もう 1 つのアプローチは誤り率を近似するような凸な損失関数を用いる方法である．このアプローチの代表例には**サポートベクトルマシン**（support vector machine, SVM）と呼ばれる学習モデルがある．これらを順に説明していこう．

まずロジスティック回帰のベースとなるのは線形モデルである．ただし，確率値は 0 から 1 の間に値が入っていなければならないため，図 3.2.11 のような**ロジスティック関数**（logistic function）あるいは**シグモイド関数**（sigmoid function）と

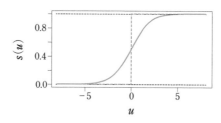

図 3.2.11 ロジスティック関数（これによって実数全体は $0 \sim 1$ の間の値に変換される）.

呼ばれる関数 s を使って，0 と 1 の間の値になるように変換する．ロジスティック関数を式で書けば，実数 u を引数として，

$$s(u) = \frac{1}{1 + \exp(-u)} \tag{3.2.11}$$

となり，これを使って線形モデルを条件つき確率

$$P(y = 1 \mid \mathbf{x}) = s(f(\mathbf{x})) = \frac{1}{1 + \exp(-\sum_{k=1}^{K} \alpha_k x_k)} \tag{3.2.12}$$

の形に表現した学習モデルがロジスティック回帰である．なお，これは $y = 1$ となる確率であるが，$y = 0$ となる確率は 1 から引けばよいので $P(y = 0 \mid \mathbf{x}) = 1 - s(f(\mathbf{x}))$ となる.

　学習モデルの出力が確率で与えられた場合にパラメータをデータから推定する代表的な方法は**最尤推定**（maximum likelihood estimate）である（次ページコラム参照）．確率値にデータを代入した関数のことを，パラメータの尤もらしさを表す**尤度**（likelihood）と呼び，最尤推定ではこの尤度を最大化する．N 個のデータ $(\mathbf{x}^{(i)}, y^{(i)})_{i=1,\ldots,N}$ が与えられたとき，各 $y^{(i)}$ が入力 $\mathbf{x}^{(i)}$ ごとに学習モデルに従って独立に生成されると仮定すると，尤度は各データの尤度の積

$$\prod_{i=1}^{N} P(y = y^{(i)} \mid \mathbf{x}^{(i)}) \tag{3.2.13}$$

となる．最尤推定ではこれを最大にするパラメータを求める．実際には，積を和の形にするほうが容易なことが多いので，対数をとった**対数尤度**（log likelihood）

$$\sum_{i=1}^{N} \log P(y = y^{(i)} \mid \mathbf{x}^{(i)}) \tag{3.2.14}$$

を最大化する．また，符号を反転させた負の対数尤度を考えると，最大化が最小化に入れ替わるので，それを学習における損失関数とみなすことができる．ロジスティック回帰では負の対数尤度の各項が図 3.2.10 のオレンジ線で示される凸な関数となり，勾配法によって大域的な最小化ができる．

Memo 最尤推定

　最尤推定は確率分布の未知パラメータを推定する最も基本的な方法である．尤度は，あるパラメータの値を仮定したときのデータの確率値だから，それを大きくするようなパラメータを選ぶのは自然な考え方である．抽象的に考えるとややわかりにくいかもしれないが，コイン投げで表が出る確率は二項分布を仮定すると N 回投げて表が n 回出たとき，確率値の最尤推定量は n/N である．また，正規分布の平均・分散パラメータの最尤推定量はデータから計算されるサンプル平均・サンプル分散そのものになっており，これらの例を考えると感覚的にも自然な推定法であるといえる．

　こうして学習したロジスティック回帰の出力は確率値であるが，最終的には 0 か 1 に決めなければならない．たとえば，降水確率がわかったときに，実際に傘を持っていくかどうかは 0 か 1 かの決定となる．これを決めるためにリスクという考え方を用いた**統計的決定理論**があるが（294 ページコラム参照），ほかに情報がなければ通常は確率値が 0.5 より大きいか小さいかで 0 か 1 に決めることが多い（線形モデル $\sum_{k=1}^{K} \alpha_k x_k$ の値が正か負かという線形識別器に相当する）．

　次に，誤り率を近似するような凸な損失関数を用いる手法の代表例としてサポートベクトルマシン（SVM）を説明する．SVM の学習モデルは線形識別器である．損失関数は 0, 1 にする前の線形モデルの出力に対して図 3.2.10 のピンクの折れ線で表される関数となる．これだけで凸関数にはなるが，SVM は**カーネル法**（kernel method）による非線形化と組み合わせた学習モデルにすることが多く，オーバーフィットを起こしやすいため，汎化能力を高めるために L_2 正則化を適用する[*6]．さらに，SVM で用いる損失関数は，（L_2 正則化であるにもかかわらず）モデルのスパース性を実現する．つまり，正則化パラメータを変化させることで，少ない変数だけからなる学習モデルが得られる．

　ロジスティック回帰や SVM は，線形モデルに基づいた学習モデルであるが，非線形に拡張する方法の 1 つであるカーネル法によって，線形モデルではうまく学習

[*6] ロジスティック回帰においても次元が高い場合は，正則化が汎化能力を高めるためには有効である．

できない複雑な対象に対しても学習が可能となる.

> **Memo** カーネル法による非線形化
>
> 多項式回帰の例のように,線形モデルでは必ずしも入力変数 x_k そのものの線形和である必要はなく,どのような関数を使ってもよい(パラメータについて 1 次式であることが重要).つまり,適当な関数 $\phi_k(\mathbf{x})$ を用意して,$y = \sum_{k=1}^{K} \alpha_k \phi_k(\mathbf{x})$ という学習モデルを使うことで,線形モデルの枠組みの中でも $\mathbf{x}$ の非線形関数を実現できる.カーネル法ではカーネル関数 κ を使って,データ数と同じパラメータ数を持つ $y = \sum_{i=1}^{N} \alpha_i \kappa(\mathbf{x}^{(i)}, \mathbf{x})$ というモデルを用いる[*7].カーネル関数は直感的には 2 つの引数の間の類似度を表す関数で,引数の $\mathbf{x}$ や $\mathbf{x}^{(i)}$ は実数値ベクトルである必要もないので,SVM と組み合わせて遺伝子の塩基配列やタンパク質の配列などを対象とするバイオインフォマティクス分野で広く使われてきた.カーネル法はパラメータ数が多いため,汎化能力を高めるために正則化と組み合わせることが必須となる.

そのほかに非線形な識別を行うための代表的な方法として**決定木**(decision tree)がある.決定木では,図 3.2.12 に示すように,まず複数ある入力変数のうちの 1 つを選び,あるしきい値以上か未満かという分岐を行う.どの変数を選ぶのか,および,分岐のしきい値をどこにとるかという問題に対しては,できるだけ学習データのクラスがよく分かれるように最適なものを選ぶ[*8].分岐によって入力の空間が 2 つの領域に分けられるが,それぞれに対してまた同じような分岐を行っていく.この手続きを繰り返していけば,最終的には分岐によって細分化された領域には単一のクラスのデータだけが存在する状態になる.こうすれば学習データは完全に識別

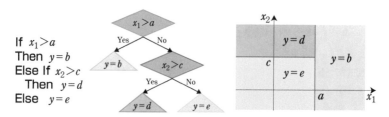

図 3.2.12 決定木の例(左: If-Then-Else ルールとしての表現,中央:二分木としての表現,右:入力空間が最終的にどのような出力になるかを色分けした図).

[*7] κ はギリシャ文字でカッパと読む.
[*8] 「よく分かれる」基準としていろいろなものが提案されている.

できることになるが，汎化能力が低くなる可能性が高くなるため，実際には分岐を途中で打ち切ることでモデルが複雑になりすぎないようにする[*9]．

決定木の特徴は，人間にとっての解釈性が高いことである．各分岐では 1 つの変数だけしか現れないため，その変数があるしきい値より大きいか小さいかという分岐は単純で人間にわかりやすい．最近では，機械学習の結果を解釈したり説明したりする必要性が増しているが，決定木は解釈性の高いモデルの代表的なものである．

決定木は入力 $\mathbf{x}$ の空間を矩形で区切ることが前提となっており，複雑な識別を行おうとすると分岐の数を増やす必要があり，オーバーフィットになりやすい．そこで，比較的単純な決定木の多数決をとるような手法が研究されている．このように，複数の識別器を組み合わせるという考え方は**アンサンブル学習**（ensemble learning）と呼ばれ，汎化能力を高めるために有効な方法と考えられている．その中でも代表的なものが**ランダムフォレスト**（random forest）と呼ばれる方法である．

> **Memo** 三人よれば文殊の知恵：アンサンブル学習
>
> アンサンブル学習は複数の識別器の多数決によって最終的な出力を決める方法である．これによって 1 つ 1 つの識別器の汎化能力は高くなくても全体として識別器の汎化能力を高めることができる．アンサンブル学習では，なるべく多様な識別器を用意することが重要とされている．ランダムフォレストは，学習データからランダム抽出を行うブートストラップ法で決定木の多様性を増やす．このほかにもブースティングというアンサンブル学習の手法が提案されており，計算が比較的単純なわりに性能が高いので，機械学習のコンテストなどでも使われて優秀な成績を収めている．

- 誤り率を損失関数とすると凸関数にならないため，最適化が難しい．
- ロジスティック回帰やサポートベクトルマシンは損失関数を凸関数にすることによって解くことが容易になる．
- カーネル法やアンサンブル学習によって，線形モデルでは表現できない複雑な識別関数が表現できる．

[*9] これは交差検証法や情報量規準などモデル選択の方法によって決めることができる．

➤ 3.2.6 機械学習の評価法

学習によって得られた結果を定量的に評価する指標について理解する.

　学習によって得られた結果をどのように評価したらよいだろうか. ここでは出力が 0, 1 となる 2 クラス識別に対する結果の評価法について述べる. まず, 0 と 1 の一方を**陽性** (positive), もう一方を**陰性** (negative) とラベルづけする. これは病気の検査結果の陽性・陰性をイメージすればわかりやすい. 図 3.2.13 に示すように真の値が陽性か陰性か, 識別結果が陽性か陰性かで 4 つの場合に分類される. 学習で得られた出力を集計した表を**混同行列** (confusion matrix) と呼ぶ (1.2.5.b 項の表 1.2.10 参照). 混同行列の 4 つの区画は, 正解であれば True, 不正解であれば False とすることで, TP (true positive), FP (false positive), TN (true negative), FN (false negative) となる. たとえば TP は真の値が陽性で, 識別結果も陽性であったという正解のデータの個数を表しており, FN は真の値が陽性なのに陰性と誤って識別してしまったデータの個数を表す. 機械学習の実際の場面では, 混同行列を吟味して, 結果の検証や学習モデルの改善などの検討を行う. 特に注意すべきは FN と FP である. 病気の検査の例を考えるとわかりやすいが, 実際に病気なのに検査で見過ごすのと, 健康なのに検査で病気と判定してしまうのでは, ことの重大さがまったく異なる.

　混同行列をもとに, 学習モデルの評価を行うためのいくつかの指標がある. そのうち代表的なものは**正解率** (accuracy) で, 全体に対する正解の割合を指し, 式で書けば

		予測	
		P	N
真の値	P	TP	FN
	N	FP	TN

図 3.2.13　混同行列.

$(\mathrm{TP} + \mathrm{TN})/N$ である（ただし N は全データ数 $N = \mathrm{TP} + \mathrm{TN} + \mathrm{FP} + \mathrm{FN}$）[*10]．これは先に述べた誤り率を 1 から引いた値に等しい．ただし正解率は FN と FP のような誤りの種類の違いはまったく反映しない．

そうした問題を解決するために考えられた指標として，**適合率**（precision）[*11] と**再現率**（recall）がよく使われる．適合率は陽性と判定されたうち真の値が陽性である割合で，$\mathrm{TP}/(\mathrm{TP} + \mathrm{FP})$ で計算される．一方，再現率は真の値が陽性のうち，陽性と判定されたものの割合で，$\mathrm{TP}/(\mathrm{TP} + \mathrm{FN})$ で計算される．このうち病気の検査の例で重要となるのは再現率である．病気の見過ごしが多ければ再現率の値は小さくなる．一方，適合率は病気と判定されたうちで本当に病気の割合を表しており，こちらが小さいと無駄に再検査することが増えることになる．

例 3.2.1 商品のレコメンデーション（推薦）の場合を考える．ユーザーの好みに合うものが陽性，合わないものは陰性とする．すると，適合率は推薦されたもののうち好みの商品が入っている割合を表し，再現率は好みの商品をとりこぼしていないかどうかを表している．それぞれの役割を理解して識別器の性能を判断していくことが重要である．

病気の検査やレコメンデーションの例でわかるように，陽性を陰性と誤るのと陰性を陽性と誤るのは等価でないことがよくある．これまで，線形モデルから 0, 1 を判定する際は，線形関数の正負で判定していたが，それは 0 というしきい値を設けてそれより上か下かで判定することに相当する．陽性と陰性の誤り個数である FP と FN のバランスを調整するのに，このしきい値を変化させるという方法がある．たとえば 0 より大きい値を境に 0 か 1 かを判定するようにすればより 1 と判定されにくくなり，0 と判定されやすくなる．逆に 0 より小さい値をしきい値にとれば，1 と判定されやすくなり 0 と判定されにくくなる．

このようにしきい値を変化させると，混同行列の値が変化する．極端な場合を考えるとしきい値を正の無限大にとれば，すべての入力が 0 と判定されるので，0 を陰性とすると TP や FP は 0 となり，逆にしきい値を負の無限大にとれば TN や FN が 0 となる．負の無限大から正の無限大まで動かしてそれらをグラフの形にしたの

[*10] 正解率は精度と呼ばれることもあるが，1.2 節のように精度という言葉は適合率（precision）を指すことも多いので注意が必要である．

[*11] 適合率は統計学では適合度と呼ぶ（46 ページ参照）．

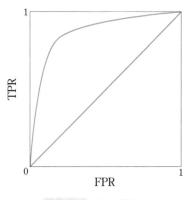

図 3.2.14 ROC 曲線.

が **ROC 曲線**（receiver operating characteristic curve）である．図 3.2.14 に示すように，横軸に陰性のうち誤って陽性と判定されてしまった割合（偽陽性率 FPR (false positive rate)= FP / (TN+FP)）をとり，縦軸には陽性のうち正しく陽性と判定された割合（TPR (true positive rate)=TP / (TP+FN)）をとって[*12]，しきい値が変化したときの値の変化を曲線でつないだものである（図のオレンジ線）．横軸は 0 に近いほど，縦軸は 1 に近いほど誤りは少ないから，左上端に近いほど識別の性能がよい識別器といえる．

　FP と FN どちらの誤りを重視するかによって，ROC 曲線上のどの識別器を使うかが変わってくる．たとえば，病気の見逃しをしたくなければ FN が少ない縦軸の値が高い右側よりが適切になる．

　ROC 曲線全体のよさを表現する指標に **AUC**（area under the curve）があり，曲線の下側の領域（図の黄色部分）の面積である．これは 1 に近いほど性能が高い識別器であるといえる．

> **Memo** 統計的決定理論
>
> 　病気の陽性の確率がわかったとき，最終的に陽性判定するかどうかといった問題を決めるための枠組みが統計的決定理論である．統計的決定理論では，実際に陽性だったときに陰性と判定しまうリスクなど，実際の事象 A と決定 B を与えたときのリスク $R(A, B)$ を定めて，その期待値である期待リスク $\bar{R}(B) = \sum_A P(A)R(A, B)$ を

[*12] これは再現率と等しい．

最小にするように B を決める．より身近な例として，降水確率が何%であれば傘を持っていくかという問題を考えると，傘を忘れたのに雨が降ってしまう場合のリスク R_1 と傘を持っていったのに雨が降らなかった場合のリスク R_2 を使って，降水確率が $R_2/(R_1 + R_2)$ を超えれば傘を持っていくほうがよいということになる．たとえば R_1 が R_2 の 4 倍であれば，20% を超えたら傘を持っていくほうがよい．ただし，実際にはリスクを決めるのが難しいので，ROC 曲線などを使って総合的に判断することになる．

まとめ
3.2.6

- 学習によって得られる結果は，混同行列の形に集計される．
- 陽性を陰性と誤るのと陰性を陽性と誤るのとでは重要性が異なることが多いため，正解率だけでなく適合率や再現率といった指標も考慮する必要がある．

➤ 3.2.7 ベイズモデリングと予測

目 的
3.2.7
機械学習の結果を使って，新たな入力に対する出力を予測する方法を理解する．

　機械学習で新しい入力値に対する予測を行うことを考えてみよう．これまで説明してきたように，機械学習ではデータから学習モデルのパラメータを最適化することで学習が行われる．つまり，学習モデルに学習したパラメータ $\mathbf{a}^*$ を代入し，新しい入力 $\mathbf{x}^{\text{new}}$ から学習モデル $y^{\text{new}} = f(\mathbf{x}^{\text{new}}, \mathbf{a}^*)$ を用いて出力 y^{new} の予測が可能となる．

　ただし，この予測値はどのくらい確かなのかという疑問が生じる．特に学習データ数が少ない場合には，学習して得られたパラメータの汎化能力はそれほど高くないので，その信頼度のようなものも知りたくなる．

　この問題に関していろいろな考え方があるが，ここではそのうち**ベイズモデリング**(Bayes modeling)というアプローチを説明する（298 ページコラム参照）．ベイズモデリングでは，入力や出力はもちろんパラメータもすべて確率的に変動する確率変数とみなす．まず，入出力の学習データをまとめて Data，パラメータを $\mathbf{a}$ と表し，

それらの確率分布 $p(\mathrm{Data}, \mathbf{a})$ をモデル化する．これは，データやパラメータがどのような確率分布で生み出されるかを表現したモデルなので**生成モデル**（generative model）と呼ばれる．線形回帰で考えれば，まず直線がランダムに決まり（つまり，$\mathbf{a}$ をランダムに生成），ランダムな入力値 $\mathbf{x}$ から対応する直線上の点が得られ，それにノイズが加わって出力値 y が生成されるというモデル化である．一般に生成モデルは因果関係に基づいたモデル化であり，モデル化が容易な場合が多い．

生成モデル $p(\mathrm{Data}, \mathbf{a})$ がモデル化できれば，そこから Data が観測されたもとでのパラメータ $\mathbf{a}$ の条件つき分布 $p(\mathbf{a} \mid \mathrm{Data})$ が計算できる．

$$p(\mathbf{a} \mid \mathrm{Data}) = \frac{p(\mathrm{Data}, \mathbf{a})}{p(\mathrm{Data})}, \quad p(\mathrm{Data}) = \int p(\mathrm{Data}, \mathbf{a})\mathrm{d}\mathbf{a} \quad (3.2.15)$$

これを**事後分布**（posterior distribution）といい，ベイズモデリングの出力となる．これまで 1 点で推定していたパラメータが広がりをもって推定されることになる．

では，最初に述べた予測の問題を考えよう．予測値 y^{new} についても 1 点ではなく広がりを持つ分布の形で予測できれば，予測の確からしさがわかりやすい．生成モデルで，入力とパラメータに対する出力の確率分布 $p(y \mid \mathbf{x}, \mathbf{a})$ がモデル化されているとしよう．最も単純な予測の方法は，パラメータを 1 点 $\mathbf{a}^*$ に決めて，それを代入し，$p(y^{\mathrm{new}} \mid \mathbf{x}^{\mathrm{new}}, \mathbf{a}^*)$ とする方法である．これは**プラグイン推定量**（plugin estimate）と呼ばれる．パラメータ $\mathbf{a}^*$ としては，事後分布 $p(\mathbf{a} \mid \mathrm{Data})$ を最大とするようなパラメータである **MAP 推定**（maximum a posteriori estimate）を選ぶのが代表的である．一方，ベイズモデリングをすれば，データに基づくパラメータの事後分布が得られるので，その事後分布で $p(y^{\mathrm{new}} \mid \mathbf{x}^{\mathrm{new}}, \mathbf{a})$ の期待値をとったもの

$$p(y^{\mathrm{new}} \mid \mathbf{x}^{\mathrm{new}}, \mathrm{Data}) = \int p(y^{\mathrm{new}} \mid \mathbf{x}^{\mathrm{new}}, \mathbf{a})p(\mathbf{a} \mid \mathrm{Data})\mathrm{d}\mathbf{a} \quad (3.2.16)$$

によって，y^{new} の分布を予測できる．これを**ベイズ予測分布**（Bayesian predictive distribution）と呼ぶ．ただし，一般的にはベイズ予測分布は計算量を要することが多いのでプラグイン推定量を使うことも多い．

線形回帰の例で説明すれば，図 3.2.15 のオレンジ線のように 1 つの直線を選び，入力値 $\mathbf{x}^{\mathrm{new}}$ に対して予測した値に y 軸方向のノイズが加わった分布を与えるのがプラグイン推定量である．一方，1 つの直線だけではなく，事後分布に従って水色のいろいろな直線を考えて，それぞれで $\mathbf{x}^{\mathrm{new}}$ に対して予測した値に y 軸方向のノ

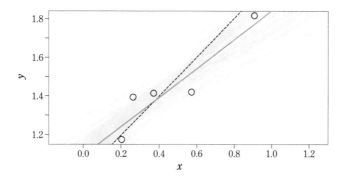

図 3.2.15　回帰におけるプラグイン予測とベイズ予測のイメージ.

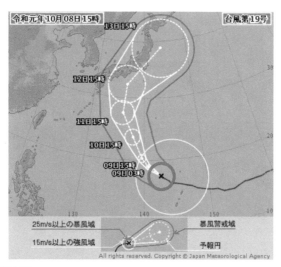

図 3.2.16　ベイズモデリングによる予測技術の活用事例：台風の予報円.
　　　　　（wikipedia より引用）

イズ分布全体を平均して得られる分布がベイズ予測分布ということである.

　ベイズモデリングによる予測の応用例として我々の身近にあるのが**気象予測**
（weather forecast）である（図 3.2.16）．特に，台風シーズンになると台風の予報
円を見ることが多いが，あれはまさに台風の中心位置を確率的に推論して移動先の
予測範囲を算出しているのである．気象現象は地球規模のもので非常に複雑な振る
舞いをするため，単純な形で生成モデルを作ることは難しい．ただし，気象現象は
高速なコンピュータを使って高精度に**シミュレーション**（simulation）できる．台風

の現在の状態から次の時刻の状態への推移 $p(X_{t+1} \mid X_t)$ をシミュレーションによって計算できれば，ベイズモデリングによる推論が可能となる．このように，シミュレーションと観測データを融合して高度な予測を行う枠組みを**データ同化**（data assimilation）といい，気象のみならず複雑なモデリングが必要な分野への応用が期待されている．

Memo ベイズモデリング

　ベイズモデリングは，推定対象や観測値をすべて確率変数とみなしたうえで，因果的な生成モデル（あるいは順モデル）をモデル化する枠組みである．いったんモデル化できてしまえば，観測値から推定対象の事後確率を推定するベイズ推論は機械的に計算できる．このように，ベイズモデリングにはすべてを確率で表現するという汎用性や，モデル化と推論を分離することでモデリングのプロセスが容易になるという利点がある．また，対象に対する知識を生成モデルに積極的に反映させることもできる．本書では紙面の都合で説明を省略したが，MAP 推定は 3.2.3 項で述べた正則化法とある意味等価であり，最尤推定も MAP 推定の特別な場合と考えることができる．このように，ベイズモデリングは機械学習全体を統一的に理解する枠組みとしても有用である．一方，機械的ではあるものの，ベイズ推論（つまり事後確率の計算）は，素朴に実行しようとすると莫大な計算量を必要とする場合がある．そのため，ベイズ推論を現実的な時間で行うための近似的な計算手法が数多く研究されており，その代表的なものとして，変分ベイズ法やマルコフ連鎖モンテカルロ法という手法がある．また，ベイズモデリングは，ここで紹介する気象予測のほか，携帯電話やデジタルテレビ放送の通信の誤り訂正など我々の身近なところにも応用されている．

- 機械学習の結果を用いて予測を行う手法として，単純に最適なパラメータをモデルに代入するプラグイン推定量と，事後確率に従って期待値をとるベイズ予測分布がある．
- ベイズモデリングは確率に基づいた汎用的な方法で，シミュレーションと組み合わせるなど複雑なモデリングが必要な分野への応用が期待されている．

➤ 3.2節　練習問題

3.2.1 教師あり学習のうち連続値を出力する枠組みを1つ選べ.

① 回帰
② 識別
③ 次元圧縮
④ クラスタリング

3.2.2 学習モデルの汎化能力について, 次の説明のうち適切でないものを1つ選べ.

① 実データでは汎化損失は学習データだけから厳密には評価できない.
② 学習データの数を増やせば増やすほど汎化損失は小さくなる.
③ 汎化能力を向上させるためにできるだけ複雑な学習モデルを用いる必要がある.
④ 訓練損失を小さくするだけでなく汎化損失を小さくする必要がある.

3.2.3 決定木について述べた説明で適切でないものを1つ選べ.

① 変数の値の大小による分岐を繰り返すことで最終的な出力を決める.
② 1つの分岐では, できるだけ識別能力の高い線形識別器を用いる.
③ 分岐の数が増えすぎるとオーバーフィットが起きやすい.
④ 他の学習モデルに比較して学習結果を人間が理解しやすい.

3.2.4 交差検証法に関する説明のうち適切でないものを1つ選べ.

① 与えられたデータを使って汎化損失を推定するための手法である.
② 学習データと検証データの分け方を変えて損失の推定を繰り返す.
③ K-fold 交差検証法では K 個の交差検証損失が得られる.
④ 交差検証法は正則化パラメータの選択に用いることはできない.

3.2.5 病気の検査判定において陽性を見過ごしたかどうかがわかる指標として適切なものを1つ選べ.

① 正解率（accuracy）
② 適合率（precision）

③ 再現率（recall）

④ FPR（false positive rate）

3.2.6 ベイズモデリングを用いた予測について，次の説明として適切でないものを選べ.

① 出力を事後分布にすることで推定の信頼度を表現できる.

② 予測をする際には推定パラメータを 1 つ決める必要がある.

③ ベイズモデリングによる予測の正しさは生成モデルを適切に設計できているかに依存する.

④ 台風の予報円など予測のあいまいさを表すのに適している.

={ 3.3 }=
深層学習の基礎

 ニューラルネットワークの原理，ディープニューラルネットワーク（DNN），学習用データと学習済みモデル，畳み込みニューラルネットワーク（CNN），リカレントニューラルネットワーク（RNN），敵対的生成ネットワーク（GAN），深層強化学習，深層学習と線形代数／微分積分との関係性

➤ 3.3.1 深層学習の基本的な枠組み

目的 3.3.1 深層学習のおおまかなイメージと構成要素を知る．

　深層学習は，ニューラルネットワークを用いたデータ分析技術であり，機械学習手法の1つである．基本的な設計は通常の機械学習の枠組みに収まるが，複雑なニューラルネットワークを扱うために独自の追加的な工夫が数多く必要となる．適切に運用される深層学習は高い精度と汎用性を発揮するため，AIの中心的技術となっている．画像や文章といった多様なデータを扱うための拡張や，人工データの生成といった新しい用途にも応用されているという特徴がある．

　深層学習で用いられる手続きは，広い意味では統計・機械学習と同様である．すなわち，学習データがある状況で**統計モデル**を準備し，さらに**学習手法**で統計モデルのパラメータを学習することで，学習データの情報を統計モデルに移す（図 3.3.1）．深層学習では，統計モデルとして**ディープニューラルネットワーク**（もしくは単にニューラルネットワーク）を用いる[*1]．これは数学的に定義される関数のモデルで，開発当時は人間の脳の仕組みを参考にしていたが，現在は独自の進化を遂げてもはや人間の脳の模倣とみなせる部分は少ない．学習手法としては，**確率的勾配降下法**

[*1] 深層ニューラルネットワーク，もしくは多層ニューラルネットワークと呼ばれることもある．

図 3.3.1 左は一般的なデータ分析の枠組み．学習データの情報を，学習手法を用いて統計モデルに移す．右はその一例としての深層学習．

およびその拡張を用いることが多い．学習に当たっては，ニューラルネットワークモデルに特有の問題を解決するために多くの工夫が凝らされる．以降では，このモデルと学習法について個別に詳しく解説する．

Memo 歴史：過去の AI ブームと深層学習の登場

　深層学習の基礎となるニューラルネットワークは，1940 年代から研究されてきた技術である．当時においてもこれらの技術は一定の成功を収め，AI ブームと呼ばれる現象を引き起こした．これは，ニューラルネットワークの原型となるパーセプトロンの研究（1950 年代〜）や後述する誤差逆伝播法（1980 年代〜）など，現在でも用いられる技術によって実現された．しかし，当時においては十分な精度を安定的に得るための学習やデータ処理の技術が不十分で，開発された AI は満足な性能を達成できず，次第に当時の AI 技術に対する期待は収束していった．

　再びニューラルネットワークに注目を与えたのが，計算機性能の向上やビッグデータ時代の到来である．大量のデータの取得・収集が容易になり，また計算機上の実験で新しい技術の試行錯誤が効率化したことで，かつてのニューラルネットワークの限界を突破するための技術開発が加速した．その結果，2010 年代のいくつかのデータ分析コンテストで，深層学習が高い性能を発揮することが報告された（図 3.3.2）．これを機に深層学習の性能が注目され，さらなる改善技術の開発と性能向上が加速するとともに，社会の多様な分野への応用がはじまった．これが新しい AI ブームの到来である．

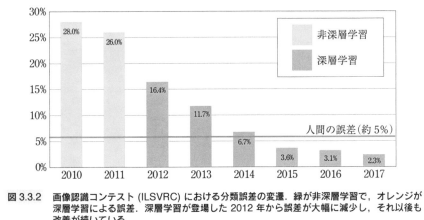

図 3.3.2 画像認識コンテスト (ILSVRC) における分類誤差の変遷. 緑が非深層学習で, オレンジが深層学習による誤差. 深層学習が登場した 2012 年から誤差が大幅に減少し, それ以後も改善が続いている.

- データ分析の多くは, データを分析するためのモデルとアルゴリズムで構成される.
- 深層学習では, モデルにニューラルネットワーク, アルゴリズムに確率的勾配降下法を用いる.

3.3.2 ニューラルネットワークの原理

目的 3.3.2 ニューラルネットワークの全体像とその構成要素を理解する.

a ディープニューラルネットワーク (DNN)

ディープニューラルネットワーク (deep neural network, DNN)は, 層と呼ばれる要素を複数重ねて構成される関数のモデルで, 深層ニューラルネットワークや多層ニューラルネットワークとも呼ばれる. 図3.3.3 は, 入力変数を出力変数に変換するディープニューラルネットワークの模式図である. 図の丸（ユニット）は変数を表現し, 左端と右端のユニットはそれぞれ入力変数と出力変数に対応する. ユニットどうしをつなぐ枝にはそれぞれ重みがあり, 変数の関連性の強さを表現する. ユ

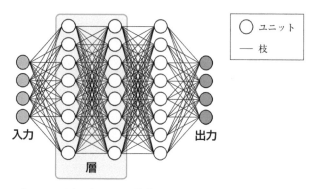

図 3.3.3 ディープニューラルネットワークの模式図. このニューラルネットワークは 4 つの層を持つ.

ニットの列とそれをつなぐ枝の集合を**層**と呼び, 特に入力変数に連なる層を入力層, 出力変数に連なる層を出力層と呼ぶ[*2].

ディープニューラルネットワークで構成される関数は, 数式で厳密に記述できる. ここでは, **全結合層**と呼ばれる最も基本的な層を説明する. ニューラルネットワークが H 個の層を持つとし, h 番目の層 $(h = 1, ..., H)$ で作る関数を $g_h : \mathbb{R}^{d_{h-1}} \to \mathbb{R}^{d_h}$ とする[*3]. ここで, $d_1, ..., d_{H-1}$ はネットワークの内部変数の次元に対応し, d_0 と d_H はそれぞれ入力変数と出力変数の次元と一致する. このとき, ニューラルネットワーク全体で作る関数 $f : \mathbb{R}^{d_0} \to \mathbb{R}^{d_H}$ は

$$f(\boldsymbol{x}) = g_H(g_{H-1}(\cdots(g_2(g_1(\boldsymbol{x})))))$$
$$= g_H \circ g_{H-1} \circ \cdots \circ g_2 \circ g_1(\boldsymbol{x}), \quad \boldsymbol{x} \in \mathbb{R}^{d_0} \qquad (3.3.1)$$

のように合成関数を用いて表現される[*4]. 入力された $x \in \mathbb{R}^{d_0}$ が 1 層目から順番に変換されていく様子を**順伝播**(feed-forward) と呼ぶ.

h 層の関数 $g_h(\cdot)$ の中身を見てみよう. $i = 1, ..., d_h$ と $j = 1, ..., d_{h-1}$ について, 傾きパラメータ $a_{i,j}^{(h)}$ と切片パラメータ $b_i^{(h)}$ を準備し, また**活性化関数** $\sigma : \mathbb{R} \to \mathbb{R}$ を考える (具体的な構成は後述). $g_h(\cdot)$ にベクトル $\boldsymbol{z} = (z_1, ..., z_{d_{h-1}})$ が入力さ

[*2] 層の呼び方には複数の流派があり, ユニットの列を層 (中間層もしくは隠れ層) と呼ぶ場合もある.

[*3] $\mathbb{R}$ は実数の集合を表し, $\boldsymbol{x} \in \mathbb{R}^d$ は $\boldsymbol{x}$ が d 次元の実数ベクトルであることを意味する. $f : \mathbb{R}^d \to \mathbb{R}^{d'}$ は, f が d 次元ベクトルを入力とし d' 次元ベクトルを出力する関数であることを意味する. 詳しくは 1.5 節参照.

[*4] $\circ$ は関数の合成を意味する記号で, 2 つの関数 f, g と入力 $\boldsymbol{x}$ に対して $f \circ g(\boldsymbol{x}) = f(g(\boldsymbol{x}))$ とする. 詳しくは 1.5 節参照.

れたとき，$g_h(\cdot)$ は以下のような長さ d_h のベクトルを出力する.

$$g_h(\boldsymbol{z}) = \begin{pmatrix} \sigma\left(\sum_{j=1}^{d_{h-1}} a_{1,j}^{(h)} z_j + b_1^{(h)}\right) \\ \vdots \\ \sigma\left(\sum_{j=1}^{d_{h-1}} a_{d_h,j}^{(h)} z_j + b_{d_h}^{(h)}\right) \end{pmatrix} \tag{3.3.2}$$

すなわち，入力された $\boldsymbol{z}$ を 1 次変換し，さらに活性化関数 σ で変換する．式 (3.3.2) の内容は行列を用いて簡潔に表現できる．パラメータを並べて作る大きさ $d_h \times d_{h-1}$ の行列 A_h と，長さ d_h のベクトル $\boldsymbol{b}_h$ を

$$A_h = \begin{pmatrix} a_{1,1}^{(h)} & \cdots & a_{1,d_{h-1}}^{(h)} \\ \vdots & \ddots & \vdots \\ a_{d_h,1}^{(h)} & \cdots & a_{d_h,d_{h-1}}^{(h)} \end{pmatrix}, \quad \boldsymbol{b}_h = \begin{pmatrix} b_1^{(h)} \\ \vdots \\ b_{d_h}^{(h)} \end{pmatrix}$$

のように定義する．また，ベクトル $\boldsymbol{z} = (z_1, ..., z_d)$ の各要素を活性化関数 $\sigma(\cdot)$ に入力して得られるベクトルを

$$\sigma(\boldsymbol{z}) = (\sigma(z_1), ..., \sigma(z_d))$$

のように記述する．こうすると，式 (3.3.2) の変換は

$$g_h(\boldsymbol{z}) = \sigma(A_h \boldsymbol{z} + \boldsymbol{b}_h), \quad \boldsymbol{z} \in \mathbb{R}^{d_{h-1}}$$

と書き換えられる．すなわち，パラメータを用いて入力されたベクトル $\boldsymbol{z}$ を線形変換したのち，活性化関数で追加的に変換する.

▶ b 活性化関数

　活性化関数は，データ分析者が自由に設定するものである．ほとんどの活性化関数は非線形な変換を表現し，パラメータによる線形変換の役割を補完する．代表的な活性化関数の例を図 3.3.4 に示す．層ごとに活性化関数を変えることは原理的には可能だが，適切な組合せを選ぶのにコストがかかるため，ディープニューラルネットワーク全体で共通の活性化関数を用いることが多い（ただし出力層を除く）．パラメータによる変換は値を変えることで柔軟に変えられるが，活性化関数は常に固定

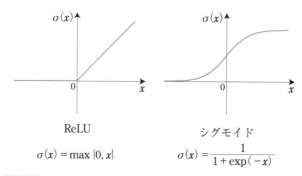

図 3.3.4　活性化関数の例．左は ReLU 関数で，右はシグモイド関数．

表 3.3.1　パラメータによる変換と活性化関数の役割の違い．

	パラメータ	活性化関数
変換	線形	非線形（多くの場合）
柔軟さ	可変	固定

されている（表 3.3.1）．

　最もよく使われる活性化関数は **ReLU 関数**（Rectified Linear Unit 関数）と**シグモイド関数**である（図 3.3.4）．ReLU 関数には，導関数の最大値が 1 になるという性質があり，これが学習を安定させる効果があることから頻繁に使われている．シグモイド関数は滑らかで導関数を計算しやすいという利点を持つ．

Memo　活性化関数の選択と関数表現能力

　活性化関数の選択は，ディープニューラルネットワークが表現できる関数の種類に影響を与える．1990 年ごろに証明された**普遍近似定理**は，活性化関数が 多項式ではないならば，十分な数のユニットを持つ 2 層のニューラルネットワークは，任意の連続関数を十分によい精度で近似できることを示した．この事実に基づいて，ReLU 関数やシグモイド関数などの多くの実用的な活性化関数が，最大値関数や指数関数を用いて定義され，非多項式になるように設計されている．

● c 出力層の設計

出力層 $g_H(\cdot)$ だけは，解く問題に応じて活性化関数を選択する必要がある．これ

は，ディープニューラルネットワークで構成する関数 f に求められる形式が，問題によって異なってくるためである．以下では，回帰と分類という代表的な問題について，どのような出力層の設計が必要になるかを説明する．

回帰 　回帰問題（出力が実数値の教師あり学習）の場合，ニューラルネットワークは実数を出力する．そのため，最終層には恒等活性化関数 $\sigma(\boldsymbol{x}) = \boldsymbol{x}$ を用いる．ReLU 関数やシグモイド関数を用いても実数を出力できるが，とれる値が非負の値や限定的な区間に制限されてしまうため，最終層だけは異なる活性化関数を用いる．

分類 　分類問題（出力がラベルの教師あり学習）の場合，ニューラルネットワークは入力値が k 個のラベルのどれに該当するかを表す確率ベクトルを出力する．すなわち，ニューラルネットワークによる関数 $f(\cdot)$ は長さ k のベクトル

$$f(\boldsymbol{x}) = (f_1(\boldsymbol{x}), \ldots, f_k(\boldsymbol{x}))$$

を出力し，かつそれらの値がすべての $j = 1, \ldots, k$ について $0 \leq f_j(\boldsymbol{x}) \leq 1$ および $\sum_{j=1}^{k} f_j(\boldsymbol{x}) = 1$ を満たすとする．これにより，0% から 100% までの値をとる確率とみなせる．

　この性質を満たすために，出力層の活性化関数として**ソフトマックス関数** $\mathrm{SoftMax}(\cdot)$ が用いられる．この関数は，k 次元のベクトル $\boldsymbol{z} = (z_1, \ldots, z_k)$ を入力すると，長さ k のベクトルを

$$\mathrm{SoftMax}(\boldsymbol{z}) = (p_1, \ldots, p_k), \quad p_j = \frac{\exp(z_j)}{\sum_{j'=1}^{k} \exp(z_{j'})}$$

のように出力する（$j = 1, \ldots, k$）．p_j は，指数関数 $\exp(\cdot)$ が常に非負であることから $0 \leq p_j \leq 1$ を満たし，また $\sum_{j=1}^{k} p_j = 1$ が成立する．よって，ソフトマックス関数を出力層に備えたニューラルネットワークは確率ベクトルを常に出力する．

ディープニューラルネットワークは，層の重ね合わせで関数を構成する．各層ではパラメータによる線形変換と活性化関数による非線形変換が行

われる.

- 出力層の工夫により，解くべき問題に応じた性質を関数に持たせられる.

➤ 3.3.3 パラメータの学習

目 的 3.3.3	データに基づいてディープニューラルネットワークのパラメータを学習させる方法を理解する.

　深層学習の目的は，ディープニューラルネットワークで構成する関数をデータに適合させ，データから情報を抽出したり予測を行ったりすることである.データに適合させる際には，適合の度合いを参考にパラメータを更新する.この適合の度合いの尺度となるのが**経験損失**であり，パラメータの更新に用いられるのが**確率的勾配降下法**（stochastic gradient descent, SGD）である.

◉ a 経験損失によるデータへの適合度

　データにモデルを適合させる様子を記述しよう.今，入力変数 x と出力変数 y の n 個のペア $(x_1, y_1), ..., (x_n, y_n)$ が観察されているとし，これを学習データと呼ぶ.次に，データに適合させるためのディープニューラルネットワークによる関数 (3.3.1) を考える.すべての層のパラメータの集合を $\theta = (A_1, b_1, A_2, b_2, ..., A_H, b_H)$ と記述し，式 (3.3.1) の関数を $f(x; \theta)$ と書く.続いて，損失関数 $\ell(y, x, f)$ を導入する.これは入力変数 x，出力変数 y，関数 f を同時に引数にとるもので，具体的な形は問題によって変わる.これらを用いて，あるパラメータ θ の経験損失を

$$L(\theta) = \frac{1}{n} \sum_{i=1}^{n} \ell(y_i, x_i, f(\cdot; \theta))$$

とする.これはパラメータ θ の学習データへの適合の悪さを示したもので，経験損失が小さいほど望ましい θ に近いことが予想される.この経験損失を小さくするパラメータを求めることを**経験損失最小化**と呼び，深層学習に限らず統計・機械学習で幅広く使われる.以下では，問題に応じた損失関数の具体例を挙げる.

回帰　回帰問題では，**2乗損失**がよく用いられる．出力変数 $\boldsymbol{y}_i$ がベクトルであり，またディープニューラルネットワークによる関数 $f(\cdot; \boldsymbol{\theta})$ も同じ長さのベクトルを出力するとする．このとき，関数の d 次元出力 $f(\boldsymbol{x}_i; \boldsymbol{\theta}) = (f_1(\boldsymbol{x}_i; \boldsymbol{\theta}), ..., f_d(\boldsymbol{x}_i; \boldsymbol{\theta}))$ と，観測された d 次元出力変数 $\boldsymbol{y}_i = (y_{i,1}, ..., y_{i,d})$ の差分の2乗ノルム

$$\ell(\boldsymbol{y}_i, \boldsymbol{x}_i, f(\cdot; \boldsymbol{\theta})) = \|\boldsymbol{y}_i - f(\boldsymbol{x}_i; \boldsymbol{\theta})\|^2 = \sum_{j=1}^{d} |y_{i,j} - f_j(\boldsymbol{x}_i; \boldsymbol{\theta})|^2$$

を損失として用いる（図 3.3.5）．差分の2乗を用いることは，差分の符号を気にしなくてもよくなるほか，微分を計算しやすくなったり，分散を計算しやすかったりするという利点がある．

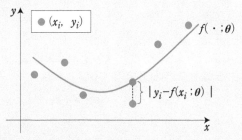

図 3.3.5　データ（青点）と関数（オレンジ線）の適合を測る様子（$d = 1$ の場合）．黒破線があるデータ点における差分を表す．

分類　分類問題では，**交差エントロピー損失**がよく用いられる．この問題では，出力変数 $\boldsymbol{y}_i$ は k 個のラベル候補の中から，正解ラベルを表す必要がある．このとき，$\boldsymbol{y}_i = (y_{i,1}, ..., y_{i,k})$ を長さ k のベクトルとし，正解レベルに該当する要素を 1，それ以外のすべての要素を 0 とする．このようなベクトルを**ワンホットベクトル** (one-hot vector) と呼ぶ．ニューラルネットワークの出力層は，3.3.2.c 項で示したように，ソフトマックス関数を用いて長さ k の確率ベクトル $(p_{i,1}, ..., p_{i,k})$ を出力するものとする．このとき，交差エントロピー損失は

$$\ell(\boldsymbol{y}_i, \boldsymbol{x}_i, f(\cdot; \boldsymbol{\theta})) = -\sum_{j=1}^{k} y_{i,j} \log p_{i,j}$$

となる. $\boldsymbol{y}_i$ がワンホットベクトルであることを用いると, 正解ラベル
が k^* であるとき, 交差エントロピー損失は $-\log p_{i,k^*}$ に等しい. す
なわち, p_{i,k^*} はディープニューラルネットワークが正解ラベルを予測
していた確率を表現しており, $p_{i,k^*} = 1$ ならば損失は $-\log 1 = 0$,
$p_{i,k^*} = 0$ ならば損失は $-\log 0 = \infty$ になる. ここで対数を用いる
のは, 確率の対数は情報量と呼ばれる出来事の希少さを表す尺度に
対応しており, 解釈が容易なためである.

● b 確率的勾配降下法によるパラメータの更新

3.3.3.a 項で定義した経験損失 $L(\boldsymbol{\theta})$ をもとに, これを小さくするパラメータ $\boldsymbol{\theta}$ を
計算する. 線形回帰のようなシンプルなモデルであれば解析的に解を求めることも
可能だが, ディープニューラルネットワークモデルは複雑なため, 計算機上で数値
解を求めるのが一般的である.

準備として, 確率的要素を持たない通常の**勾配降下法**を考えよう. 勾配降下法も,
経験損失を小さくする $\boldsymbol{\theta}$ を求める方法である. $\boldsymbol{\theta} = (\theta_1, ..., \theta_d)$ を d 次元ベクトル
とし, $L(\boldsymbol{\theta})$ の $\theta_j (j = 1, ..., D)$ による偏微分を ∂_{θ_j} と書く [*5]. ここで用いる方法
は, ある $\boldsymbol{\theta}$ のもとで, θ_j に関する $L(\boldsymbol{\theta})$ の勾配（傾き）を計算し, 勾配が正なら θ_j
を減少させる（勾配が負なら θ_j を増加させる）ものである（図 3.3.6）. 具体的には,

$$\theta_j \leftarrow \theta_j - \eta \partial_{\theta_j} L(\boldsymbol{\theta}), \quad j = 1, ..., d \tag{3.3.3}$$

という更新ルールを複数回繰り返すことで行われる [*6]. ここで $\eta(>0)$ は**学習率**と
呼ばれる更新の大きさを定めるパラメータである.

式 (3.3.3) の更新を, $\boldsymbol{\theta}$ のすべての要素について同時に実行する. $L(\boldsymbol{\theta})$ を $\theta_1, ..., \theta_d$
で偏微分したものを並べ, $L(\boldsymbol{\theta})$ の $\boldsymbol{\theta}$ に関する**勾配ベクトル**を,

---

[*5] 偏微分については 1.5.1 項も参照.
[*6] 記号 $x \leftarrow y$ は, 変数 x に右辺の値 y を新たに代入することを意味する.

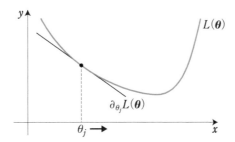

図 3.3.6 勾配降下法の様子．損失関数（青線）の θ_j に関する勾配（黒線）を計算する．この場合は勾配が負なので，θ_j を増加させれば損失の値は減少する．

$$\nabla L(\boldsymbol{\theta}) = \begin{pmatrix} \partial_{\theta_1} L(\boldsymbol{\theta}) \\ \vdots \\ \partial_{\theta_d} L(\boldsymbol{\theta}) \end{pmatrix}$$

と書く [*7]．これを用いると更新式 (3.3.3) を d 個のパラメータすべてに行う操作を

$$\boldsymbol{\theta} \leftarrow \boldsymbol{\theta} - \eta \nabla L(\boldsymbol{\theta}) \qquad (3.3.4)$$

とまとめて表記できる．経験損失関数がシンプルな形状を持つならば，更新されたパラメータは経験損失を最小にする点（**大域最小解**）に収束することが保証される．勾配降下法のアルゴリズムを以下に示す．

> **アルゴリズム 3.3.1** 勾配降下法のアルゴリズム
>
> 1. 初期値 $\boldsymbol{\theta}$ と学習率 η を定める．
> 2. パラメータを更新する：$\boldsymbol{\theta} \leftarrow \boldsymbol{\theta} - \eta \nabla L(\boldsymbol{\theta})$．
> 3. 2 を十分な回数繰り返し，得られた $\boldsymbol{\theta}$ を出力する．

◉ c 確率的勾配降下法（SGD）

確率的勾配降下法（stochastic gradient descent, SGD）は，勾配降下法に確率的な変動を加えたものである．具体的には，更新ごとに学習データから m 個の部分データを抽出し，それを用いて疑似的な経験損失を計算し，その損失の勾配でパラ

[*7] 勾配ベクトルについては 1.5.2 項も参照．

メータを更新する．この部分データを**ミニバッチ**，その個数 m を**バッチサイズ**と呼ぶ．m の値は，学習データに比べて大幅に少ない数を設定することが多い（例：$n = 60000$ に対して $m = 128$ など）．また，この抽出は復元抽出・非復元抽出のどちらも用いられる．n/m 回のパラメータ更新を1エポックと呼ぶ．確率的勾配降下法のアルゴリズムを以下に示す．ここでは学習率 η が一定であるように記述しているが，実際には繰り返し更新の途中で減衰するように設定することが多い．

　実際の学習においては，確率的勾配降下法を拡張した手法を用いることも多い．主な拡張点は，データ抽出による確率的変動の影響を軽減したり，学習率 η を自動的に調整したりする機構が組み込まれたりしていることである．特に学習率の調整は重要で，損失関数の形状に応じて学習率を変えることは学習の効率を大きく高める．代表的な手法として，モメンタム法，AdaDelta法，Adam法などが知られている．

アルゴリズム 3.3.2 確率的勾配降下法のアルゴリズム

1. 初期値 $\boldsymbol{\theta}$，学習率 η，バッチサイズ m を定める．
2. 学習データから m 個 $(\boldsymbol{x}'_1, \boldsymbol{y}'_1), ..., (\boldsymbol{x}'_m, \boldsymbol{y}'_m)$ を部分抽出する．
3. 抽出による損失 $L^{(m)}(\boldsymbol{\theta}) = \frac{1}{m} \sum_{i=1}^{m} \ell(\boldsymbol{y}'_i, \boldsymbol{x}'_i, f(\cdot; \boldsymbol{\theta}))$ を計算する．
4. パラメータを更新する：$\boldsymbol{\theta} \leftarrow \boldsymbol{\theta} - \eta \nabla L^{(m)}(\boldsymbol{\theta})$．
5. 2，3，4を十分な回数繰り返し，得られた $\boldsymbol{\theta}$ を出力する．

Memo 確率的勾配降下法の利点

　確率的勾配降下法による確率的なパラメータ更新には，学習のうえでの重要な利点が複数ある．1つ目は，**計算コストの削減**である．（非確率的な）勾配降下法の場合，勾配 $\nabla L(\boldsymbol{\theta})$ を計算するには n 個のデータすべてにアクセスする必要があるが，データの数が大きい場合にはこのアクセスを更新回数だけ行う必要があり，計算コストが大きくなる．対して確率的勾配降下法の場合は，一度の更新ではミニバッチの $m(< n)$ 個のデータだけ用いれば十分であるため，計算コストが削減される．

　2つ目は，**局所最適解からの脱出**である．ディープニューラルネットワークによる経験損失関数は，図 3.3.7 のように多くの浅い谷（局所最適解）を持つ形状をしている．この状況で勾配降下法を用いても，経験損失を最も小さくする深い谷（大域最適

解）に到達することは容易ではない．しかし確率的勾配降下法を用いると，更新ごとに経験損失関数が変動し，あたかもパラメータの更新にノイズが加わるような効果が生まれる．このノイズが何度も加わることにより，パラメータ更新の際に浅い谷を脱出して深い谷に移動する現象が一定確率で発生する．この確率的変動は，パラメータの更新を不安定にするというデメリットもあるが，浅い谷を脱出できるというメリットが上回るため，深層学習で盛んに用いられている．

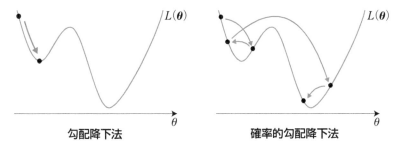

図 3.3.7 勾配降下法と確率的勾配降下法の比較．勾配降下法は浅い谷にとどまり，損失を十分に小さくできない場合がある．確率的勾配降下法は抽出による確率的変動により，一定の確率で浅い谷を抜け出して深い谷に移動する．

d 誤差逆伝播法による勾配計算

3.3.3.c 項では，勾配ベクトル $\nabla L(\boldsymbol{\theta})$ を計算できればパラメータの更新ができることを学んだ．そしてディープニューラルネットワークの勾配計算には，**誤差逆伝播法**（back-propagation）が用いられる．

準備として，2 つの事実を確認する．1 つ目は，経験損失は多くの関数の合成で書かれていることである．たとえば，i 番目のデータに関する 2 乗損失関数を $\ell_i(\boldsymbol{z}) = \|\boldsymbol{y}_i - \boldsymbol{z}\|^2$ と書くと，経験損失は

$$L(\boldsymbol{\theta}) = n^{-1} \sum_{i=1}^{n} \ell_i \circ f(\boldsymbol{x}_i; \boldsymbol{\theta}) = n^{-1} \sum_{i=1}^{n} \ell_i \circ g_H \circ g_{H-1} \circ \cdots \circ g_1(\boldsymbol{x}_i)$$

と書ける．$h = 1, ..., H$ について，h 層における出力を $\boldsymbol{z}_{i,h} = g_h \circ g_{h-1} \circ \cdots \circ g_1(\boldsymbol{x}_i)$ と表記する．2 つ目は，合成関数の微分は連鎖律により簡単に計算できることである．2 つの関数 $f(\cdot), g(\cdot)$ があるとき，その合成関数の微分 $(g \circ f)'(\boldsymbol{x})$ は各関数の

偏微分係数の積 $g'(f(\boldsymbol{x}))f'(\boldsymbol{x})$ と表される[*8].

この2つの事実より，$\nabla L(\boldsymbol{\theta})$ を損失関数と各層の関数の偏微分係数で表現できる．たとえば，$L(\boldsymbol{\theta})$ に1層目のパラメータ行列 A_1 に関する勾配ベクトルは

$$
\begin{aligned}
\nabla L(\boldsymbol{\theta}) &= \nabla \left(\frac{1}{n} \sum_{i=1}^{n} \ell_i \circ g_H \circ g_{H-1} \circ \cdots \circ g_1(\boldsymbol{x}_i) \right) \\
&= \frac{1}{n} \sum_{i=1}^{n} \ell_i'(\boldsymbol{z}_{i,H}) g_H'(\boldsymbol{z}_{i,H-1}) g_{H-1}'(\boldsymbol{z}_{i,H-2}) \cdots g_2'(\boldsymbol{z}_{i,2}) \nabla_{A_1} g_1(\boldsymbol{x}_i)
\end{aligned}
$$

と書ける．ここで，$g_h'(\boldsymbol{z})$ は h 層目（$h = 2, ..., H$）の関数 $g_h(\boldsymbol{z})$ の入力値 $\boldsymbol{z}$ による偏微分係数行列で，$\nabla_{A_1} g_1(\boldsymbol{x}_i)$ は1層目の関数 $g_1(\boldsymbol{x})$ のパラメータ A_1 による偏微分係数とする．さらにこれらの偏微分係数行列は，パラメータやデータを用いて容易に計算できる．たとえば2乗損失 $\ell_i(\boldsymbol{z}) = \|\boldsymbol{y}_i - \boldsymbol{z}\|^2$ の場合は $\ell_i'(\boldsymbol{z}_{i,H}) = -2(\boldsymbol{y}_i - \boldsymbol{z}_{i,H})$ である．さらに各層の偏微分係数は

$$
g_h'(\boldsymbol{z}_{i,h-1}) = (\sigma(A_h \boldsymbol{z}_{i,h-1} + \boldsymbol{b}_h))' = \sigma'(A_h \boldsymbol{z} + \boldsymbol{b}_h)(A_h \boldsymbol{z}_{i,h-1} + \boldsymbol{b}_h)' = D_h A_h
$$

と表現される．ただし D_h は対角行列で，対角成分は活性化関数 $\sigma(\cdot)$ の導関数が入る．これらの偏微分係数行列をかけ合わせることで，目的の損失の勾配ベクトル $\nabla L(\boldsymbol{\theta})$ を計算できる．

このような勾配表現は，複数のパラメータに関する勾配を計算するときに便利である．たとえば h 層目のパラメータに関する勾配を計算するには，$h+1$ から H 層目までの偏微分係数を用いる．続いて $h-1$ 層目のパラメータに関する勾配を計算するときには，追加的に h 層目の偏微分係数のみを計算してかけ合わせるだけでよい．このように，後のほうの層の偏微分係数を手前の層に伝播させて用いることから，この計算法は誤差逆伝播法と呼ばれる．

● e 学習用データと学習済みモデル

ディープニューラルネットワークの学習に使われるデータは，無料で公開・配布されていることが多い．典型的なものは MNIST（Modified National Institute of Standards and Technology）データベースで，手書きの数字が数万枚の画像としてまとめられている．この画像に書かれていた数字を予測する問題が，多くの機械学

[*8] 連鎖律および偏微分係数については 1.5.1 項および 1.5.2 項も参照．

習手法によって解かれている．これ以外にも，物体の写真・顔画像・自然言語・音声データなど，多くの典型的なデータ形式について，精度検証に適したデータベースが多くの研究者・研究機関によって整備され無料で公開されている．

　学習させた後のパラメータを，**学習済みモデル**として公開することもよく行われている．データやパラメータの数が多い深層学習では，学習に計算コストがかかるため，一般的な計算機では実行が困難になることも多い．その場合，すでに学習が終了したパラメータを直接配布することで，高性能な計算機環境がなくても深層学習が活用できる．さらに，その学習済みパラメータをわずかに更新することで，異なるデータを学習させることも可能である．

◉ f 深層学習と線形代数／微分積分との関係性

　深層学習を行ううえで，線形代数と微分積分は必須である．3.3.2.a 項で学んだように，各層は行列演算を用いてデータを変換する．またパラメータの学習や誤差逆伝播の部分では，勾配ベクトルを計算する際に微分が非常に多用される．特に複雑な活性化関数のもとで誤差逆伝播を行う場合，線形代数と微分積分の知識をおおいに活用する必要がある．加えて，予測精度を向上させる工夫を考えるうえでは，データ分布で期待値をとるなどの積分操作も重要になる．このように現代の AI 技術を支える知識として，線形代数・微分積分は非常に大きな役割を果たしている．

- 経験損失で，ニューラルネットワークとデータの適合の悪さを測る．
- 勾配降下法を用いて，経験損失を小さくするようにパラメータを更新する．
- 確率的勾配降下法には，計算コストと損失最小化の両面でメリットがある．
- 勾配ベクトルの計算は誤差逆伝播法を用いると簡単に行える．
- 線形代数・微分積分はとても大事．

➤ 3.3.4 ニューラルネットワークの拡張

> **目的**
> **3.3.4** 扱うデータの種類に即して拡張されたディープニューラルネットワークのうち,代表的なものを理解する.

◉ a 畳み込みニューラルネットワーク(CNN)

畳み込みニューラルネットワーク(convolutional neural network, CNN)は,画像を扱うのに適したニューラルネットワークである.画像は,画素(ピクセル)を平面上に並べたもので表現され,隣接したピクセルは似た色を持っているなどの特徴を持つことが多い.これらの特徴を抽出するために,畳み込みニューラルネットワークは**フィルタ**(もしくは**カーネル**)を用いて画像を変換する.

深層学習における畳み込みは,画像より小さなフィルタを準備して画像の一部に当て,フィルタと画像の該当部分の内積を計算するという処理を,フィルタを当てる場所を変えて繰り返す(図 3.3.8).具体的には,大きさ $d_1 \times d_2$ の画像 X に対して,$k_1 \times k_2$ の行列のフィルタ F があるとする.画像の左上端の $k_1 \times k_2$ 部分にフィルタを当てたとき,その部分の内積は $\sum_{p=1}^{k_1} \sum_{q=1}^{k_2} X_{p,q} F_{p,q}$ となる.さらにフィルタを横・縦に s の倍数だけ移動させ,X の別の場所で内積を計算する.これを画像 X 全体をカバーするまで繰り返して計算した内積を並べると,畳み込みは新しい画像 Y を $(d_1 + 1 - k_1)/s \times (d_2 + 1 - k_2)/s$ の行列として生成する.その i 行 j 列番目の成分は,フィルタを横方向に $i - 1$ 回,縦方向に $j - 1$ 移動させたと

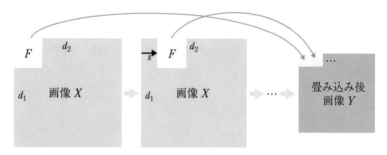

図 3.3.8 畳み込み処理の様子.画像(緑)の各場所にフィルタ(黄)を適用し,その部分の内積を計算する.この計算をフィルタを s だけ移動させて繰り返し,得られた値を並べたものを畳み込み後の画像として出力する.

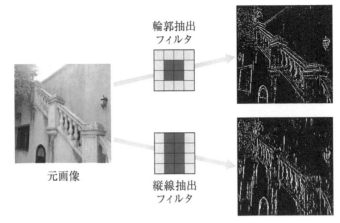

図 3.3.9 異なるフィルタが異なる情報を抽出する様子. 上のフィルタは輪郭を抽出するのに対し, 下のフィルタは縦線の抽出に特化している.
　　　（画像は筆者撮影）

きの内積の値

$$Y_{i,j} = \sum_{p=1}^{k_1}\sum_{q=1}^{k_2} X_{s(i-1)+p,s(j-1)+q} F_{p,q}$$

となる. ここでは, 行列 F の p 行 q 列目の要素を $F_{p,q}$ と書き, X, Y についても同様に記す. フィルタの移動幅 s はストライドと呼ばれる. また画像 X の周囲に空白の枠を追加する場合があり, これはパディングと呼ばれる. 畳み込みという名前の由来は, 数学の畳み込み積分に調整を加えて作られたことに由来する.

　畳み込み処理は, 画像からフィルタに応じた特定の形状を抽出する機能を持つ. 図 3.3.9 は, 異なるフィルタのもとで行われた畳み込みによって, 異なる画像が出力される様子である. 分析の目的（分類, 特定の部位の発見など）に応じてどの特徴に注目するべきかは異なるため, フィルタを変えることで多様な目的に対応できる.

　畳み込みニューラルネットワークは畳み込み層によって構成され, 1 つの畳み込み層はそれぞれ複数のフィルタを持つ. そのフィルタの数を**チャンネル数**と呼ぶ. すなわち, 各畳み込み層は $k_1 \times k_2$ のフィルタ $F_1, ..., F_c$ をチャンネル数 c だけ準備して畳み込み処理を行う.

　これらのフィルタは, 通常の全結合層のパラメータと同様に, 確率的勾配降下法を用いて経験損失を小さくするように学習する. これには重要な役割があり, デー

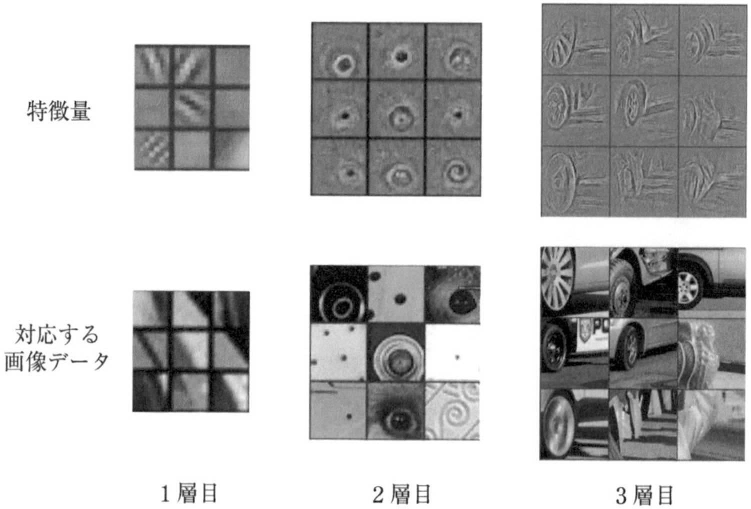

特徴量

対応する
画像データ

1層目　　　　　　　2層目　　　　　　　3層目

図3.3.10　複数の畳み込み層を持つ畳み込みニューラルネットワークによって抽出された特徴量を可視化したものと，その特徴量に対応する画像データ．1,2層目では輪郭や形状などの単純な特徴量が，3層目ではタイヤなどの複雑な特徴量が抽出されている．
（画像は文献2) より引用）

タ分析者が画像から抽出するべき特徴を知らなくても，フィルタが目的の情報を得られるように訓練される．これらの過程で選択され抽出された情報を**特徴量**と呼ぶ．図3.3.10は，物体の画像を畳み込みニューラルネットワークで解析した際の特徴量を可視化したもので，層を経るごとに画像の性質に応じた複雑な特徴量が抽出できるようにフィルタが学習されていることがわかる．

　畳み込みニューラルネットワークでは，畳み込み層の後に**プーリング**という画像の解像度を下げる処理が行われることが一般的である．代表例である**最大値プーリング**では，画像を小領域に分割したのち，その小領域内での最大値を用いて解像度を下げる．**平均値プーリング**では，小領域内の値の平均値を用いる．

b　リカレントニューラルネットワーク（RNN）

　リカレントニューラルネットワーク（recurrent neural network, RNN）は，系列データを扱うニューラルネットワークである．系列データとは，$X = (\boldsymbol{x}^1, \boldsymbol{x}^2, ..., \boldsymbol{x}^T)$のように$T$個の変数の列で表されるデータの形式であり，$t = 1, ..., T$を時刻と呼ぶ．具体例としては，$T$日間の株価のデータや$T$個の単語の列からなる文章データ

などがあり, t 番目の変数 $\boldsymbol{x}^t$ はその前の変数 $\boldsymbol{x}^{t-1}$ に依存するという性質がある. リカレントニューラルネットワークは, この時刻に関する依存関係を抽出して表現する構造を持つ.

長さ T の系列データ $X = (\boldsymbol{x}^1, \boldsymbol{x}^2, ..., \boldsymbol{x}^T) \in \mathbb{R}^{d_x \times T}$ を入力とし, 同様に長さ T の系列データ $Y = (\boldsymbol{y}^1, \boldsymbol{y}^2, ..., \boldsymbol{y}^T) \in \mathbb{R}^{d_y \times T}$ を出力するリカレントニューラルネットワークを考えよう. 各 $\boldsymbol{x}^t$ と $\boldsymbol{y}^t$ はそれぞれ d_x 次元および d_y 次元のベクトルで, 各時刻 t で $\boldsymbol{x}^t$ を入力するたび $\boldsymbol{y}^t$ を出力するものとするが, 実際はより柔軟に決定できる.

リカレントニューラルネットワークは時間依存性を表現するために, 時刻 t ごとに d_z 次元の内部変数 $\boldsymbol{z}^t \in \mathbb{R}^{d_z}$ を持ち, これは同時刻の入力変数 $\boldsymbol{x}^t$ および前の時刻の内部変数 $\boldsymbol{z}^{t-1}$ によって定まる. すなわち, パラメータ行列 $A_1 \in \mathbb{R}^{d_x \times d_z}$ および $A_2 \in \mathbb{R}^{d_z \times d_z}$ を用いて

$$\boldsymbol{z}^t = \sigma(A_1 \boldsymbol{x}^t + A_2 \boldsymbol{z}^{t-1}), \quad t = 1, ..., T$$

に従って計算される. $\sigma(\cdot)$ は 3.3.2 項と同様の活性化関数で, ここでは足されるパラメータベクトルは省略されている. また, $\boldsymbol{z}^1$ の計算に用いられる初期値 $\boldsymbol{z}^0$ はゼロベクトルとすることが多い. こうして作られた $\boldsymbol{z}^t$ とパラメータ行列 $A_3 \in \mathbb{R}^{d_z \times d_y}$ を用いて, 出力変数を

$$\boldsymbol{y}^t = \sigma(A_3 \boldsymbol{z}^t), \quad t = 1, ..., T$$

のように出力する (図 3.3.11). $\boldsymbol{z}^t$ が $\boldsymbol{z}^{t-1}$ に依存していなければ時刻 t ごとに通常の 2 層のディープニューラルネットワークを用いることに等しいが, $\boldsymbol{z}^t$ の依存性を導入することで系列データの時刻依存性を抽出している. なお, 層の数を増やすことも可能である.

リカレントニューラルネットワークで扱う時間依存性は, 複数の時刻をまたぐと減衰していくため, 長時間にわたる依存性の表現は得意ではない. たとえば, 長い文章データの冒頭の単語が, 文章末尾の単語に与える影響の解析は難しい. この問題を解決するために, 長期的な時間の構造を保存できるような, リカレントニューラルネットワークの拡張版が多く開発された. その代表例が, **長期短期記憶** (long-short term memory, LSTM) や**ゲートつき回帰ユニット** (gate recurrent unit, GRU) である. これらのネットワークは情報を長期的に保存するためのメカニズムを持ち, 必要に応じて情報を読み書きできる. これらの工夫により, 長い文章や長期間にわ

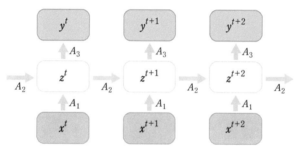

図 3.3.11　リカレントニューラルネットワークの図．時刻 t ごとに y^t を出力することに加えて，中間の変数 z^t が前の時刻に影響される．

たる時系列データの解析の精度が向上した．

⚫ c グラフニューラルネットワーク（GNN）

グラフニューラルネットワーク（graph neural network, GNN）は，グラフの形で表現されるデータを扱う．グラフとは k 個のノード集合 $\mathcal{V} = \{v_1, ..., v_k\}$ とエッジ（枝）集合 $\mathcal{E} = \{e_{v,v'} : v, v' \in \mathcal{V}\}$ で表現されるもので，グラフデータにおいてはノード $v \in \mathcal{V}$ に付随する d 次元の特徴量ベクトル $x_v \in \mathbb{R}^d$ を持つことが多い．グラフデータは，SNS ユーザーのネットワーク，化学物質の分子構造，遺伝子発現の相互関係など多くのデータを表現できる（図 3.3.12）．

H 層を持つグラフニューラルネットワークは，$h = 1, ..., H$ ごとに d 次元の状態変数 $z_v^{(h)} \in \mathbb{R}^d, v \in \mathcal{V}$ を持ち，これらを入力されたグラフ上の特徴量 $\{x_v\}_{v \in \mathcal{V}}$ から計算する．代表例として**グラフ畳み込みネットワーク**の計算方法を紹介しよう．

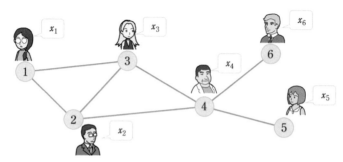

図 3.3.12　グラフデータの例．ノード v（緑円）が人物，エッジ e（青線）が人物間の交友関係，各ノード v に付随する特徴量 x_v が各人物の個人情報を表す．

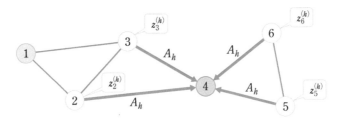

図 3.3.13　グラフ畳み込みネットワークでノード 4 の状態を更新する様子．グラフの隣接情報を使い，ノード 4 に隣接しているノード 2, 3, 5, 6 の状態を用いて更新を行う．

入力変数を $z_v^{(0)} = x_v$ とし，$A_h \in \mathbb{R}^{d \times d}$ を $h = 1, ..., H$ 層のパラメータ行列とする．h 番目の状態変数 $\{z_v^{(h)}\}_{v \in \mathcal{V}}$ は以下の更新式で再帰的に計算される．

$$z_v^{(h+1)} = \sigma \left(\sum_{v' \in \mathcal{N}_v} \frac{1}{\sqrt{\deg(v)\deg(v')}} A_h z_{v'}^{(h)} \right)$$

ここで，$\mathcal{N}_v \subset \mathcal{V}$ はノード v とエッジで直接結ばれているノードの集合，$\deg(v)$ はノード v とつながっているエッジの数を示す．この更新式により，状態変数はグラフが持つノードの隣接関係を用いて更新され，得られた最後の状態変数 $\{z_v^{(H)}\}_{v \in \mathcal{V}}$ がグラフニューラルネットワークの最終的な出力となる．この更新の様子を図 3.3.13 に示す．

◉ d アテンション機構とトランスフォーマー

アテンション機構（attention mechanism）はニューラルネットワークに組み込まれる計算機構で，データ・特徴量から重要なものをピンポイントに選択する機能を持つ．この機能は，膨大で冗長なデータの中から必要な情報を的確に抽出するうえで非常に重要であり，現代の高精度な深層学習を実現するうえで高い注目を集めている．

今，ニューラルネットワークが情報源となる k 個の変数 $z_1, ..., z_k \in \mathbb{R}^d$ を持ち（データ・特徴量など），その中からクエリ変数 $q \in \mathbb{R}^d$ と最も関連性の高いものを選択したいとする．この変数 $z_1, ..., z_k$ をソース変数と呼ぶ．このとき，関連性を表現するパラメータ行列 $A \in \mathbb{R}^{d \times d}$ を与えたうえで，z_k と q の関連度を

$$r(z_j, q) = \frac{z_j^\top A q}{\sqrt{d}}, \quad j = 1, ..., k$$

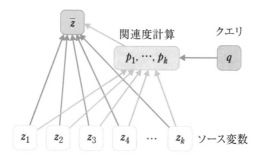

図 3.3.14 アテンション機構を用いて，ソース変数から情報を抽出するネットワーク図.

のように計算する．A は後から訓練することが可能であり，また $\sqrt{d}$ で割るのはソース変数の次元が高いときに関連度 $r(\boldsymbol{z}_j, \boldsymbol{q})$ が大きくなりすぎるのを防ぐためである．次に，この関連度をソフトマックス関数で

$$p_j = \frac{\exp(r(\boldsymbol{z}_j, \boldsymbol{q}))}{\sum_{j'=1}^{k} \exp(r(\boldsymbol{z}_{j'}, \boldsymbol{q}))}, \quad j = 1, ..., k$$

のように正規化[*9]し，これを用いた変数の加重平均 $\bar{\boldsymbol{z}} = \sum_{j=1}^{k} p_j \boldsymbol{z}_j$ を計算する（図 3.3.14）．$\bar{\boldsymbol{z}}$ は，$\boldsymbol{q}$ と関連度の高い変数 $\boldsymbol{z}_k$ の情報が重点的に反映されており，予測の精度を高めるうえで重要である．クエリはターゲットとも呼ばれる．またソース変数をターゲットとみなし，ソース変数ごとに $\bar{\boldsymbol{z}}$ を計算する場合，アテンション機構を特に**セルフアテンション**と呼ぶ．

　アテンション機構をはじめて用いたのは自然言語処理の分野で，入力された大量の単語の中から質問と関連度の高いものをアテンション機構で選択し，適切な文章の解析や質問応答を可能にした．この後，言語処理以外の分野でもアテンション機構は広く使われている．

　アテンション機構を活用した新しいニューラルネットワークが**トランスフォーマー**（transformer）である．トランスフォーマーは，アテンション機構で用いられたクエリ変数 $\boldsymbol{q}$，正規化した関連度 $p_1, ..., p_k$，加重平均に用いるソース変数 $\boldsymbol{z}_1, ..., \boldsymbol{z}_k$ の 3 つの要素を異なるパラメータによる変換で個別に生成する．これらを用いて加重平均を作る処理を**マルチヘッドアテンション**と呼び，これに複数の計算を加えたブロックの繰り返しでトランスフォーマーを構成する．当初は自然言語処理の分野

[*9] 変数のスケールを調整すること．ここでは，$0 \leq p_j \leq 1$ かつ $\sum_{j=1}^{k} p_j = 1$ となるように関連度 $r(\boldsymbol{z}_j, \boldsymbol{q})$ を変換する処理を指す．

での高い性能が注目を集めたが，その後は画像処理や分子構造予測などの分野でも
その有用性が確認され，多様な領域での応用が進んでいる．

 まとめ
3.3.4
- データの構造に応じて，さまざまなニューラルネットワークがある．
- 画像には CNN，自然言語や系列データには RNN，グラフには GNN を用いる．
- アテンション機構やトランスフォーマーが注目されている．

➤ 3.3.5 発展的トピック

目的 深層学習のさらなる応用や，関連する発展的なトピックを理解する．
3.3.5

◎ a 敵対的生成ネットワーク（GAN）

生成モデルとは，観測されたデータをもとに類似するデータを生成する教師なし
学習の技術で，代表的なものが**敵対的生成ネットワーク**（generative adversarial
network, GAN）である．図 3.3.15 に，生成のもとになった実際の画像データと，
それをもとに生成された架空の画像データを示す．これらのデータは人間の顔画像
の特徴を適切にとらえ，実在するかのようなデータを生成できている．敵対的生成
ネットワークやその拡張技術を学習させると，このような架空のデータを無制限に
生成できるようになる．

問題の定式化に当たり，敵対的生成ネットワークを構成する要素を列挙する． n

実際の画像 　　　　　　　　　　 生成された架空の画像

図 3.3.15　実際の画像データ（左・ n 個）と，それをもとに生成された画像（右・ m 個）．
（文献 1) より引用）

個の k 次元観測データ $\boldsymbol{x}_1, ..., \boldsymbol{x}_n \in \mathbb{R}^k$ が得られたとし，敵対的生成ネットワークは 2 つのニューラルネットワークの組合せで m 個の画像を生成する．1 つ目のニューラルネットワークは**生成器** $g : \mathbb{R}^d \to \mathbb{R}^k$ で，m 個の d 次元人工ノイズ $\boldsymbol{z}_1, \boldsymbol{z}_2, ..., \boldsymbol{z}_m \in \mathbb{R}^d$ を生成データに変換する．ノイズは d 変量正規分布などのシンプルなものが多い．2 つ目は**識別器** $f : \mathbb{R}^k \to \mathbb{R}$ で，観測データもしくは生成データを入力したときに，それが観測データである確率を出力しその真贋を判定する．

では，このデータ生成問題を数学的に定式化しよう．生成器は，識別器が生成データだと判定できないようなリアルなデータを生成するように学習し，識別器は生成器に騙されないように正しく観測データを判定できるように学習する．このように 2 つのニューラルネットワークが敵対する関係は，以下のようなミニマックス最適化問題で表現される．

$$\min_g \max_f \left\{ \frac{1}{n} \sum_{i=1}^n \log f(\boldsymbol{x}_i) + \frac{1}{m} \sum_{j=1}^m \log(1 - f(g(\boldsymbol{z}_j))) \right\} \quad (3.3.5)$$

式 (3.3.5) の 1 項目は識別器が観測データ $\boldsymbol{x}_i$ を正しく判定する確率の対数の平均で，2 項目は識別器が生成器による生成データ $g(\boldsymbol{z}_j)$ を偽物だと判断する確率の対数の平均である．識別器はこの値を最大化するように，生成器はこれを最小化するように，それぞれのパラメータを学習する（図 3.3.16）．この生成器と識別器が互いを騙し合うよう学習することにより，結果的に高い生成能力を持つ生成器が得られる．この生成器 $g(\cdot)$ に新たなノイズを入力することで，生成データを無数に作れる．

式 (3.3.5) で与えられたミニマックス最適化問題は，計算機上ではアルゴリズムの収束に時間がかかったり，ときには失敗が多いことが知られている．この問題を解決するため，確率的勾配降下法を安定させるための正則化項や，異なる損失関数を用いた新しい最適化問題などが多数提案されている．

図 3.3.16　敵対的生成ネットワークの図．観測データと生成器による生成データを識別器が分類する．

生成器の獲得とその応用

　敵対的生成ネットワークの利点は，単にデータを生成できるというだけでなく，データの特徴を細かく表現する生成器を獲得できることである．これを用いると，既存のデータに所望の性質を付加したり，複数のデータの性質を混ぜ合わせたりと，複雑な操作が実現できる．有名な例は CycleGAN で，2 種類の敵対的生成ネットワークを組み合わせることで，画像の性質を変換できる生成器を獲得する（図 3.3.17）．

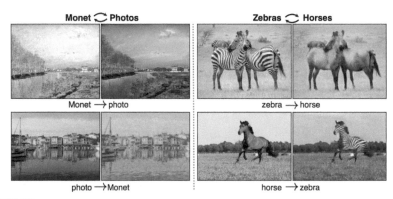

図 3.3.17　CycleGAN の出力結果．写真を画像にしたり，シマウマを馬に変換したりといった操作ができる．
（文献 3) より引用）

　敵対的生成ネットワークは，画像以外の多様なデータに使えるため，さまざまな応用に使われつつある．たとえば，目的の機能を持った分子構造を大量に生成することで新しい薬品を開発したり，望ましい性質を持った新物質を作ることで新しい材料を作ったりなど，産業的な実用を見据えた応用が進展している．

b　深層強化学習

　強化学習は，本節で扱ってきた教師あり学習・教師なし学習とは異なる枠組みで，学習の主体が能動的に動いてデータを集めつつ，主体の動き方のルールを学習するものである．たとえば囲碁を強化学習の問題としてとらえると，学習の主体である棋士は勝利を目指して手を指す．この指した手に応じて盤面は変化するため，新しい盤面が得られるごとに棋士は新しい手を模索する．強化学習は深層学習の登場以

前から独自に発展してきた領域だが，深層学習を導入することでより発展的な学習が可能になった．

まず強化学習の枠組みを導入する[*10]．学習の主体を**エージェント**と呼び，エージェントは**状態** s を持ち，かつ状態に応じて**行動** a を起こす．起こりうるすべての状態を状態空間 S，とりうる行動の選択肢を行動集合 A と記す．エージェントが自らの状態 s に基づいて行動 a を決定すると，それに基づいてエージェントは**報酬** $r \in \mathbb{R}$ を受けとり，またエージェントの状態は新しい状態 $s' \in S$ に**遷移**する．これらのエージェントをとりまくさまざまな要因を**環境**と呼び，報酬関数 $r : S \times A \to \mathbb{R}$ および遷移確率 $P : S \times S \times A \to [0,1]$ によって記述される．エージェントが状態に基づいて行動を決めるルールを**方策**と呼び，ここでは確率的方策関数 $\pi : A \times S \to [0,1]$ に従って行動が決定されるとする．この枠組みの全体像を図 3.3.18 に，実現象におけるエージェント・環境の例を表 3.3.2 に示す．

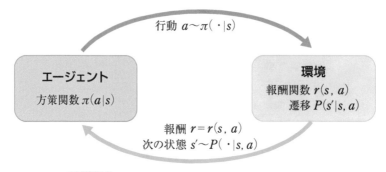

図 3.3.18 強化学習におけるエージェントと環境の関係性．

表 3.3.2 強化学習の枠組みで実現象をとらえた場合の一例．

例	囲碁	マーケティング戦略
エージェント	棋士	広告戦略担当
状態	盤面	商品の知名度
行動	指せる手	広告の種類・量
報酬	盤面の形勢変化	売上から広告費用を引いたもの
遷移	相手の手による盤面変化	広告による知名度の向上

[*10] ここでは，方策および状態遷移がマルコフ性（過去の状態に依存しない）を持ち，かつ方策が確率的であるという設定を紹介している．これ以外の設定としては，履歴依存の方策・状態遷移や，非確率的な方策を考えることがある．

　強化学習の目的は，ある環境のもとで適切な方策を学習することである．具体的には，強化学習の枠組みを繰り返すことで無限長の状態・行動の列 $\{(s_t, a_t)\}_{t=0}^{\infty}$ が生成される状況を考え[*11]，このもとでのエージェントの将来にわたる報酬の割引つき和の期待値

$$\mathbb{E}_\pi \left[\sum_{t=1}^{\infty} \gamma^t r(s_t, a_t) | s_0 \right]$$

を定義する．ここで $\gamma \in (0, 1)$ は割引率と呼ばれる所与の値である．この値を最大化する方策関数 $\pi(a|s)$ を学習する[*12]．

　上記の目的を達成する方法の1つに **Q 学習** がある．これは，ある状態 s のもとで行動 a を選択したとき，その状況で将来的に得られる報酬和の期待値を計算し，それを用いて方策を計算する方法である．その報酬和の期待値として，**Q 関数** と呼ばれる関数 $Q : S \times A \to \mathbb{R}$ を

$$Q(s, a) = \mathbb{E}_\pi \left[\sum_{t=1}^{\infty} \gamma^t r(s_t, a_t) | s_0 = s, a_0 = a \right]$$

と定義し，これをアルゴリズムで計算する．この $Q(s, a)$ の値がわかれば，将来を見越した最適な行動が決定できるため，最適な方策を容易に求められる．Q 関数を計算する枠組みは深層学習の登場以前から数多く提案されており，その1つが観測系列 $(s_t, a_t), t = 1, 2, \dots$ 上での TD（temporal difference）誤差

$$r(s_t, a_t) + \gamma \max_{a' \in A} Q(s_{t+1}, a'; \boldsymbol{\theta}) - Q(s_t, a_t) \tag{3.3.6}$$

の最小化である．TD 誤差は Q 関数が満たすべき方程式からの逸脱度を表す値で，この誤差を小さくするように Q 関数を更新していけば，Q 関数は目的である報酬和の期待値に収束する．

Memo　強化学習アルゴリズムの全体像

　強化学習の目的を達成するために，非常に多様なアルゴリズムが開発されてきた（図3.3.19）．どのアルゴリズムが有効かは具体的な問題設定に依存する．

[*11] 有限長の状態・行動の列を考えることもあるが，その場合は無限長の設定の修正で対応できる．
[*12] $\mathbb{E}_\pi[\cdot]$ は確率的方策 $\pi(a|s)$ のもとでの期待値を意味する．

環境が既知か否かは，問題設定の中でも特に大きな要因となる．環境を構成する報酬関数 $r(s, a)$ や状態の遷移確率 $P(s'|s, a)$ が事前にわかっていれば，動的計画法という枠組みに入るアルゴリズムが有効である．ただし，複雑な実現象を扱う場合は環境が既知であることは少ないため，別の手法が必要となる．

環境が未知である場合は，環境をデータから直接推定するモデルベース型の方法と，エージェントの探索を活用して方策を最適化するモデルフリー型の方法がある．その中の代表的なアプローチとして TD 法（temporal difference 法）があり，その中の一手法として Q 学習がある．深層強化学習の代表例である Deep Q-Network（DQN）は，Q 学習にディープニューラルネットワークを導入したものである．

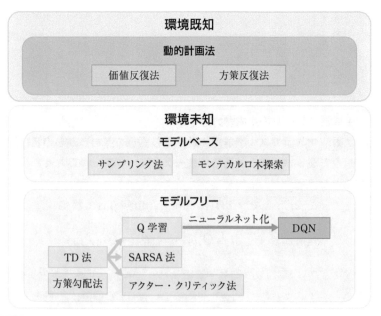

図 3.3.19 強化学習のアルゴリズム例とその全体像．非常に多くのアルゴリズムが知られている．深層強化学習の代表である Deep Q-Network（DQN）は Q 学習の拡張に当たる．

深層強化学習（deep reinforcement learning）は，従来の強化学習の枠組みに，ディープニューラルネットワークモデルを導入したものである．代表的な方法に，Deep Q-Network（DQN）がある．これは Q 関数をニューラルネットワークで表

現し，そのパラメータを損失関数の最小化で学習する．具体的には，パラメータ $\boldsymbol{\theta}$ を持つニューラルネットワークによる Q 関数を $Q(s, a; \boldsymbol{\theta})$ と定義する．また，すでにこれまでエージェントが体験した状態 s，行動 a，報酬 $r = r(s, a)$ および次時刻の遷移先 s' の組 (s, a, r, s') の集合を D とする．そして $\boldsymbol{\theta}$ の損失を

$$L(\boldsymbol{\theta}) = \frac{1}{|D|} \sum_{(s,a,r,s') \in D} \left\{ r + \gamma \max_{a' \in A} Q(s', a'; \boldsymbol{\theta}) - Q(s, a; \boldsymbol{\theta}) \right\}^2$$

のように TD 誤差 (3.3.6) の 2 乗和で定める．この損失を最小化する $\boldsymbol{\theta}$ を勾配降下法で計算し，目的の Q 関数を学習する．TD 誤差の最小化は深層学習とは関係なく定義できるが，実際の Deep Q-Network ではニューラルネットワークの学習を安定させるために多くの工夫が必要となる．具体的には，損失関数や報酬関数の設計を調整したり，エージェントが体験した状態の記録方法を変更したりするなどの措置がとられる．

 ・GAN は，識別器と生成器が互いに争うように学習させることを通じて，生成器にデータの生成能力を与える．

・深層強化学習では，状態・行動や価値関数を用いる既存の強化学習の枠組みに則り，一部の要素をニューラルネットワークで表現する．

参 考 文 献

1) Tero Karras, Samuli Laine, and Timo Aila. A style-based generator architecture for generative adversarial networks. In *Proceedings of the IEEE/CVF Conference on Computer Vision and Pattern Recognition*, pages 4401–4410, 2019.

2) Matthew D Zeiler and Rob Fergus. Visualizing and understanding convolutional networks. In *European Conference on Computer Vision*, pages 818–833. Springer, 2014.

3) Jun-Yan Zhu, Taesung Park, Phillip Isola, and Alexei A Efros. Unpaired image-to-image translation using cycle-consistent adversarial networks. In *Proceedings of the IEEE International Conference on Computer Vision*, pages 2223–2232, 2017.

➤ 3.3節　練習問題

3.3.1　全結合層で構成されるディープニューラルネットワークを考える．すべての層の活性化関数が恒等活性化関数 $\sigma(\boldsymbol{x}) = \boldsymbol{x}$ であるとする．1層当たりの枝の数を一定にしたまま層の数 H を増やしたとき，ディープニューラルネットワークによる関数 $f(\boldsymbol{x})$ にどのような変化が起こるか．次のうち常に誤っているものを1つ選べ．

① より複雑な関数を表現できるようになる．
② 順伝播に必要な計算時間が増加する．
③ 誤差逆伝播法に必要な計算時間が増加する．
④ 確率的勾配降下法の収束に必要な更新回数が増加する．

3.3.2　D 次元ベクトル $\boldsymbol{z} = (z_1, ..., z_d) \in \mathbb{R}^d$ を入力するソフトマックス関数の $j(= 1, .., d)$ 番目の出力を

$$s_j(\boldsymbol{z}) = \frac{\exp(z_j)}{\sum_{j''=1}^{d} \exp(z_{j''})}$$

のように書く．このとき，$s_j(\boldsymbol{z})$ を $z_{j'}$ で偏微分したものを選べ（$j' = 1, ..., d$）．ただし $j \neq j'$ とする．

① $s_j(\boldsymbol{z})$
② $s_j(\boldsymbol{z})(1 - s_j(\boldsymbol{z}))$
③ $s_{j'}(\boldsymbol{z})(1 - s_{j'}(\boldsymbol{z}))$
④ $-s_j(\boldsymbol{z})s_{j'}(\boldsymbol{z})$

3.3.3　確率的勾配降下法（もしくは勾配降下法）において，学習の途中で学習率を増加させるのがふさわしいのはどのようなときか．最も適切なものを1つ選べ．

① パラメータの更新1回当たりの計算コストを減らしたいとき．
② 誤差逆伝播による勾配計算の実行時間を減らしたいとき．
③ 損失関数が平坦になっている領域を迅速に脱出したいとき．
④ 大域最適解が近くにある状況で効率的に最適解に至りたいとき．

3.3.4 敵対的生成ネットワークで画像を生成する問題を考える．畳み込み層を敵対的生成ネットワークに導入するとしたら，生成器と識別器のそれぞれに導入するのが適切かを，以下の選択肢から選べ．

① 生成器と識別器の両方に導入するべきである．
② 生成器のみに導入するべきである．
③ 識別器のみに導入するべきである．
④ どちらにも導入するべきではない．

3.3.5 学生をエージェントとして，勉強して学力を高め試験での合格を目指す問題を強化学習の枠組みでとらえる．このとき，強化学習における状態・行動・報酬はそれぞれ何に該当するか，以下の組合せから適切なものを選べ．

① 状態：学力，行動：費やす勉強時間，報酬：試験の合否
② 状態：費やす勉強時間，状態：試験の合否，報酬：学力
③ 状態：試験の合否，行動：費やす勉強時間，報酬：学力
④ 状態：学力，行動：試験の合否，報酬：費やす勉強時間

{ 3.4 }

ロボット，認識，言語

キーワード 認識技術の活用事例，パターン認識，特徴抽出，識別，数字認識，文字認識，画像認識，音声認識，自然言語処理の活用事例，形態素解析，単語分割，係り受け解析，*n*-gram，知識表現，オントロジー，意味ネットワーク，知識グラフ，AI とロボット，家庭用ロボット，産業用ロボット，サービスロボット，自動化機械，センサ，アクチュエータ，シーケンス制御，フィードバック制御，ジェスチャー認識

➤ 3.4.1 ロボットとAI

目的 3.4.1 ロボットの運動学習の原理，およびデータサイエンス・AI の数理に接点があることを理解する．

▶ **a** ロボットの身体と運動データ・制御

　AI とロボット（AI and robot）の定義は拡大してきている．自動車，社会・家庭インフラや産業用工作機などが機械としての身体を持ち，情報や制御と一体になって広く世の中で使われる時代に差しかかっている．実体のない情報と物理的身体の機械が融合したシステムの代表例にロボットがある．

　従来，工場ラインで人間が行っていた組立や検査作業を機械が代わりに行う**自動化機械**（machine automation）は，実用化されたロボットの代表例である．**産業用ロボット**（industrial robot）として出発したロボットの開発は，単に人間の作業を代替する機械の枠を超え，**サービスロボット**（service robot），**家庭用ロボット**（home robot）へ発展しつつある．人間の身体骨格を模擬したヒューマノイドロボットや私たちの心を癒やしてくれるペットロボットなど日常生活に浸透してきている．人間に装着したロボットが力仕事の作業を支援するアシストスーツ，アクセル・ブレーキ・ハンドル操作を運転者に代わり機械が行う自動運転車などのさまざまな形態へと

ロボット技術は進化し続けている．ロボットの感覚器を担う**センサ**（sensor），モータのような駆動部に相当する**アクチュエータ**（actuator）などのハードウェアの進化，さらに頭脳となるコンピュータの計算処理能力の向上や計算アルゴリズムの高度化およびネットワーク通信の高速化などに代表されるロボットの基盤技術が，機械がデータ共有しながら作動する Internet of Things（IoT）などの技術発展の背景にある．

　機械やロボットを目標の状態になるように操作することを制御といい，代表的な制御として**シーケンス制御**と**フィードバック制御**が挙げられる．シーケンス制御は，決められた順に各工程を実施する制御方式である．洗濯機を例にすると，「ドラムを回転させて選択物の重さを推定する」「水と洗剤を入れて洗濯する」「水のみを入れて洗濯物をすすぎ洗いする」「ドラムを高速に回転させて脱水する」と順にこなしていくことになる．一方，フィードバック制御では，センサによってロボットが周囲の状態を推定し，目標状態に一致するように操作量を少しずつ修正しながら動きを作る．目標物体の位置をセンサで計測し，その位置に手先を移動させるように制御することで，目標物体の位置が変わっても，その位置にロボットの手先が追従するように動かすことが可能となる．以下では，身体運動を題材にして，データの取得・解析に必要なロボティクスや機械学習の基礎的な考え方を紹介する．

▶ b ロボティクスと運動学習・知能

　ロボットの代表的な機構は，図 3.4.1 のように，複数の剛体とそれらを結びつける関節として表現される．これを剛体リンク系と呼ぶ．スライドもしくは回転することのできる関節の運動に連動して，剛体リンクおよび先端部の手先を動かすことになる．この剛体リンク系の運動を扱う学問がロボティクスである．

　ロボティクスでは剛体リンク系の運動を扱うことになるが，高校の物理で習うような重力や外力による力学法則に従う物体の運動とはやや趣が異なる．力学法則に沿って運動が行われることには変わりはないが，ロボットは搭載されたセンサにて外界を感知し，コンピュータによってその情報を処理し，アクチュエータにより身体を動かし外界に働きかけることができる．これは，一種の生物に近い行動メカニズムともいえ，そこに生物らしさ・人間らしさが垣間見えると，あたかもロボットが知能を持って行動しているかのように感じる．ロボットの知能を作るには，身体・感覚・運動・制御が渾然一体となって行動を発現させる方法をロボットに与える必

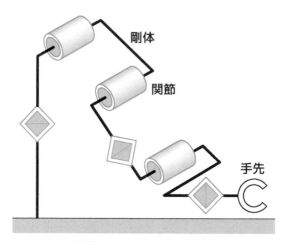

図 3.4.1　剛体リンク系の概略図.

要がある.

　ロボットに運動を教える最も直接的な方法として，ダイレクトティーチングが挙げられる．オペレーターがロボットの手をとり，手の位置を目標位置に移動させる．その移動中における関節の角度をセンサを用いて取得し，その角度データをメモリに記憶する．メモリから角度データをとり出して，それを関節角の目標値として，各関節に指令・制御することによって，教示した軌道に沿って手先が目標位置へ到達する．　しかし，その手先の軌道は，教示した環境に特定されるという欠点がある．たとえば，つかみたい物体の位置が変わると，教示した運動ではロボットの手先は目標物体に届かなくなる．これでは，環境の変化に対して柔軟に適応できない．

　そこで，目標位置にロボットの手先が到達するためには，各関節の角度を計算する必要が出てくる．たとえば，図 3.4.2 のような関節が 2 つの剛体リンク系のロボットを考えてみる．目標物体を把持するには，物体の位置に手先を移動させなくてはならない．X 座標が l，Y 座標が 0 の位置（床の上）$\boldsymbol{p}_{\mathrm{ref}} = (l, 0)$ に目標物体が置かれている場合，各関節の角度を何度にすれば，手先が物体に到達するであろうか．なお，簡単のため手先の位置を 2 次元で説明する．そこで，2 つの関節の角度 $\boldsymbol{\theta} = (\theta_1, \theta_2)$ と手先の位置 $\boldsymbol{p} = (x, y)$ の関係は

$$\begin{cases} x = l \cos \theta_1 + l \cos (\theta_1 + \theta_2) \\ y = l \sin \theta_1 + l \sin (\theta_1 + \theta_2) \end{cases} \tag{3.4.1}$$

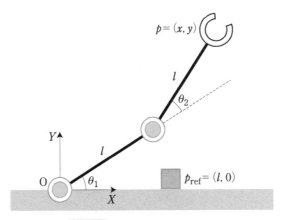

図 3.4.2　2 関節の剛体リンク系.

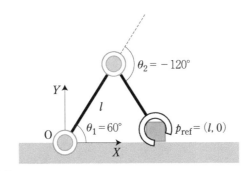

図 3.4.3　$\theta_1 = 60°, \theta_2 = -120°$ のときの手先位置と目標物体の関係.

として表すことができる．ここで，関節 1 と関節 2，および関節 2 と手先の間のリンク長はともに l としている．したがって，手先が目標物体に到達する関節角度を求めることは，式 (3.4.1) に $(x, y) = (l, 0)$ を代入した方程式を解くことにほかならない．これを解くと $(\theta_1, \theta_2) = (60°, -120°)$，もしくは，$(\theta_1, \theta_2) = (-60°, 120°)$ の解が得られる．関節 1 の角度を $60°$，関節 2 の角度を $-120°$ にすれば，図 3.4.3 のように関節 1，関節 2，手先が正三角形を形成することからも，手先が目標位置に到達することは簡単に確認できる．このように関節の数が少ない場合なら，式 (3.4.1) のような方程式を解いて，関節角度を計算できる．

　しかし，図 3.4.4 のように関節の数が増えると，関節角度とロボットの手先の位置に関する関係式は複雑になり，目標位置 $\boldsymbol{p}_{\mathrm{ref}}$ に手先が到達するために必要な関節

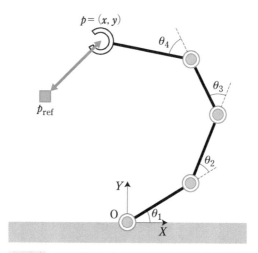

図 3.4.4 多関節ロボットの手先位置と目標物体の関係.

角度を求めることは困難になる. そこで, 手先の目標位置から関節角度を解析的に求めること (関節角度を式の形で表現し, 角度を直接計算すること) をあきらめて, 目標位置と手先位置の間の距離が最小となるような関節角度を数値的に計算機処理にて求める.

目標の手先位置 $\boldsymbol{p}_{\mathrm{ref}}$ とある関節角度 $\boldsymbol{\theta} = (\theta_1, \theta_2, \theta_3, \theta_4)^{\top}$ における手先位置 $\boldsymbol{p}(\boldsymbol{\theta})$ の誤差

$$f(\boldsymbol{\theta}) = \|\boldsymbol{p}(\theta) - \boldsymbol{p}_{\mathrm{ref}}\|^2 = (\boldsymbol{p}(\theta) - \boldsymbol{p}_{\mathrm{ref}})^{\top} (\boldsymbol{p}(\theta) - \boldsymbol{p}_{\mathrm{ref}}) \quad (3.4.2)$$

を考える. この誤差を最小にする関節角度 $\boldsymbol{\theta}$ は, 機械学習モデルの最適なパラメータを求めるときにも使用する勾配降下法にて求めることができる (式 (3.3.4) 参照).

$$\boldsymbol{\theta}_{k+1} = \boldsymbol{\theta}_k - \delta\boldsymbol{\theta}_k$$
$$\delta\boldsymbol{\theta}_k = \eta\nabla f(\boldsymbol{\theta}_k) \quad \eta > 0 \quad\quad\quad (3.4.3)$$

すなわち, 誤差を関節角度にて微分して接線の勾配を求める. 勾配が正であれば, 関節角度を減らし, 勾配が負であれば, 関節角度を増やすと誤差が少しずつ減少していく. これを繰り返していくと, 図 3.4.5 のように最終的に誤差が最小となる関節角度に到達する. このように, 誤差の勾配に沿って角度を少しずつ修正しながら最適な関節角度を探索する.

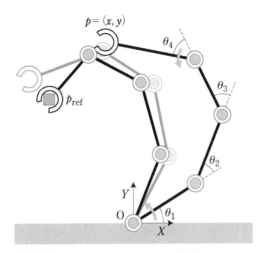

図 3.4.5 多関節ロボットの手先の目標位置への収束.

　剛体リンク系の関節角度を求める運動学計算は，ロボットだけでなく，人間の身体運動を計測する技術にも利用される．次節では，ロボットの運動学計算がどのように人間の運動計測に利用されるのかを見ていくことにする．

まとめ 3.4.1
- 運動学には，関節角を定めてロボットの姿勢を求める順方向と，ロボットの位置姿勢から関節角を求める逆方向の計算がある.
- 位置姿勢から関節角を求める計算には，勾配降下法を用いている.

➤ 3.4.2 認識と AI

目的 3.4.2
運動データに焦点を当てて，データ間の距離や分類計算を通じてジェスチャー認識 AI を作成できることを理解する.

◎ a パターン認識

　日常生活を見回すとさまざまな AI アプリケーションが存在することに気づく．カメラによって撮影された写真の中に写っているものの名称を表示する AI や撮影された顔から人物認証する AI，マイクに話しかけた音声から文字を書き起こす AI など

が広く普及している．これらの AI の背後では，**画像認識**や**音声認識**が実行されている．これら**パターン認識**（pattern recognition）と呼ばれる計算は，データを適切に処理するための重要な機能であり，AI の根幹部分であるといっても過言ではない．

　パターン認識とは，一般的にデータの中から特徴的な傾向や規則を抽出して，分類・識別する計算になる．画像を用いた物体認識処理を例にして，パターン認識の流れを見ていくことにする．まず，処理する画像データから特徴的なパターンが抽出されやすいようにノイズ除去などの前処理を行う．前処理によって得られた画像データに対して，パターン認識に使えるような特徴量を設計する．たとえば，簡易なものだと画像全体の画素値の平均や分散値，画素値が大きく変化する部位（エッジ）を検出して物体の境界を求めるなどして，色や形を表現する特徴量を設計することになる．深層学習では，これまで人工的に設計していた特徴量を自動で求めることによって物体認識の精度を大きく改善している．抽出された特徴量は数値ベクトルデータとして表現され，そのデータセットを k 近傍法（3.4.2c 項参照），サポートベクトルマシン，ニューラルネットワークなどの機械学習モデルが学習することによって分類・識別器が構築できる．以降では人間の身体運動を計測し，その運動データに対してパターン認識を適用する事例の 1 つである**ジェスチャー認識**を簡単に紹介する．

▶ b 人間の身体運動計測

　人間の身体は，頭部，胴体，上腕，下腕，大腿部，下腿部などとそれらをつなぐ肘，膝などの関節からなると考えることができる．図 3.4.6 は，人間の身体を剛体リンク系として表現した例を示している．身体運動は，各関節の屈曲・伸展の程度を表す関節角度や身体の各部の 3 次元位置や姿勢の数値データの時系列として表される．人間の身体運動を計測してデータ化する方法論を簡単に見ていくことにする．動きを計測するシステムとして，慣性センサ，深度センサ，光学式モーションキャプチャシステム，カメラ画像解析などを用いることが考えられる．

　ここでは，光学式モーションキャプチャを用いた人間の運動データの取得に関する原理について説明する．光学式モーションキャプチャシステムによる運動計測では，図 3.4.7 のように複数のカメラを設置した計測環境内において，体の表面にマーカーを貼りつけた被験者が行動する．このマーカーの位置を複数カメラによって計測する．そしてマーカーの位置から各関節の角度を推定する．この推定に前項で説

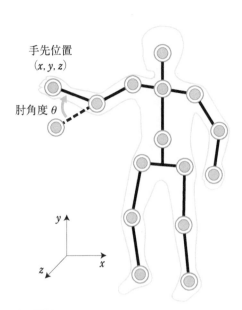

図 3.4.6　剛体リンク系による人間の全身モデル.

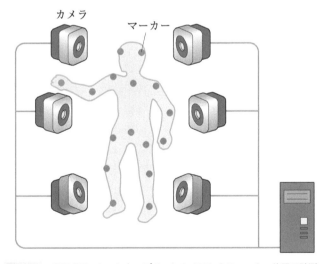

図 3.4.7　光学式モーションキャプチャ．カメラによるマーカー位置の計測.

明したロボティクスの運動学計算が利用されることになる．

　被験者に貼りつけたマーカーの位置が図 3.4.8 のオレンジ色の点として計測され

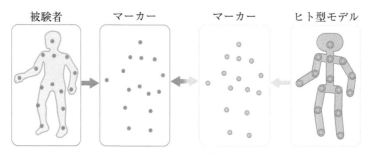

被験者 マーカー マーカー ヒト型モデル

マーカー位置が重なるようにヒト型モデルの関節角を計算

手先のマーカーが計測値に近づくように
肘関節を屈曲させる

図 3.4.8　被験者のマーカー位置からヒト型モデルの関節角の計算.

ているとする．被験者にマーカーを貼りつけたのと同じように，ヒト型モデルの体にもマーカーを貼りつけておく．図では，ヒト型モデルのマーカー位置を青色の点として描いている．ヒト型モデルの関節角度が変わると，身体の位置・姿勢が変わり，身体についている青色のマーカーの位置も連動して変化する．ヒト型モデルのマーカー位置（青色の点）が計測されたマーカー位置（オレンジ色）にできる限り一致するように，ヒト型モデルの関節角度を探索することになる．被験者の手先につけたマーカーの位置を目標位置として，ヒト型モデルの手先マーカーが目標位置に到達するように関節角度を求める計算は，ロボットの手先位置を目標位置に移動させる計算と同じ原理であることがわかる．

　図 3.4.9 にマーカーをつけた被験者の動きを撮影し，そのマーカー位置から関節角度を推定した実験の様子を示す．被験者の体に貼られたマーカーの計測位置が赤点，ヒト型モデルに貼られたマーカーが青点である．青のマーカー位置が赤のマーカー位置に一致するように関節角度を計算しており，その関節角に連動してヒト型モデルの CG キャラクターが動いている．

　近年は，深層学習の発展により，画像処理による骨格の位置・姿勢を推定する技術が実用化されつつある（図 3.4.10）．人間を撮影したカメラ画像と，画像中での顔

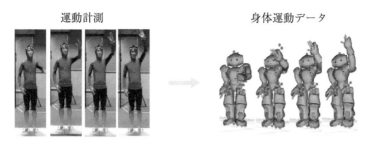

図 3.4.9 運動計測から身体運動データへの変換結果.

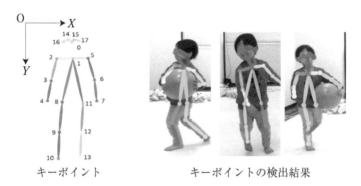

図 3.4.10 深層学習を用いた画像処理によるキーポイントの検出.

の重要部位（目，耳，鼻）や関節の位置に印をつけた訓練データを膨大に収集する．目，耳，鼻，関節などの検出部位はキーポイントと呼ばれる．画像とキーポイントの位置の組合せデータを訓練データセットとすることによって，画像中に各キーポイントが存在する確率を計算する深層学習モデルを構築できる．このモデルを使用することによって，入力された画像からキーポイントが存在する確率の高い位置を検出できる．検出されたキーポイントは画像中での位置であり，これは画像平面上の X 座標と Y 座標の 2 次元位置データとして数値化される．なお，このデータには，奥行き（深さ）に関する情報は欠落している．

Memo ビデオモーションキャプチャ

　1 台のカメラ映像からでは，キーポイントの奥行きを求めることはできない．異なる視点にて撮影された 2 つ以上のカメラ映像を用いると，被写体までの奥行きも含め

た3次元の位置を求めることができる．これをステレオ視と呼ぶ．人間の目も2つあり，ステレオ視によって周囲環境に関する3次元位置を推定できる．そこで，複数カメラにて同じように画像中でのキーポイントを検出し，それらから得られる2次元位置データを統合することによって，キーポイントの3次元位置を計算する方法も確立しつつある（図3.4.11）．3次元位置が計測されたキーポイントは，光学式モーションキャプチャにおけるマーカーと見立てると，キーポイント位置データから人間の全身に関する位置・姿勢が推定できる．このように汎用カメラの映像のみから被験者の身体運動を計測する技術はビデオモーションキャプチャと呼ばれ，開発が進んでいる．

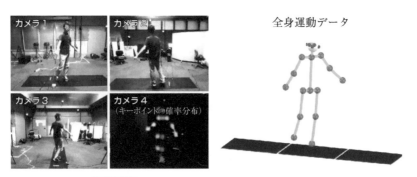

図 3.4.11 ビデオモーションキャプチャの実験結果．

　汎用カメラにて簡易に人間の身体運動を計測できるようになると，多種多様な人間の運動データを動作レパートリーとして収集・蓄積できる．ロボットが状況に応じて必要な動きをレパートリーから選び出して実行すると，多様な仕事をこなすロボット AI につながることが予想される．また，ジェスチャー認識では，過去の動きと観察した動作を比較しながら，過去のどの動きと似ているかという計算を行う．多くの動きを記憶して知識として保有しておくことは，多様な動作を正確に認識する AI にもつながる．次では，計測した人間の身体運動データを用いて行動を認識する AI の基礎について見てみる．

▶ c 運動識別：ジェスチャー認識の計算

運動データの**認識技術の活用事例**（application of recognition）として，人間の動作を機械が**識別**（classification）するジェスチャー認識技術がある．機械が運動データを人間と同じように認識するためには，運動データにその動きの名称である「走る」や「座る」などのようなラベルを教示する必要がある．このようにラベルづけすることはアノテーションと呼ばれる．運動認識や識別の目的は，計算機によって運動データからその動作の名称ラベルを推測することである．すなわち，人間と同じように動作を識別する能力を計算機上に設計することを目指す．運動の時系列から各時刻のデータを切り出すと，それは一瞬・一瞬の身体位置・姿勢を表している．たとえば，横軸に右肩の関節角度，縦軸に右肘の関節角度をとると，身体位置・姿勢データは空間中の点として表される．細切れにした運動データは，図 3.4.12 に示すような散布図として可視化できる．

各時刻の運動データとその動きを表す名称ラベルの組を運動に関する知識として記憶しておく．この知識を参照しながら，観察した身体運動を認識するということは，コンピュータの中でどのような手続きとして実装することができるだろうか．最も簡単な方法として，観察した運動データと記憶した動きが似ているかどうかを計算する．似ている，似ていないというのは，2 つのデータ間の距離として測ることができる．すなわち，観察した運動データと記憶したすべての運動データの距離を計算していく．最も距離が小さいデータが，観察した動きに最も似ていることになる．この距離が最小の運動データには，運動の名称ラベルが教師データとして付与されている．したがって，このラベルに対応する動作パターンのグループ（クラス）として，観察した運動を分類することができる（図 3.4.13）．観察した運動デー

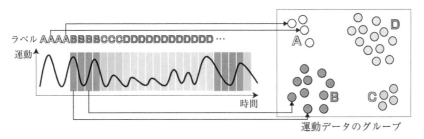

ラベル AAAAABBBBCCCDDDDDDDDDDDD …
運動
時間
運動データのグループ

図 3.4.12　運動データと名称ラベル．

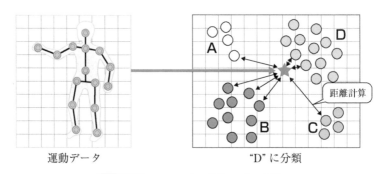

運動データ   "D" に分類

図 3.4.13   k-NN による運動データの分類.

タはテストデータ，記憶した運動データは訓練データに相当し，テストデータとの距離が最も近い訓練データを求め，そのデータに付与されているラベル・クラスにテストデータを分類する方法は，最近傍のデータ数を 1 ($k = 1$) とした k-NN (k 近傍法) である.

　実際に人間の身体運動を計測し，その運動データを分類してみる．ここでは，実験として 3 人の被験者 A，B，C の身体運動を計測した．運動の種類の数は，10 種類であり，各種類の運動を被験者 A，B は 3 試行，被験者 C は 4 試行実施している．すなわち，各運動の種類に対して，10 試行分の時系列データを取得した．実施した運動は，「ジャンプ動作」「バイオリンを弾いている動作」「左手を挙げる動作」「右手を挙げる動作」「走る動作」「座る動作」「バドミントンをする動作」「テニスラケットを振る動作」「歩く動作」「両手を振る動作」である．図 3.4.14 に各運動を示す.

　計測によって得られた運動データとそれらに名称ラベルをつけたデータセットに関して，訓練データとテストデータに分ける．訓練データでは，動きとそれに対応するラベルがわかっているものとする．一方，テストデータにもラベルがついているが，それがわかっていないものとして，この運動データからそのときの動作がどの運動パターンであったかを識別することを考える．識別結果は，図 3.4.15 のような混合行列として可視化できる．縦方向に並んでいるラベルは，各テストデータに人手によってつけられているラベルであり，これを正解ラベルと呼ぶ．一方，横方向に並んでいるラベルは，運動データの識別計算による結果に対応する．たとえば，一番上の行に並ぶ数字をすべて足し合わせると $960 + 14 + 6 + 7 + 3 + 4 + 7 = 1001$ であり，テストデータセット中に「ジャンプ」の運動データが 1001 個あったことになる．さらに，左上のセルに記載されている「960」は，この 1001 個のデータの中で，

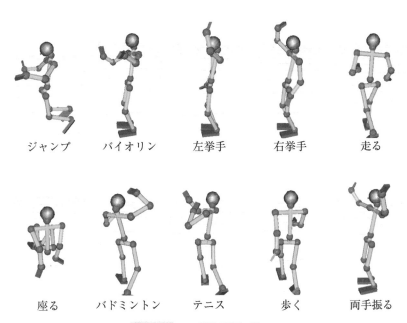

図 3.4.14　10 種類の運動パターン.

	識別クラス									
		ジャンプ	バイオリン	左挙手	右挙手	走る	座る	バドミントン	テニス	歩く	両手振る
正解クラス	ジャンプ	960		14	6		7	3		4	7
	バイオリン		1222	8							
	左挙手	3	1	716	30	3	14			3	13
	右挙手	1		13	771						
	走る	13		9	3	778	2	17	1	86	1
	座る	18	3	11	6		1255	6			12
	バドミントン	15	8	3	6	2	12	733	56	10	12
	テニス	20			1	2		9	877	1	
	歩く	3		7	1	15	4	2	4	1285	4
	両手振る	5	1	15	10		5	5	3	2	866

図 3.4.15　運動識別の混合行列.

960個のデータが「ジャンプ」として正しく識別されたことを示している．「ジャンプ」の運動データについては，正しく識別される割合は，960/1001 = 0.96，すなわち96％となる．同様に，その右下のセルに記載されている「1222」は，正しく「バイオリン」動作であると識別されたデータの数を示している．このように，対角に並ぶ数値は，正しく識別された運動データの数であり，この対角成分の値が大きいほど，全体的に正しく運動データを識別できたことになる．その数値に応じてセルを色づけしておくと，一目見るだけで識別がどれぐらい正しくできているが読みとることができる．

　一方，たとえば，オレンジ丸の「15」は，正しくは「バドミントン」動作であるが，「ジャンプ」動作であると誤って識別されたデータの数を示している．すなわち，非対角成分の数値は誤って識別されたデータの個数となる．非対角成分の中で，数値の大きいセルは，「走る」の行と「歩く」の列が交差しているセル，および「バドミントン」の行と「テニス」の列が交差しているセルである．前者は，正しくは「走る」動作であるが，誤って「歩く」動作として識別されたデータの数であり，後者は正しくは「バドミントン」の動作であるが，「テニス」動作であると誤識別されたデータの数である．「走る」と「歩く」という動作が似ていること，「バドミントンのラケットを振る動作」と「テニスラケットを振る動作」が同じ振る動作で似ていることを勘案すると，これら動作間で誤識別する傾向も相対的に高くなっている結果は納得できる．

　細切れにした一瞬・一瞬の身体位置・姿勢のデータでは，その前後の動きの流れに関する情報が捨てられている．しかし，身体運動では，どのように体が動かされたかという速度や加速度情報が重要になってくる．すなわち，細切れにデータを切り出すのではなく，ある程度の時間幅を有する運動データのかたまりをとり出して，その時系列データの解析を行わなくてはならない．動き始めから動き終わりまでを切り出した運動データのかたまりを運動セグメントと呼び，各運動セグメントに人手によって運動の名称ラベルを付与する（図3.4.16）．

　先と同様に，運動データ間の距離から動きが似ているか似ていないかを判別できる．2つの運動セグメントの距離を計算することを考えてみる．ある運動セグメントに対応する運動時系列データともう一方の運動セグメントに対応する運動時系列データが与えられているとする．一般的に，運動セグメントの長さは異なるため，2つの時系列中のデータの個数も異なることになる．同時刻ごとの運動の差分を計算して距離を求めるという処理を進めていくと，図3.4.17左のようにある時刻を超え

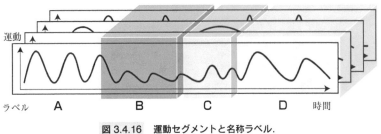

図 3.4.16　運動セグメントと名称ラベル.

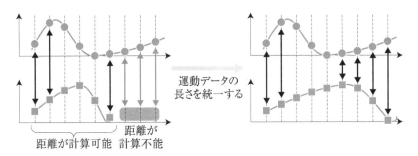

運動データの
長さを統一する

距離が計算可能　距離が
計算不能

図 3.4.17　運動セグメントの時間長を同じになるように調節.

るとデータが足りなくなる．この部分では，データの距離が計算できなくなってしまう．そこで，図 3.4.17 右に示すように，データを間引いたり，補間したりするなどの前処理を行い，2 つの運動時系列データの長さをそろえる．そして，時間長がそろった状態で，同じ時刻のデータ間の距離を計算して，その合計を求める．運動データセグメント間の距離が計算できれば，後は先に説明した手順と同じように，運動データを識別できる．

　先述と同じ計測データを用いて，運動データを識別する計算を行う．ここで，運動セグメントは，各被験者が各種運動の 1 試行を実施したときの，動き始めから動き終わりまでの身体位置・姿勢のデータ系列である．図 3.4.18 に識別結果を示す．「ジャンプ」「バイオリン」「左挙手」「右挙手」「座る」「テニス」「歩く」「両手を振る」の動作は正しく識別できていることが確認できる．一方，「走る」動作は，10 個中 1 個しか正しく識別できておらず，残りはすべて「歩く」動作と誤って識別されている．また，「バドミントン」動作も，30％の割合で「テニス」動作であると誤って識別されている．

　動きの意味は同じであるが，行う時刻が異なる場合がある．先の方法では，同じ動

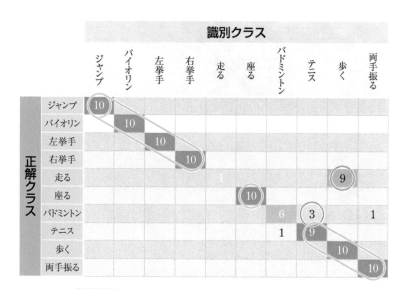

	識別クラス									
		ジャンプ	バイオリン	左挙手	右挙手	走る	座る	バドミントン	テニス	歩く	両手振る
正解クラス	ジャンプ	10									
	バイオリン		10								
	左挙手			10							
	右挙手				10						
	走る					1				9	
	座る						10				
	バドミントン							6	3		1
	テニス							1	9		
	歩く									10	
	両手振る										10

図 3.4.18　運動セグメントを採用した運動識別の混合行列.

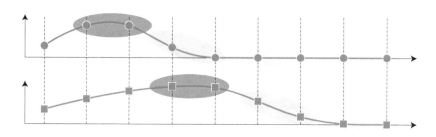

図 3.4.19　運動セグメント間の距離.

きでも動作時刻が異なると 2 つの運動は似ていないと判定される．そこで，図 3.4.19 のような 2 つの運動時系列データ中でどの 2 つのデータが対応するかを求める．そして，その対応する 2 点の距離を計算する．それをすべてのデータにわたって距離計算を行い，その積算値を 2 つの運動時系列データの距離とみなす．対応する 2 つのデータは，積算距離が最小となるような最適な対応関係を求めることによって得られる．データの増減などの変動傾向を的確に補足して時系列データを分類する**パターン認識**（pattern recognition）の処理が求められる．図 3.4.20 の B の 3 つのデータは，もう一方の運動時系列データでは，A の 1 個のデータに対応している．これは，

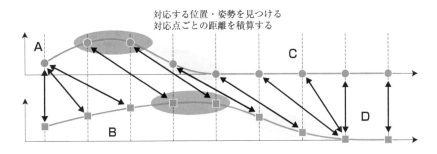

対応する位置・姿勢を見つける
対応点ごとの距離を積算する

図 3.4.20　動的時間伸縮法．

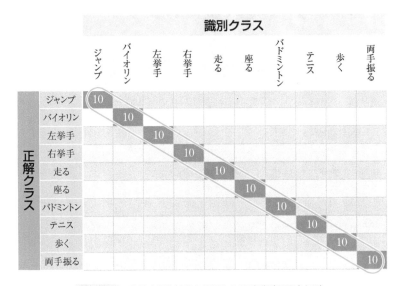

図 3.4.21　動的時間伸縮法を採用した運動識別の混合行列．

Bの3個分の長さのデータをAの1個分の長さのデータに時間を縮めて，対応させていると見ることができる．同様に，Dの部分は，Cの時間幅に伸ばしていることになる．このように部分部分の時間を縮めたり伸ばしたりしながら対応関係を見つけ出し，2つの運動時系列データ間の距離を計算する．時間を伸縮するということから，この計算処理を**動的時間伸縮法**（dynamic time warping）と呼ぶ．

　動的時間伸縮法で運動セグメント間の距離を計算し，運動を識別してみる．運動データは先と同じであり，距離の計算方法を改善するだけである．図 3.4.21 に運動

の識別結果を示す．すべての運動データが誤りなく完全に正しく識別できている．ここでは，テストデータと訓練データが異なるものの，訓練データには3人分の被験者全員の運動が含まれている．

　運動データ間の距離計算および，それに基づく運動識別を見てきた．このように運動データを識別するジェスチャー認識は，ヒューマンロボットインタラクション，動作に応じて作動する電子デバイスのAI部分の根幹をなす．

> **まとめ**
> **3.4.2**
> ● 人間の運動計測の原理に，ロボティクスの運動学計算が利用されている．
> ● 運動データを分類するとき，時系列データであることに注意し，適切な距離計算や識別器を選定する必要がある．

➤ 3.4.3 言語とAI

> **目的**
> **3.4.3**
> 言語データに対して，統計的な考え方やニューラルネットワークがどのような用途で利用できるかを理解する．

◯ a 単語分割・形態素解析・構文解析の概要

　コンピュータが計算を実行するときの手続きを表現するプログラムを開発言語と呼ぶのに対して，日常生活にて私たちが読み書き・会話などに使用している言語を自然言語と呼ぶ．自然言語をコンピュータによって計算する**自然言語処理の活用事例**（application of natural language processing）として，小説・古典・ニュース記事などの文書を分析すること，日本語を英語に変換する機械翻訳，人間と会話するチャットボット，受信したメールを解析し，迷惑メールを検出するスパムフィルタ，キーワードから関係性の高いページを提示するインターネット検索など多様な用途が思い浮かぶ．さらに，昨今はコンピュータビジョンの進化とともに，手書きの数字や文字を画像から読みとる**数字認識**（digit recognition）・**文字認識**（character recognition）と一緒に使われることにより，自然言語処理が活躍する場がサイバー空間から実世界に広がりつつある．自然言語処理は，私たちが普段使用しているツールやサービスの基盤であり，その理論・アルゴリズム・要素技術は多岐にわたるので，本項ですべてを網羅することはできないが，自然言語処理の基礎とAIの活用例を簡単に見ていく．

　日本語を第二外国語として履修している大学生になったつもりで, 次の日本語文を理解するために何をするかを想像してみよう.

"私は大学でデータ科学を勉強する"

英語の文章では単語間に空白があるので, 各単語を抜き出すことは特に問題がない. しかし, 日本語では単語間に空白はないので, 単語の間に空白を挿入することで文章を構成する単語を見つける作業を行う必要がある.

"私　は　大学　で　データ科学　を　勉強する"

このように単語間に空白を入れて文章を書くことを「分かち書き」, 文章中のどこからどこまでが 1 つの単語であるかを求めることを**単語分割** (word segmentation) と呼ぶ.

　単語をランダムに並べても意味が通じる文章を作文できるわけではなく, 文法規則に沿って単語を適切な語順で並べる必要がある. 文法において各単語の機能を表す品詞が重要になってくる. 分かち書きによって得られた単語に対して品詞を割り振る作業を行う. 「私」には代名詞, 「は」には助詞, 「勉強する」には動詞というように各単語に品詞をつけることを品詞タグづけと呼ぶ.

"私　　は　　大学　　で　　データ科学　を　　　勉強する"

"代名詞　助詞　名詞　助詞　　名詞　　助詞　　　動詞"

単語や品詞のような文章を構成し, 意味を有する最小単位を形態素といい, 文章から単語を同定しながらその品詞や語形変化などを解析する処理を**形態素解析** (morphological analysis) と呼ぶ.

　さらに文章の意味を定めるために, 形態素間もしくは文節間の修飾するものと修飾されるものの関係を求める. 先の文章では, 「私は」, 「大学で」, 「データ科学を」が修飾する文節であり, 「勉強する」が修飾される文節に相当する (図 3.4.22). この修飾・被修飾の関係を係り受けの関係と呼び, この関係を同定する処理を**係り受け解析** (dependency analysis) と呼ぶ.

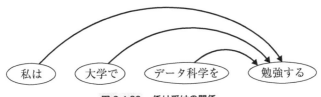

図 3.4.22　係り受けの関係.

● **b 単語 _n_-gram と単語分割・形態素解析**

統計的機械学習を用いた単語分割と形態素解析について説明する．ある文章が文字数 m の文字列 $C = c_1 c_2 \cdots c_m$ として表現されているとする．この文章を単語数 n の単語列 $W = w_1 w_2 \cdots w_n$ に分割することを考える．これは，文字列 C が与えられたときに，単語列 W が生成される確率 $P(W)$ が最大となるように単語列 $\hat{W}$ を求める問題とみなすことができる．

$$
\begin{aligned}
\hat{W} &= \arg \max_W P(W) \\
&= \arg \max_{w_1, w_2, \cdots, w_n} P(w_1) P(w_2|w_1) P(w_3|w_1 w_2) \cdots P(w_n|w_1 w_2 \cdots w_{n-1}) \\
&= \arg \max_{w_1, w_2, \cdots, w_n} \prod_{i=1}^{n} P(w_i|w_1 \cdots w_{i-1})
\end{aligned}
\tag{3.4.4}
$$

ここで，$\arg \max_W P(W)$ はすべての W の組合せの中から $P(W)$ が最大となる W を見つける処理を表す．また，$P(w_1)$ は単語 w_1 が文章の先頭に出現する確率，$P(w_i|w_1 \cdots w_{i-1})$ は文章の先頭から $i-1$ 番目の位置までに単語 $w_1 \cdots w_{i-1}$ が並んだ条件のもとで，その後の i 番目の位置に単語 w_i が出現する条件つき確率である．しかし，さまざまな長さの単語列 $w_1 \cdots w_{i-1}$ に対して，その後に単語 w_i が続く確率 $P(w_i|w_1 \cdots w_{i-1})$ を推定することは困難である．そこで，単語 w_i の確率は，その直前の $N-1$ 個の単語列にのみ依存するという仮定をおくことによって，条件つき確率 $P(w_i|w_1 \cdots w_{i-1})$ は，

$$
P(w_i|w_1 \cdots w_{i-1}) \approx P(w_i|w_{i-N+1} \cdots w_{i-1})
\tag{3.4.5}
$$

として近似できる．これは，文章を N 個の単語列のまとまりの時系列として見ていることになる．この n 個の単語のまとまりを**単語 _n_-gram** といい，単語の出現はその直前の $n-1$ 個の単語にのみ依存するという言語モデルを単語 n-gram モデルと呼ぶ．特に，$n=2$ の n-gram を bigram，$n=3$ の n-gram を trigram と呼び，広く利用されている．

単語 bigram モデルを採用した場合，単語列 $W = w_1 w_2 \cdots w_n$ が生成される確率は，

$$
P(W) = \prod_{i=1}^{n} P(w_i|w_{i-1})
\tag{3.4.6}
$$

と表される. ここで, 条件つき確率 $P(w_i|w_{i-1})$ は訓練データとして与えられた文章データセットから求める. 訓練データ中に単語 w_{i-1} が出現した回数が $f(w_{i-1})$, 単語 bigram $w_{i-1}\,w_i$ が出現した回数が $f(w_{i-1}\,w_i)$ であった場合, $P(w_i|w_{i-1})$ は

$$P(w_i|w_{i-1}) \quad = \frac{f(w_{i-1}\,w_i)}{f(w_{i-1})} \tag{3.4.7}$$

として計算できる.

　たとえば, 以下の文章が訓練データとして与えられているとしよう.

　　　　"私　　は　　大学　で　　データ科学　を　　　勉強する"
　　　　"私　　は　　学校　で　　データ科学　を　　　勉強する"
　　　　"私　　が　　学校　に　　行く"
　　　　"彼　　が　　大学　に　　行く"

これらの文章データから単語 bigram モデルを構築する手順をグラフ構造を交えて説明する. 文章中に出現する単語をノード, 単語の接続関係 (ある単語から次の単語が続く関係) を単語間のエッジとして表す. 第1文において, 「私」の次に「は」が続いているので, 「私」のノードから「は」のノードにエッジをつなぐ. 「は」の次に「大学」が続いているので, 「は」のノードから「大学」のノードにエッジをつなぐ. このように単語が出現する順に, ノード間を遷移できるようにノード間にエッジをつないでいくと, 図 3.4.23 の構造が得られる. 文章中において, 「私」が出現した回数は 3 回, そのうち「は」が続いた回数は 2 回, 「が」が続いた回数が 1 回なので, 「私」の後に「は」が続く確率は $P(\text{は} \mid \text{私}) = 2/3$, 「私」の後に「が」が続く確率は $P(\text{が} \mid \text{私}) = 1/3$ と求められる.

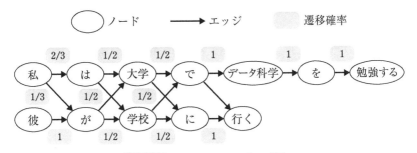

図 3.4.23　単語 bigram のグラフ構造.

先述のように求めらた単語 bigram モデルを前提にして，文字列

"私　が　大　学　に　行　く"

を単語列に分割するアルゴリズムを説明する．i 番目の文字の後に単語の区切り（空白）を入れた場合に得られる単語列の中で，単語 bigram モデルから生成される確率が最大になる状態を s_i とおき，その確率を p_i とする．状態 s_i は i 番目までの文字列を分割した単語列である．p_i と j $(j < i)$ 番目の文字の後に空白を入れた場合の状態 s_j の確率 p_j の間には以下の関係式が成り立つ．

$$p_i = \max_{j<i} p_j P(c_{j+1:i}|w) \tag{3.4.8}$$

ここで，w は状態 s_j における最後の単語であり，$c_{j+1:i}$ は $j+1$ 番目から i 番目までの文字から構成される単語を示すものとする．この規則を用いて具体的に先の文字列を分割する手順を見ていく．

1 番目の文字の後に空白を入れた場合，得られる単語は「私」であるので，状態 s_1 とその状態が生成される確率 p_1 は

$$p_1 = P(私) = 3/4$$
$$s_1 = \{私\}$$

となる．

2 番目の文字の後に空白を入れた場合，得られる状態の候補として，「私が」の 1 語もしくは「私」「が」の 2 語である．2 つの確率のうち最大の場合は

$$p_2 = \max\{P(私が), p_1 P(が \mid 私)\} = \max\{0, 3/4 \times 1/3\}$$
$$s_2 = \{私,\ が\}$$

より，1 番目の文字の後に空白を入れて，その後に 2 番目の文字の後に空白を入れた状態である．

3 番目の文字の後に空白を入れた場合，得られる状態の候補として，はじめて空白を入れる場合，1 番目の文字に空白を入れ次に 3 番目の文字の後に空白を入れる場合と，2 番目の文字の後に空白を入れ次に 3 番目の文字の後に空白を入れた場合が想定できる．それぞれの確率値を計算して，最大の確率値とその場合に対応する状態は以下として与えられる．

$$p_3 = \max\{P(私が大), p_1 P(が大 \mid 私), p_2 P(大 \mid が)\} = 0$$

$$s_3 = \emptyset$$

どの場合の確率も 0 であるので，3 番目の文字の後に空白を入れることはない．したがって，状態 s_3 も候補なし（$\emptyset$：空集合）とする．

　同様に 4 番目の文字の後に空白を入れた場合に得られる単語列の確率の最大値とその状態は

$$p_4 = \max\{P(私が大学), p_1 P(が大学\mid 私), p_2 P(大学\mid が)\}$$
$$= p_2 P(大学\mid が) = 3/4 \times 1/3 \times 1/2$$
$$s_4 = \{私,\ が,\ 大学\}$$

である．

　同様に，5 番目の文字の後に空白を入れた場合に得られる単語列の確率の最大値とその状態は

$$p_5 = \max\{P(私が大学に), p_1 P(が大学に\mid 私), p_2 P(大学に\mid が), p_4 P(に\mid 大学)\}$$
$$= p_4 P(に\mid 大学) = 3/4 \times 1/3 \times 1/2 \times 1/2$$
$$s_5 = \{私,\ が,\ 大学,\ に\}$$

となる．

　続いて，6 番目の文字の後に空白を入れた場合に得られる単語列の確率の最大値とその状態は

$$p_6 = \max\{P(私が大学に行), p_1 P(が大学に行\mid 私), p_2 P(大学に行\mid が),$$
$$p_4 P(に行\mid 大学), p_5 P(行\mid に)\}$$
$$= 0$$
$$s_6 = \{\phi\}$$

となり，7 番目の文字の後に空白を入れた場合に得られる単語列の確率の最大値とその状態は

$$p_7 = \max\{P(私が大学に行く), p_1 P(が大学に行く\mid 私), p_2 P(大学に行く\mid が),$$
$$p_4 P(に行く\mid 大学), p_5 P(行く\mid に)\}$$

$$= p_5 P(行く \mid に) = 3/4 \times 1/3 \times 1/2 \times 1/2 \times 1$$

$$s_7 = \{私, \ が, \ 大学, \ に, \ 行く\}$$

として与えられる．したがって，単語 bigram モデルから生成される確率が最大となるように文字列に空白を入れて得られる単語列は「私　が　大学　に　行く」であることが計算によって求められることになる．

● c 品詞 bigram

　文章を構成する単語には品詞情報が付随している．この品詞を活用した言語の統計モデルについて説明する．英語の文章を思い浮かべると，"S + V + O"(主語・述語・目的語) などの構文があり，S には名詞や代名詞，V には動詞，O には名詞などが入る．このように構文を介して，動詞の後に動詞が続くことはまれであり，名詞などが続く傾向が強いなどの規則性が見えてくる．文章中の単語の並びは品詞の出現規則に支配され，各品詞から個別の単語が出現することによって文章が生成されると仮定し，これを統計的言語モデルとして表すことを考える．単語列 $W = w_1 w_2 \cdots w_n$ と品詞列 $T = t_1 t_2 \cdots t_n$ が与えられているとき，単語列と品詞列が生成される確率を

$$P(W, C) = \prod_{i=1}^{n} P(t_i \mid t_{i-1}) P(w_i \mid t_i) \tag{3.4.9}$$

として計算する．ここで，$P(t_i \mid t_{i-1})$ が品詞 t_{i-1} から品詞 t_i へ遷移する確率，$P(w_i \mid t_i)$ は品詞 t_i から単語 w_i が出力される確率である．これは，状態が品詞間を遷移しながら，遷移先の品詞から単語を生成する確率を計算していることになる．遷移先の品詞はその直前の品詞のみに依存し，品詞から単語が出力されることで文章が生成されることを表現した統計的言語モデルを品詞 bigram モデルと呼ぶ．

　たとえば，

　　　　　　"私　　は　　大学　　で　　勉強する"

という文章は，図 3.4.24 に示すように，「代名詞」「助詞」「名詞」「助詞」「動詞」と品詞間を遷移しながら，各品詞から「私」「は」「大学」「で」「勉強する」という単語を出力する過程によって生成されるとみなすことができる．

　品詞 bigram を規定するパラメータ $P(t_i \mid t_{i-1})$ と $P(w_i \mid t_i)$ は，訓練データとして与えられた文章データセットを用いて

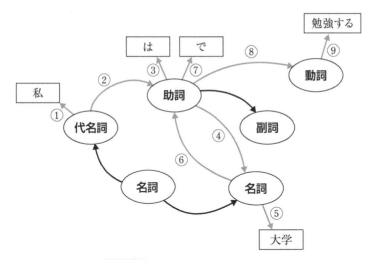

図 3.4.24 品詞 bigram のグラフ構造.

$$P(t_i|t_{i-1}) = \frac{f(t_{i-1}, t_i)}{f(t_i)} \tag{3.4.10}$$

$$P(w_i|t_i) = \frac{f(w_i, t_i)}{f(t_i)} \tag{3.4.11}$$

として求められる. $f(t_i), f(t_{i-1}, t_i)$ は, 訓練データ中において品詞 t_i が出現した回数および品詞 t_{i-1} の後に t_i が続いて出現した回数, $f(w_i, t_i)$ は品詞 t_i の単語 w_i が出現した回数である. このような品詞 bigram を用いると, 品詞が付与されていない単語列 W から対応する品詞列 $\hat{C}$ を求めることができる.

$$\hat{C} = \arg\max_C P(C|W) = \arg\max_C \frac{P(W, C)}{P(W)} = \arg\max_C P(W, C) \tag{3.4.12}$$

d クラスタリングのための文書の数値ベクトル化

自然言語処理において文書を分類・クラスタリングすることが求められる. これらの処理を実現するには, 文書をコンピュータにて数値計算できる形態に変換しておく必要がある. すなわち, 文書を数値ベクトルとして記述してデータ化する. 数値ベクトルは文書の特徴を表現しており, 特徴ベクトルや素性ベクトルといい, 特徴を数値化する処理を**特徴抽出** (feature extraction)と呼ぶ. ここでは, 文書を特

徴ベクトルとして表現する特徴抽出の簡易な方法論を紹介する.

　文書 d の特徴ベクトルを x_d とおく.特徴ベクトル x_d の各成分の次元は単語の種類に対応づけられ,その成分の値は該当する単語 w が文書 d 中に出現する頻度とすることによって,文書 d を数値ベクトル化する.この方法にしたがって,たとえば,以下の文書 d の特徴ベクトルを作成してみる.

　d 　"私 は 大学 に 通う. 大学 で データサイエンス を 学ぶ."
文書中に現れるすべての種類の単語を書き出したリスト(「私」「は」「大学」「に」「通う」「で」「データサイエンス」「を」「学ぶ」)を作成し,これを辞書と呼ぶ.辞書に登録された単語を特徴ベクトルの各次元に対応させる.すなわち,「私」は 1 次元目,「は」は 2 次元目,「大学」は 3 次元目にひもづくことになる.さらに,これら単語が文書中に出現した回数を数え上げ,その回数を対応する次元の成分の値として入れる.「私」は 1 回出現するので,特徴ベクトルの 1 次元目の成分は 1 とする.「大学」は 2 回出現するので,特徴ベクトルの 3 次元目の成分は 2 とする.この手順をすべての単語に対して行うと,文書 d は 9 次元の特徴ベクトル $x_d = (1\,1\,2\,1\,1\,1\,1\,1\,1)^\top$ として表現されることになる(図 3.4.25).各単語の回数を数え上げるだけで簡易に文書の特徴ベクトルを求められることは大きな利点であるが,単語の語順や文型などの単語のつながりに関する情報が失われてしまう欠点があることに留意しなくてはならない.

　以下の 2 つの文書の特徴ベクトルを求めてみる.

　　　d_1 　"兎 が 亀 を 追う"
　　　d_2 　"亀 が 兎 を 追う"

文書:私 は 大学 に 通う. 大学 で データサイエンス を 学ぶ.

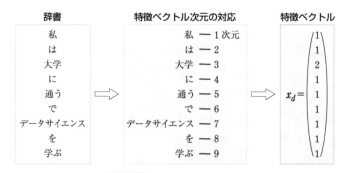

図 3.4.25　文書と特徴ベクトル.

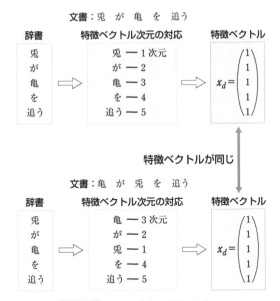

図 3.4.26 異なる文書の特徴ベクトル．

図 3.4.27 bag of words.

辞書に登録される単語は，「兎」「が」「亀」「を」「追う」である．この順に単語を特徴ベクトルの次元に対応させると，文書 d_1 と文書 d_2 の特徴ベクトルはともに $\boldsymbol{x}_{d_1} = \boldsymbol{x}_{d_2} = (1\ 1\ 1\ 1\ 1)^{\top}$ となる（図 3.4.26）．文書 d_1 と d_2 は，まったく意味が異なるが，特徴ベクトルは同じになってしまう．これは，語順などを無視して文書を数値化したことに原因がある．

　文書中に各単語が出現する回数で文書の特徴を数値化する方法を bag of words と呼ぶ．図 3.4.27 のように，文書を単語に分割して，バラバラになった単語が袋の中にある状態を連想させる名称である．単純な bag of words を用いると，先述のように意味が異なる文章が同じ特徴ベクトルとして表されてしまう問題がある．

この問題を解消するには，語順や単語の並びに関する情報を保持した特徴ベクトルが必要になる．その一例として，連続した n 個の単語のまとまり（単語 n-gram）を1つの語彙として辞書に登録し，文書中において各単語のまとまりが出現する回数を成分とする特徴ベクトルが考えられる．先述の文書 d_1, d_2 について，単語 bigram を用いた特徴ベクトルを考えてみる．出現する単語 bigram「兎 が」「が 亀」「亀 を」「を 追う」「亀 が」「が 兎」「兎 を」を辞書に登録し，この順番に特徴ベクトルの次元と対応しているとする．文書 d_1 では，「兎 が」「が 亀」「亀 を」「を 追う」が各1回出現しているので，特徴ベクトルは $\boldsymbol{x}_{d_1} = (1\,1\,1\,1\,0\,0\,0)^\top$ となる．同様に，文書 d_2 では，「亀 が」「が 兎」「兎 を」「を 追う」が各1回出現しているので，特徴ベクトルは $\boldsymbol{x}_{d_2} = (0\,0\,0\,1\,1\,1\,1)^\top$ となる．$\boldsymbol{x}_{d_1} \neq \boldsymbol{x}_{d_2}$ であることから，単語 bigram を用いることによって文書 d_1 と d_2 が異なる特徴ベクトルで表せることが確認できる．なお，2つの文書の特徴ベクトルの類似度・非類似度は，ユークリッド距離やコサイン類似度として計算できる．この類似度・非類似度を用いて文書間の距離が測ることができ，文書のクラスタリングや分類が可能になる．

● e 単語の数値ベクトル化とニューラルネットワーク

文書を特徴ベクトル化して数値化する方法をこれまで見てきた．同様に単語の特徴ベクトルが求まれば，単語の類似関係であるシソーラス，単語のクラスタリングや単語間の演算の可能性が見えてくる．単語を数値ベクトルとして表現するために，分布仮説を導入する．分布仮説とは，「単語の意味はその周辺の単語によって形成される」とするものである．この分布仮説にしたがって，単語の特徴ベクトルを求める方法論として，カウントベースと推論ベースの方法が有名である．

カウントベースの方法論では，注目する単語に対して，文書中においてその周辺にどのような単語がどれぐらいの頻度で出現するかを数え上げる．その頻度を成分とするベクトルが特徴ベクトルとして定義される．たとえば，以下の文書

"私 は 大学 に 通う．大学 で データサイエンス を 学ぶ．"

を用いて，「データサイエンス」の特徴ベクトルを導出する．問題を簡潔にするため自立語だけを考慮すると，「私」「大学」「通う」「データサイエンス」「学ぶ」が辞書に登録される．この順に特徴ベクトルの次元と対応するものとする．「データサイエンス」の1つ前と1つ後ろにある単語は，「大学」と「学ぶ」である．したがって，「データサイエンス」の特徴ベクトルは $\boldsymbol{x} = (0\,1\,0\,0\,1)^\top$ となる（図 3.4.28）．な

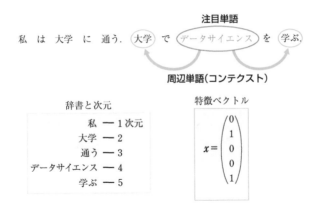

図3.4.28 カウントベースによる単語の特徴ベクトル.

CBOW 法

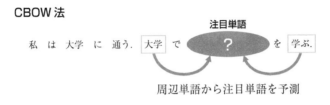

skip gram 法

図3.4.29 推論ベースによる単語の特徴ベクトル.

お, 注目する単語の2つ前までの単語, 2つ後ろまでの単語を考慮すると当然特徴ベクトルも変わってくる. この特徴ベクトルを定める単語の周辺状況を文脈と呼ぶ.

推論ベースにより単語の特徴ベクトルを導出する方法として, 周辺の単語から注目する単語を推論するモデルを学習する continuous bag of words（CBOW）法と注目する単語から周辺の単語を推論するモデルを学習する skip gram 法がある（図3.4.29). CBOW 法では, 注目単語の前にある「大学」と後ろになる「学ぶ」から注目単語を予測できるように学習する. skip gram 法では, 注目単語「データサイエ

ンス」から，その前および後ろにある単語を予測するように学習することになる．

continuous bag of words　周辺単語から注目単語を予測するモデルをニューラルネットワークを用いて構築することを考える．ニューラルネットワークの構造は図3.4.30 に示す．各単語は，該当する成分の値は 1，それ以外は 0 とするワンホットベクトルで表される．先の例において，「私」「大学」「通う」「データサイエンス」「学ぶ」が 1 次元目から 5 次元目までに対応する場合，「大学」のワンホットベクトルは $(0\,1\,0\,0\,0)^\top$，「学ぶ」のワンホットベクトルは $(0\,0\,0\,0\,1)^\top$ となる．これらがニューラルネットワークの入力ベクトル $\boldsymbol{x}_{-1}, \boldsymbol{x}_{+1}$ となる．

$$\boldsymbol{x}_{-1} = (0\,1\,0\,0\,0)^\top, \quad \boldsymbol{x}_{+1} = (0\,0\,0\,0\,1)^\top$$

同様に，「データサイエンス」のワンホットベクトル $(0\,0\,0\,1\,0)^\top$ がニューラルネットワークの出力ベクトルの教師信号 $\boldsymbol{t}$ となる．

$$\boldsymbol{t} = (0\,0\,0\,1\,0)^\top \tag{3.4.13}$$

入力ベクトルは，重み行列を介して中間層に伝達される．中間層の内部状態 $\boldsymbol{z}$ は

$$\boldsymbol{z}_{-1} = W_{\mathrm{in}}\boldsymbol{x}_{-1}$$
$$\boldsymbol{z}_{+1} = W_{\mathrm{in}}\boldsymbol{x}_{+1}$$
$$\boldsymbol{z} = \frac{1}{2}\left(\boldsymbol{z}_{-1} + \boldsymbol{z}_{+1}\right) \tag{3.4.14}$$

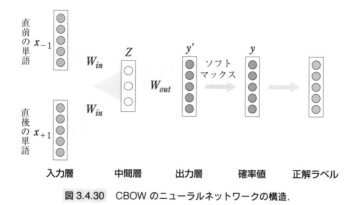

図 3.4.30　CBOW のニューラルネットワークの構造．

となる. ここで, 直前の単語から中間層へのシナプス結合と直後の単語から中間層へのシナプス結合は共通の重み行列 W_{in} を採用するものとする. 中間層の内部状態は, 活性化関数 $f(z)$ によって変換されて, 出力層へ放出される. 中間層と出力層のシナプス結合を介して出力層の内部状態は

$$y' = W_{out}f(z) \tag{3.4.15}$$

と表される. 出力層の内部状態はソフトマックス関数によって確率値 y に変換する. すなわち, 各単語が注目単語である確率値を出力することになる. ニューラルネットワークの学習は, 出力確率と正解ラベル t の誤差が最小となるように重み行列 W_{in}, W_{out} を更新することになる.

　ニューラルネットワークにある単語に相当するワンホットベクトル x が入力されると, 重み行列 W_{in} によって中間層の内部状態へ変換される. この状態を入力された単語の特徴ベクトルと見ることにする. この $z = W_{in}x$ の計算において, x の 1 次元目が 1, その他の成分が 0 のワンホットベクトルならば, z は行列 W_{in} の第 1 列目をとり出したことになる. 同様に, x の 2 次元目が 1, その他の成分が 0 のワンホットベクトルならば, z は行列 W_{in} の第 2 列目のベクトルとなる (図 3.4.31). すなわち, 第 k 番目の単語の特徴ベクトル z を求めることは, ニューラルネットワークの重み行列 W_{in} の第 k 列目のベクトルを抜き出しているにすぎない. このように単語の特徴ベクトルは, 学習済みのニューラルネットワークの重み行列 W_{in} を用いて簡単にとり出すことができる. 単語をベクトルとして**特徴抽出** (feature extraction) する計算アルゴリズムは word2vec と呼ばれる.

　word2vec により求められた単語の特徴ベクトルを用いると, 単語間の類似度計算, 類似度に基づく単語検索やクラスタリングだけでなく, 複数の単語の足し算や引き算が特徴ベクトルの計算として実行することもできる. 単語「王」と「男」の

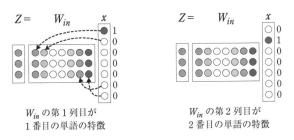

W_{in} の第 1 列目が
1 番目の単語の特徴

W_{in} の第 2 列目が
2 番目の単語の特徴

図 3.4.31 入力から中間層への変換と重み行列の関係.

差異を「女」に加えて連想される単語を求める処理は，各単語の特徴ベクトル $z_王$，$z_男$，$z_女$ を用いて，

$$z = z_王 - z_男 + z_女 \tag{3.4.16}$$

を計算する．各単語の特徴ベクトルと，式 (3.4.16) にて求められた特徴ベクトルとの類似度をコサイン類似度として計算する．この類似度が大きい単語をとり出すことによって，「王 − 男 + 女」の意味が似ている単語を見つけることができる．実際に，日本語 258 億語規模コーパス（語彙数 482,223）を学習した word2vec を用いて，式 (3.4.16) の計算を実行すると，類似度の高い単語「王女」（コサイン類似度 0.573），「王妃」（0.561）「女王」（0.559）が求められる．同様の単語の計算例は図 3.4.32 に挙げておく．

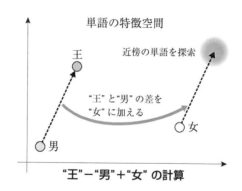

計算例

「王」−「男」+「女」⟶「王女」，「王妃」，「女王」
「数学」−「国語」+「文系」⟶「理系」，「数理」，「理数」
「京都」−「大阪」+「阪大」⟶「京大」，「東工大」，「名大」
「仕事」+「医学」⟶「医師」，「医療」，「臨床」
「若者」+「勉強」⟶「学生」，「学ぶ」，「勉学」

図 3.4.32 word2vec を用いた単語間の計算．

Memo 知識表現，オントロジー，意味ネットワーク，知識グラフ

コンピュータによって推論を行うために知識をどのような形式で記述するかは重要な問題であり，第 2 次人工知能ブームにおいて**知識表現**は注目された．AI プログラ

ムの推論結果は，知識表現に大きく依存するといっても過言ではない．これまでにも，さまざまな知識表現が研究されてきており，その一例を簡単に見ていくことにする．エージェント間で知識を共有するには，統一された語彙，意味，関係性を用いて知識を記述する必要がある．そのために定義された明確な仕様が**オントロジー**（ontology）である．オントロジーは本来「存在論」（存在するとは何かを追求する学問）を指す哲学であるが，情報学では物事を表現しようとしたときに必要となる構成要素やそれらの関係性を体系的に記述しようとする枠組みとして使用されるようになった．**意味ネットワーク**（semantic network）は，長期記憶の構造をモデル化したものである．「犬」「動物」などの概念がノードで表され，概念間の関係をエッジで記述することによって知識全体をネットワークで表現する．たとえば，「犬は動物である」という知識は，「犬」から「動物」への "is - a"（である）という関係性のエッジによって表現されることになる．**知識グラフ**（knowledge graph）では，実世界の人・物・場所などを指すエンティティとそれらの関係性を記述したグラフ構造として知識が記述される．たとえば，「大阪大学」というエンティティに所在地というエッジが付与されており，その先の値が「大阪府」というエンティティであることから，「大阪大学は大阪府にある」ことがわかる．さらに，「大阪府」に付与された「人口」というエッジの先の値が「880 万人」ということから，「大阪府の人口は 880 万人である」ということがわかる．

- 確率・統計に基づいて，形態素解析の言語モデルを構築することができる．
- 単語の出現頻度の統計量から文書間の距離計算やグループ化をすることができる．
- ニューラルネットワークを用いて，離散値で単語を連続値の特徴ベクトルとして数値化することができる．

➤ 3.4 節　練習問題

3.4.1　形態素解析に関する説明として，適切なものを 1 つ選べ．

① 文中の文字列から表記の最小単位である文字に分割する．

② 文中から意味の最小単位である単語の品詞や語形を同定する.

③ 文中で修飾する単語と修飾される単語の関係性を見出す.

④ 日本語と英語の対訳コーパスから日本語を英語に変換する.

3.4.2 文書に含まれる単語の頻度のみを考慮して, 単語の並びなどを無視したモデルの名称として, 適切なものを 1 つ選べ.

① 単語分割

② bag of words

③ 品詞 bigram

④ CBOW

3.4.3 単語の特徴量をベクトルとして抽出するモデルの名称として, 適切なものを 1 つ選べ.

① word2vec

② 品詞 bigram

③ ニューラルネットワーク

④ オートエンコーダ

3.4.4 "dog" が 20 回出現し, その後に "food" が 12 回, "eats" が 7 回, "barks" が 1 回続く文書から言語モデルを構築する. $P(\text{barks}|\text{dog})$ の数値として適切なものを 1 つ選べ.

① 12/20

② 7/20

③ 1/20

④ 20/1

3.4.5 図 3.4.18 の運動識別結果について, 「バドミントン」運動データが正しく識別される割合として正しいものを 1 つ選べ.

① 0%

② 50%

③ 60%

④ 100%

編者紹介

きたがわげんしろう
北川源四郎　理学博士
　　1974 年　東京大学大学院理学系研究科博士課程中途退学
　　現　在　統計数理研究所名誉教授，総合研究大学院大学名誉教授

たけむらあきみち
竹村彰通　Ph.D.
　　1982 年　スタンフォード大学統計学部 Ph.D. 修了
　　現　在　滋賀大学 学長

著者紹介（〔　〕内は執筆箇所）

あかほしょうたろう
赤穂昭太郎　博士（工学）　　　　〔3.2 節〕
　　1990 年　東京大学大学院工学系研究科数理工学専攻修士課程修了
　　現　在　産業技術総合研究所人間情報インタラクション研究部門
　　　　　　上級主任研究員

いまいずみまさあき
今泉允聡　博士（経済学）　　　　〔3.3 節〕
　　2017 年　東京大学大学院経済学研究科統計学専攻博士課程修了
　　現　在　東京大学大学院総合文化研究科 准教授
　　　　　　理化学研究所革新知能統合研究センター チームリーダー

うちだせいいち
内田誠一　博士（工学）　　　　〔2.1 節〕
　　1999 年　九州大学大学院システム情報科学研究科博士課程修了
　　現　在　九州大学大学院システム情報科学研究院 教授

せいともなり
清　智也　博士（情報理工学）　　〔1.5 節〕
　　2005 年　東京大学大学院情報理工学系研究科数理情報学専攻博士課程修了
　　現　在　東京大学大学院情報理工学系研究科 教授

たかのわたる
高野　渉　博士（情報理工学）　　〔3.4 節〕
　　2006 年　東京大学大学院情報理工学系研究科知能機械情報学専攻博士課程修了
　　現　在　大阪大学数理・データ科学教育研究センター 特任教授

つじしんご
辻　真吾　博士（工学）　　　　〔2.2 節〕
　　2005 年　東京大学大学院工学系研究科先端学際工学専攻博士課程修了
　　現　在　東京大学先端科学技術研究センター 特任准教授

はらひさゆき
原　尚幸　博士（工学）　　　　〔1.4 節〕
　　1999 年　東京大学大学院工学系研究科計数工学専攻博士課程修了
　　現　在　京都大学国際高等教育院附属 データ科学イノベーション教育
　　　　　　研究センター 教授

ひさのりょうへい
久野遼平　Ph.D(Sciences)　　　〔1.1 節, 1.3.2 項〕
　　2013 年　スイス連邦工科大学チューリッヒ校 D–MTEC 博士課程修了
　　現　在　東京大学大学院情報理工学系研究科 講師

松原　仁　　工学博士　　　　［3.1 節］
　1986 年　東京大学大学院工学系研究科情報工学専攻博士課程修了
　現　　在　京都橘大学工学部情報工学科 教授
　　　　　　人工知能学会 前会長

宮地充子　博士（理学）　　　［2.4 節］
　1990 年　大阪大学大学院理学研究科数学専攻修士課程修了
　現　　在　大阪大学大学院工学研究科 教授

森畑明昌　博士（情報理工学）　　　［2.3 節］
　2009 年　東京大学大学院情報理工学系研究科数理情報学専攻博士課程修了
　現　　在　東京大学大学院総合文化研究科 准教授

宿久　洋　博士（工学）　　　［1.2 節, 1.3.1 項］
　1992 年　九州大学大学院総合理工学研究科情報システム学専攻修士課程修了
　現　　在　同志社大学文化情報学部 教授

NDC007 383p 21cm

データサイエンス入門シリーズ
応用基礎としてのデータサイエンス
AI×データ活用の実践

2023 年 2 月 14 日 　第 1 刷発行
2024 年 7 月 11 日 　第 5 刷発行

編 者 　北川源四郎・竹村彰通

著 者 　赤穂昭太郎・今泉允聡・内田誠一・清 智也・
高野 渉・辻 真吾・原 尚幸・久野遼平・
松原 仁・宮地充子・森畑明昌・宿久 洋

発行者 　森田浩章

発行所 　株式会社　講談社
〒 112-8001　東京都文京区音羽 2-12-21
販売　(03)5395-4415
業務　(03)5395-3615

KODANSHA

編 集 　株式会社　講談社サイエンティフィク
代表　堀越俊一
〒 162-0825　東京都新宿区神楽坂 2-14　ノービィビル
編集　(03)3235-3701

本文データ制作 　藤原印刷株式会社
印刷・製本 　株式会社ＫＰＳプロダクツ